영어와 독서를 한 번에 잡는
참 쉬운 영어 교육법

엄마표 영어가
학원을 이긴다

영아와 독서를 한 번에 잡는
참 쉬운 영어 교육법

엄마표 영어가
학원을 이긴다

초판   1쇄 발행 2019년 8월 30일
        2쇄 발행 2019년 11월 30일
지은이   이정림
펴낸이   한승수
펴낸곳   문예춘추사
편집   한진아
마케팅   박건원
디자인   이유진

등록번호 제300-1994-16
등록일자 1994년 1월 24일
주소   서울시 마포구 동교로27길 53 지남빌딩 309호
전화   02-338-0084
팩스   02-338-0087
이메일   moonchusa@naver.com

ISBN   978-89-7604-388-7 03740

이정림 지음

영어와 독서를 한 번에 잡는
참 쉬운 영어 교육법

엄마표 영어가

학원을 이긴다

문예춘추사

엄마와 아이의 영어 책 읽기가
즐겁고 신나는 놀이가 되길 바라며

"Good Job! Wow! Brilliant!"

영어로 된 스토리 책을 가지고 진행하던 수업 시간. 조용히 앉아만
있던 여덟 살 난 여자아이가 드디어 손을 들고 수줍게 영어로 대답하던
그때. 무엇보다도 기뻤던 나는 호들갑을 떨며 소리쳤다. 그 순간 환하
게 웃어 주었던 아이의 표정이 지금도 눈앞에 생생하다. 나도 큰 선물
을 받은 사람처럼 신바람이 났다. 그 시간 이후로 아이는 영어 책을 이
리저리 뒤적이며 영어로 발표하는 시간을 즐기기 시작했다.

"아, 음악이 너무 아름다워요!"

영어를 이제 막 처음 배우기 시작한 일곱 살짜리 꼬마 아이가 내 손
에 얼굴을 기대며 말했다. 『It Looks Like Spilt Milk』라는 책에 나오는
노래가 그렇게 좋았나 보다. 수업 시간 내내 책을 몇 번이나 앞으로 갔
다 뒤로 갔다 넘기고 노래도 크게 따라 불렀다. 얼마 지나지 않아 아이

4

는 이 책의 문장을 전부 외워 버렸다. 그렇게 영어 책 읽기의 재미에 푹 빠지고 말았다. 아이는 머지않아 짧은 영어 단어들도 읽을 수 있게 되었다.

"I don't want to study."

주먹을 꽉 쥐고 소리를 지르던 여섯 살 난 아이. 책은 쳐다보려고 하지도 않고 큰 책장 빈 칸을 골라 들어가 쭈그려 앉아 있던 개구쟁이 녀석. 그런 아이가 드디어 마음에 쏙 드는 책을 만나게 되었다. 『John Patrick Norman McHennessy, the Boy Who Was Always Late』에 나오는 모든 단어를 이해하는 듯 보이지는 않았지만, 이 책을 무지무지 좋아했다. 읽는 내내 John의 편에 서서 화를 내기도 하고 즐거워하기도 했다. 이 책을 계기로 다른 영어 책들도 더 읽어 달라고 조르기 시작했다.

지난 15년의 시간은 나에게 꿈만 같다. 아이들에게 영어를 가르치는 일은 마법처럼 신기한 일이었다. 영어에 대해 아무것도 모르고 수업에 들어와 앉아 있던 꼬마들이 한두 마디씩 영어로 말을 내뱉기 시작할 때. 아이들이 영어 책 읽기에 재미가 생겨 어느덧 혼자 책을 읽겠노라고 스스로 책장으로 다가설 때. 그림책을 넘기며 아이들이 영어를 배워가는 것을 지켜보았을 때. 바로 이때가 아이들이 영어라는 언어의 큰 창을 열어 더 큰 세상을 바라보기 시작하는 순간이었다. 나에게는 참으로 기쁘고 설레는 시간이었다.

어린아이들에게 영어 책을 읽어 주는 일. 이 낭만적으로 보이는 영어 책 읽기가 과연 아이들에게 필요할까? 정말 아이들의 영어 실력이 쑥쑥 자랄까? 그저 어릴 때 하면 좋고, 아니면 나중에 커서 해도 좋을 일은 아닐까? 나는 그동안 이런 종류의 질문을 수도 없이 받아 보았다. 그런데 영어 책 읽기는 단순히 어린 시절의 추억 하나 만드는 정도의 일이 아니다. 어린아이에게 영어 책을 읽어주는 일은 상상할 수 없는 커다란 그림을 마음에 그려 주는 것과도 같다. 영어라는 언어에 대한 감각과 영어를 이해하는 수준이 달라질 뿐만 아니라, 세상을 바라보는 눈이 넓어지고 세상을 이해하는 깊이가 달라진다.

나는 15년간 영어 강사로 일하면서 다양한 아이들을 만났다. 끊임없이 새로운 아이들을 만나면서 새로운 책과 다양한 교재를 사용해 보았다. 꼬마 아이부터 시험을 준비하는 중·고등학생, 심지어 성인이 된 대학생까지도 가르쳐 보았다. 그러면서 좀 더 명확하게 보이는 사실이 있었다. 어린 시절 영어 책을 읽고 자란 아이와 그렇지 않은 아이는 분명 어느 면에서 차이가 났다. 물론 아이에게 영어 책을 읽어 주는 일이 당장 실제적인 결과가 만들어내지는 않을 수 있다. 짧은 시간 안에는 효과가 확연하게 보이지 않을 때도 있다. 그러나 시간이 지나면 손에 닿을 듯 괄목할 만한 결과가 어떤 모습으로든 드러나게 마련이다. 그 결과가 시험 점수와 관련될 수도 있지만, 내가 여기서 이야기하고자 하는 바는 꼭 그런 건 아니다.

어린 시절 엄마와 영어 책을 읽으며 자란 아이가 구사하는 영어는 십대가 되었을 때, 성인이 되었을 때 확실히 달랐다. 영어를 훨씬 자연스럽게 사용하고, 영어에 대한 생생한 감각을 지니고 있으며, 영어를 언어로써 편하게 다룰 줄 알았다. 도저히 설명으로는 다 알려 줄 수 없는 영어의 감각, 뉘앙스, 문맥을 누구보다 쉽게 알아채기도 했다.

나는 이 책 『엄마표 영어가 학원을 이긴다』를 영어 책 읽기가 엄마와 아이에게 무엇보다도 즐겁고 신나는 놀이가 되길 바라는 마음으로 썼다. 왜 영어 책 읽기가 중요한지부터 어떻게 일상에서 실천할 수 있는지 구체적인 방법들을 이 한 권의 책에 고스란히 담았다. 누구나 영어 책 읽기를 즐기는 데 이 책이 유용한 길잡이 역할을 할 수 있기를 진심으로 바란다.

2019년 7월

이정림

차례

5 Chapter

엄마표 영어 Q&A

언어에 탁월한 재능이 없어도
모국어를 배울 수 있었던 것은 '집 안'에서
충분히 모국어를 접했기 때문이다.
아이의 영어도 마찬가지다.
편안하고 안정적인 집에서 충분히 접할 때
영어 실력은 쑥쑥 자란다.

Chapter
1

영어
잘하는
아이로
키우는
방법

아이의 영어 실력은
집에서 자란다

1

오늘날 영어라는 언어는 더 넓은 세상으로 날아오르게 해 주는 날개와도 같다. 아이를 둔 엄마라면 누구나 내 아이가 날개를 달고 더 높이 더 멀리 날아오르길 바랄 것이다.

가끔씩 여유를 찾고 싶을 때 찾아가는 카페가 있다. 카페에 앉아 있으면 의도치 않게 옆 테이블의 대화를 듣게 된다.

"어머, 그 애는 벌써 미국 교과서 3.1이래!"

"좋겠다. 우리 애는 뭘 해도 늘지를 않아. 학원 좀 소개해 줘."

"왜 그렇게 오랫동안 영어를 했는데 글을 못 쓰지?"

학교 다니는 아이를 둔 엄마들로 보인다. 이들의 대화는 학원, 선생님 이야기에서 어학연수, 영어 캠프, 외국 사립 학교로까지 옮겨진다. 엄마들의 한결 같은 바람은 우리 아이 영어가 모국어처럼 유창하면 좋겠다는 것이다. 이 바람을 이루어 줄 해결책은 어디에 있을까? 유명하다는 학원, 잘 가르친다는 선생님, 훌륭하다는 영어 캠프가 아이의 영

영어 잘하는 아이로 키우는 방법

어 실력을 키워 줄까? 어쩌면 동기 부여, 좋은 정보, 공부법 정도는 얻을지 모르겠다. 하지만 아이를 바깥으로 보낸다고 해서 영어 실력이 저절로 키워지는 건 아니다. 사실 영어 실력이 실제로 자라는 곳은 '집 밖'이 아니라 '집 안'이다. 왜 그럴까? 지금부터 그 이유를 살펴보자.

　첫째, 영어는 언어다. 언어를 유창하게 사용하려면 연습하기에 충분한 시간과 적절한 공간이 필요하다. '집 밖'에서 하는 영어 교육은 시간이 충분하지 않다. 그러므로 더 많이 머무는 '집 안'에서 시간을 활용하는 것이 더 좋다.

　영어를 모국어처럼 구사하기까지 연습 시간은 얼마나 필요할까? 세계적인 작가 말콤 글래드웰은 '1만 시간의 법칙'을 주장한다. 1만 시간의 법칙이란 무슨 일이든 성공하려면 1만 시간을 쏟아부어야 한다는 것이다. 그는 『아웃라이어』라는 책에서 비틀즈도 재능만이 아닌 1만 시간의 연습과 노력으로 기적적인 성공을 이루었다고 말한다.

　언어 교육자나 언어학자 가운데도 영어 습득에 성공하려면, 1만 시간 동안 영어에 노출되어야 한다고 주장하는 사람들이 있다. 한편, 스페인의 언어학자 리스킨 가스파로 교수의 연구를 근거로 외국어 습득을 위해서는 2,400시간 정도 영어에 노출시키는 것이 효과적이라고 주장하는 사람도 있다. 어느 쪽 주장이 맞을까? 판단은 사람마다 다를 것이다. 그런데 어느 쪽 주장을 따르든 결국 '집 밖'에서 하는 영어 교육만으로는 영어를 자유롭게 구사하는 수준에 이르는 데 충분한 시간을 채우지 못한다. 공교육 현장을 보자. 초등학교 3학년부터 6학년까지 4년 동안 총 영어 수업 시간은 227시간이다. 1년에 57시간 정도 수업하는 셈이다. 초등학교 3학년부터 고등학교 3학년까지 10년을 모두 합쳐도 총 1,000~1,200시간 정도다. 추가로 영어 학원에서 한 시간짜리 수업을 주 2~3회씩 한다고 가정해도 여전히 영어를 유창하게 사용하는 수준에 이르기에는 절대적으로 부족한 시간이다.

언어를 습득하려면 충분한 노출이 절대적이다. 어디에서 충분한 시간을 채울 수 있을까? 결국 우리는 '집 안'에서 영어에 노출되는 것이 얼마나 중요한지 깨닫게 된다. 언어에 탁월한 재능이 없어도 모국어를 배울 수 있는 것은 '집 안'에서 충분히 모국어를 접하기 때문이다. 아이의 영어도 마찬가지다. 편안하고 안정적인 집에서 충분히 접할 때 영어 실력은 쑥쑥 자란다.

둘째, 아이들이 매일 영어를 습관처럼 접할 수 있는 곳은 '집 안'이다. 습관은 제2의 천성이 된다. 아이가 천성적으로 언어에 재능이 있는지 없는지 여부는 상관없다. 습관으로 제2의 천성을 만들어 주면 된다. 영어에 습관적으로 노출되면 아이에게 제2의 재능이 만들어진다. 영어를 일상에서 자주 마주하면 어떻게 될까? 아이가 영어를 소화하는 능력이 더 커진다. 습관을 통해 영어의 재능이 자라는 것이다. 그것이 마침내 영어 실력이 된다.

그럼 아이가 영어 공부 습관이 생겨 영어 실력이 자라려면 어떻게 해야 할까?

"아이가 책을 안 읽어요."

"학원 다녀오면 숙제를 들춰 볼 생각조차 안 해요."

"어떻게 하면 아이가 책을 읽을까요? 읽으라고 해도 읽지 않아요."

엄마들이 흔히 토로하는 고민이다.

애석하게도 영어 교육 기관도 영어 교육 전문가도 절대 해 줄 수 없는 일이 하나 있는데, 바로 공부 습관을 만드는 것이다. 영어 공부 습관은 '집 안'에서 만들어진다. 아침에 눈을 떠서 물을 챙겨 마시듯 영어 공부를 습관처럼 몸에 배게 하는 건 집에서만 가능하다. '집 안'에서 만들어진 영어 공부 습관이 아이의 영어 실력을 키우는 핵심이다.

그렇다면 '집 안'에서 어떻게 영어를 접해야 공부 습관이 만들어질까? 그리고 그 습관이 어떻게 영어 실력을 키워 줄까? 오래전에 에이미라는 학생을 만났다. 에이미는 쉬고 있을 때 영어 방송을 틀어 놓는 것이 습관이었다. 당시 중학생이었던 에이미는 어릴 적부터 주말에 가족들과 둘러 앉아 자막 없이 영화를 보곤 했다. 가족의 주말 이벤트였던 것 같다. 초등학생 시절을 그렇게 보내고, 중학생이 되어서도 주말에 쉴 때 CNN 뉴스나 영화를 자막 없이 틀어 놓고 보았다. 영어를 다 알아듣는 것도 아닌데 왜 그렇게 하냐고 물었더니, "몰라요. 그냥 습관이에요."라고 대답했다. 단 한 번도 영어를 따로 공부한 적이 없는 에이미는 이런 습관으로 토플 리스닝에서 만점에 가까운 점수를 받았다.

습관은 '집 안'에서 만들어진다. '집 안'에서 어른이 아이와 자주 하는 활동이 습관이 된다. 아무리 프로그램이 좋은 언어 교육 기관도 이를 대신해 줄 수는 없다. 영어 공부 습관은 '집 안'에서만 형성된다. 습관이 재능이 되고 실력이 된다.

셋째, 아이의 개성을 존중하며 영어 실력을 키워 줄 수 있는 유일한 장소도 '집 안'이다. 언어는 아주 섬세한 도구다. 이 도구를 사용하는 방법을 획일적인 방식으로 가르쳐 줄 수는 없다. 이 도구를 다루어야 하는 주체인 아이도 각자가 너무나 다르다. 배우는 방식과 속도를 세심하게 고려해 영어를 공부하게 할 수 있는 곳이 '집 안' 말고 또 있을까?

사실 엄마들은 아이의 특징과 성향에 맞춰 영어를 가르칠 수 있는 곳을 찾는다. 우리 아이에게 딱 맞게 영어를 지도하는 데로 보내고 싶다. 하지만 모두가 알고 있듯이 그런 곳은 없다. 어디를 보내도 내 아이에게 딱 맞는 영어 교육 프로그램이 없다는 사실에 엄마들은 초조하기만 하다.

　아이에게 맞는 영어 교육 기관을 찾다가 지치면 이제는 화살이 아이에게 돌아간다. 우리 아이는 왜 영어를 못할까? 학원에서 제시하는 프로그램을 따라가지 못하면 마치 영어에 가망이 없는 것처럼 느껴진다. 그런데 정말 아이의 탓일까? 세상에 똑같은 성향과 성격, 재능을 가지고 태어나는 아이는 아무도 없다. 각자가 다르기 때문에 배우고 습득하는 방식도 다르다. 이것은 존중받아야 할 부분이지 지적받을 일은 아니다. 당연히 내 아이에게 꼭 맞는 영어 프로그램이 없다는 사실에 절망할 필요도 없다.

　'집 안'에서 세심하게 관심을 갖고 지도하는 것이 아이의 영어 실력에 어떠한 영향을 미칠까? 일단, '집 안'에서는 실제로 아이에게 딱 맞는 영어 공부를 도와줄 수 있다. 엄마가 아이에게 적절한 영어 공부 방법과 속도를 찾을 수 있기 때문이다. 아이는 친숙한 곳에서 가장 알맞은 방법으로 영어를 배울 수 있다.

　영어 공부를 도와주는 엄마는 아이를 잘 아는 사람이다. 엄마는 아이가 흥미를 갖는 주제가 무엇인지 안다. 반복하는 걸 좋아하는지, 새로운 걸 좋아하는지도 안다. 아이가 아직 말을 배우기 전에 울기만 해도 배가 고픈지 화가 났는지 알아차리는 것처럼, 엄마는 아이의 특성을 누구보다 잘 안다. 그래서 가장 적절한 방식으로 아이가 영어를 배우도록 도울 수 있다.

영어를 가르쳐 보면 아이들은 언어를 배우는 과정이 제각기 다르다. 예를 들어, 영어 책을 읽혀 본다고 하자. 어떤 아이는 책을 모두 꺼내서 표지를 비교해 보고 골라야 하지만, 또 어떤 아이는 추천해 주는 책을 그냥 읽는다. 대충 읽고 완벽하게 이해되지 않아도 책이 재미있다고 생각하는 아이가 있는가 하면, 꼼꼼하게 읽어야 재미를 느끼는 아이도 있다. 이러한 '다름'은 엄마가 아이와 '집 안'에서 함께 영어를 공부할 때 충분히 배려될 수 있는 부분이다. 조금 늦게 읽어도 되고 빨리 읽어도 상관없다. 영어 노래를 더 들어도 되고 큰 소리로 노래를 불러도 된다. 집은 아이에게 더할 나위 없이 좋은 배움의 장소다.

사춘기 아이는 어린 시절
엄마표 영어를 어떻게 기억할까?

2

흔히 엄마표 영어의 기간은 전반기 10년(0~10세)과 후반기 10년(11~20세)으로 나눈다. 전반기 10년에는 아이의 영어 공부 습관을 만들어 주어야 하고, 후반기 10년에는 기다리고 지켜봐 주어야 한다. 아이가 사춘기에 접어들기 시작하면, 엄마의 안내를 쉽게 따르지 않는다. 사춘기에는 아이가 스스로 무언가를 끊임없이 판단하고 결정하려고 한다. 이 시기는 엄마가 조금 뒤로 물러서서 지켜보는 것이 필요하다. 그렇다면, 전반기의 엄마표 영어는 사춘기 아이에게 어떤 의미가 있을까?

때로는 열심히 해 온 엄마표 영어가 힘을 잃는 듯 보인다. 심지어 학교 내신 영어 공부는 엄마표 영어와 무관해 보이기도 한다. 영어 책 읽기, 영어 듣기, 영어 동영상 보기로 쌓은 영어 실력이 제대로 발휘되는 것 같지 않기 때문이다. 엄마표 영어가 아이에게 의미는 있는 걸까? 사춘기에 접어든 아이에게 엄마표 영어는 무엇일까?

그런데 놀랍게도 엄마표 영어는 사춘기 아이에게 따뜻한 기억으로 남아 있었다.

"너는 어릴 때, 'bedtime story' 이런 거 엄마가 해 준 적 있니?"

중학생 아이들에게 영어 수업을 하다 말고 툭 던진 질문이다. 엄마표 영어가 사춘기 아이들의 기억 속에 어떻게 자리 잡고 있는지 궁금하던 터였다. 그렇다고 학생들이 뭔가 대답하리라고 기대한 것도 아니다. 아이들은 사춘기의 절정기에 있는 중학교 2학년 학생이었다. 자신의 생각과 어른들의 생각 사이에서 첨예하게 갈등하고 고민하는 시기를 보내는 아이들이었다. 그런데 한 아이가 씩 웃으며 말했다.

"그럼요. 매일 밤 잠자기 전에 엄마가 책을 읽어 주셨어요."

오히려 질문을 던진 내가 당황스러웠다. 그 기억이 왜 그리 좋은지 알고 싶어서 계속 질문을 이어 나갔다. 이야기를 하는 내내 아이의 얼굴에서는 미소가 사라지지 않았다.

"무슨 책을 읽어 주셨는데?"

"영어 책도 읽어 주고, 한글 책도 읽어 주셨어요."

그 시간이 좋았냐고 묻자, 정말 좋았다고 한다. 그러고는 한 술 더 떠서 이렇게 말했다.

"그래서 제가 영어 독해는 잘하는 것 같아요. 모르는 단어가 나와도 그냥 읽고 풀게 돼요."

엄마표 영어를 하면, 아이와의 친밀감도 생기고 좋은 추억들도 남는다고 하지 않는가? 잠자기 전 책을 가지고 엄마와 이야기를 나눈 기억이 꽤 좋았나 보다.

이 따뜻한 기억이 아이에게는 베이스캠프 같은 곳이었다. 베이스캠프는 높은 산을 오를 때 필요한 물자를 보관하거나 힘들 때 잠시 쉬어

가는 곳이다. 이곳에 돌아가 잠시 휴식을 취하면 다음 산행을 할 수 있는 힘을 얻는다. 사춘기 시절에 접어들면 아이는 힘들게 올라야 하는 큰 산 앞에 서게 된다. 사춘기는 성장하면서 겪어야 하는 일이 많은 시기다. 게다가 대학 입시를 준비하면서 학교 공부에 신경을 많이 써야 한다. 여러모로 발걸음이 무거워지는 때다. 이 시기에는 어린 시절 엄마와의 좋은 추억은 사춘기 아이에게 잠시 돌아가 쉴 수 있는 베이스캠프 같은 곳이 되어 준다. 그 시간을 떠올리는 것만으로도 아이는 큰 위안을 얻는다.

마음의 질풍노도를 겪다가도 아이 스스로 '엄마와 나는 좋은 추억이 있는 사이지. 엄마는 내 편이야.' 하고 마음을 다잡는다. 엄마표 영어는 그저 아이를 다그쳐 영어를 가르치는 것이 아니다. 엄마표 영어는 아이와 소중한 추억을 쌓는 일이다. 이 추억은 사춘기의 힘든 시간에 흔들리지 않도록 든든한 버팀목이 되어 준다. 이것만으로도 어린 시절 엄마표 영어는 해볼 만하다. 엄마표 영어가 영어 실력을 쌓는 데 좋은 기반을 마련한다면 더없이 좋다. 그러나 혹시 그렇지 않더라도 마음이 복잡한 사춘기 아이에게는 엄마표 영어 자체가 위로가 된다. 엄마와 함께 대화하고 재미있는 책을 찾고 영어 노래에 맞춰 춤을 춘 시간이 사춘기 아이의 마음을 든든히 잡아 준다.

사춘기 아이의 기억에 엄마표 영어는 '소통'을 배우는 시간이었다. 엄마와 자신의 생각과 마음을 주고받는 시간으로 남아 있는 것이다. 어린아이가 언어를 배우게 되는 이유는 무엇일까? 프랑스의 언어학 교수 바바라 A. 바우어는 『이중언어 아이들의 도전』에서 아이들은 엄마나 주변 사람들과 소통하고 싶은 욕구 때문에 말을 배운다고 이야기한다.

아이들, 특히 유아기의 아이들이 언어를 배우게 되는 이유는 엄마와의 소통이다. 엄마와 소통하고 싶어서 말을 배우는 것이다. 부모 역시 아이에게 말을 가르치는 이유가 자신의 아이와 소통하고 싶어서다.

아이가 엄마와 영어라는 외국어를 익히는 것은 의미 있는 일이다. 영어도 결국에는 다른 사람과 자신의 생각이나 마음을 나누기 위해 배우는 언어다. 엄마와 아이가 함께 영어를 배울 때, 아이는 영어가 소통의 도구임을 자연스럽게 알게 된다. 엄마와 말을 하고 싶어서 모국어를 배웠다면, 영어도 마찬가지다. 영어를 배울 때 엄마와 아이 사이에는 이야깃거리가 수없이 생긴다.

책을 고르는 과정에서 엄마와 아이가 서로 영어 표현을 주고받는다. 엄마와 책 표지를 보고 책이 무슨 내용인지 짐작하는 가운데 등장하는 영어 단어나 문장이 모두 대화거리가 된다. 모국어를 배울 때도 아이를 잘 아는 어른이 옆에서 반응하고 지켜봐 주면 훨씬 잘 배운다. 영어를 배울 때도 옆에서 지켜보고 이야기를 나눌 대상이 필요하다. 아이가 영어 책을 보면서 느끼는 바를 엄마가 공감해 줄 때 아이는 언어를 배운다. 영어 노래를 들으며 무엇이 즐거운지 물어보고 소통할 때 아이는 언어를 습득한다.

수업 중이었다. 사춘기에 접어든 아이들은 뭐가 그리 질문이 많은지 모르겠다. 왜 영어를 배우는지, 왜 공부를 해야 하는지 온갖 질문을 쏟아낸다. 나는 지금이야 학교 내신 때문에 영어 공부를 해야 한다고 답하면서, 예전에 영어가 재미있던 적은 없었는지 물었다. 그때 한 남학생이 다짜고짜 "The Giving Tree"라고 말했다.

"응?『The Giving Tree』가 네가 좋아한 책이었어?"

갑자기 책 제목을 말한 의도가 궁금해 물었다.

"The tree was happy였나? 아무튼 엄마가 happy라고 말하면서 웃어 주셨어요."

아이는 이렇게 말하며 한껏 웃어 보였다. 당시 이 말의 뜻은 몰라도 뭔가 기분 좋은 말이라는 걸 알아챘다고 했다. 엄마가 책을 읽어 주었을 때 영어를 의식한 건 아니고, 그 시간이 좋아서 책을 자꾸 읽어 달라고 했다. 아이는 그 책에서 'happy'가 무엇인지 배웠다며 다시 한 번 씩 웃어 보였다. 아이는 자연스럽게 'happy'라는 단어를 배웠다. 엄마의 표정과 감정을 통해 그 단어를 배운 것이다. 아이는 엄마와의 소통을 위해 언어를 배운다. 영어도 엄마와 함께 배울 때 소통을 위한 언어가 된다.

어린 시절 엄마와 함께 영어 책을 읽은 소중한 시간은 아이에게 정서적 안정감을 준다. 뉴욕 의대에 부교수로 재직 중인 알렌 멘델슨 박사는 부모가 아이에게 책을 읽으며 놀아 주는 것이 사회성, 인지, 감정 발달에 영향을 준다고 말한다. 박사의 연구에 따르면, 함께 책을 읽으며 놀아 줄 때 아이는 책 속에 등장하는 캐릭터의 감정을 생각한다고 한다. 이 과정을 통해 감정을 배우고 어떻게 행동할지 알아 가는 것이다. 이렇게 자란 아이는 스스로 행동을 통제할 줄 알고 학교에서도 수업에 잘 집중한다.

『The Giving Tree』를 어린 시절에 읽었다는 남학생은 성격이 활발하다. 종종 이 학생을 지도하면서 놀랄 때가 있다. 감정이 무척 상한 일이 있어도 자신을 잘 다독이고 진정시킬 줄 안다. 삶이 정서적으로 안정된다. 물론 엄마의 책 읽어 주기가 이유의 전부는 아니다. 하지만 큰 몫을 차지한다는 것만큼은 사실이다. 엄마 무릎을 베고 책을 읽는 엄마의 목소리를 들었던 경험이 지금 그 학생의 정서를 만들었다. 엄마와 이야기 속 주인공들의 마음과 행동에 대한 이야기를 나누며 타인의 감정과 자신의 감정을 배웠다. 그 시간들이 차곡차곡 쌓여 아이의 안정적인 정서가 형성된 것이다.

엄마표 영어와 엄마의 영어 실력이
상관없는 까닭은?

3

　　사립 초등학교에서 잠시 일할 때였다. 1학년 아이들을 한 학기 정도 가르쳤다. 쉬는 시간만 되면 아이들은 내게 이런저런 이야기를 들려주었다. 아이들의 수다 소리는 참 듣기 좋았다. 이번에도 어김없이 한 아이가 다가와 말을 걸었다.

　　"선생님! 저희 아빠는 러시아 사람이에요."

　　"우와~! 좋겠다. 그럼 너도 러시아어로 말할 줄 알겠네? 한번 해봐!" 기대감에 들떠 물었다.

　　"아! 저는 러시아어 할 줄 몰라요."

　　"응? 할 줄 몰라? 아버지가 러시아 사람이라며?"

　　알고 보니, 아이의 아버지는 아이에게 한국어로 말씀하신다고 한다. 부모 중 한 사람이 외국인이면, 아이가 외국어 하나 정도는 구사할 수 있을 거라고 기대한다. 하지만 모든 상황이 늘 기대하는 것과 같지는 않다. 부모 중 한 명이 영어를 모국어로 사용하는 상황도 마찬가지다. 어떤 집은 부모 중 한 명이 영어를 모국어로 사용해서 아이가 영어를 잘하는 반면, 어떤 집은 그럼에도 아이가 영어를 배우지 못한다. 그 이유는 무엇일까? 엄마의 영어 발음 때문일까? 전혀 그렇지 않다. 발음 문제가 아니다. 하지만 엄마들의 생각은 다른 것 같다. 엄마들은 엄마표 영어에 걸림돌이 자신의 영어 발음이라고 생각한다.

오랜만에 친구들과 차를 마시려고 모였다. 의자에 몸을 기대고 앉아 날씨 이야기, 맛집 이야기 등 수다를 떨며 시간을 보냈다. 내 직업 탓에 아이가 있는 엄마인 친구들은 나에게 영어 교육과 관련된 질문을 많이 한다. 그날도 역시, 영어 교육 이야기로 화제가 돌아갔다. 친구 좋다는 게 뭔가? 집에서 엄마가 어떻게 영어 교육을 해야 하는지 친절하게 이야기해 주었다. 다들 귀를 쫑긋 세우고 내 이야기를 진지하게 경청했다. 한 친구가 '발음' 이야기를 꺼냈다. 그러자 약속이나 한 듯 모두 멈칫하는 것이었다. 마치 '맞아. 발음이 좋은 사람만 엄마표 영어를 할 수 있지!'라고 동의하는 것처럼 말이다.

대체 좋은 영어 발음이란 무엇일까? 발음의 핵심은 정확한 전달력이다. 어떤 특정 지역의 발음을 좋은 발음이라고 말하지 않는다. 하지만 일반적으로 생각하는 좋은 발음은 조금 다른 것 같다. 아마도 북미권의 영어 발음을 좋은 발음이라고 생각하는 듯하다. 더 정확히 말하면, 영화나 드라마에 자주 등장하는 영어, 즉 미국 영어 가운데서도 큰 도시의 영어다. 뉴욕, 캘리포니아, 시카고에서 쓰는 영어 정도 말이다.

"저는 미국 남부의 발음을 배우고 싶어요.""저는 스코틀랜드의 발음을 배우려고요." 이런 이야기는 들어본 적이 없다. 미국 영화나 드라마에서 자주 듣는 미국 도시 사람들의 발음을 막연하게 '좋은 발음'이라고 생각한다. 그런데 모두가 그 도시 사람들처럼 발음해야 할까? 미국에는 무려 50개의 주가 있다. 미국 50개 주의 사람들이 모두 같은 발음으로 말하지는 않는다. 모든 주의 사람들이 'R' 발음을 땡글땡글 굴려서 말하는 건 아니다. 실제로 지역마다 영어 발음은 살짝살짝 다르다.

의사 전달에 문제만 없다면 모두 괜찮은 발음이다. 그러니까 엄마의 발음이 엄마표 영어에 문제가 되지 않는다. 그래도 혹시 발음이 마음에 걸리면 오디오 CD의 도움을 받으면 된다. 발음은 연습하면 고칠 수 있다. 한국어를 생각해 보자. 전달에 문제가 없는 경우에는 발음에 연연하지 않는다. 모든 사람이 완벽한 발음으로 한국어를 구사하고 있지 않다. 영어도 의사가 정확하게 전달될 정도의 발음이면 된다. 영어라고 특별히 아나운서처럼 완벽한 발음으로 말해야 하는 것은 아니다.

그래도 우리 아이 발음이 엄마 발음 때문에 안 좋아질까 걱정된다면, 전 세계 엄마들의 고민을 들어 보라. 한국의 엄마들은 대개 자신이 원어민이 아니어서 아이의 영어 공부를 제대로 돕지 못할까 봐 노심초사한다. 좀 더 넓게 보면 비슷한 경우가 많다.

미국인 엄마가 아이에게 프랑스어를 제대로 가르치고는 싶은데 본인이 원어민이 아니어서 고민하는 경우도 있다. 남미계의 엄마가 아이에게 영어를 제대로 가르치고 싶어서 고민하는 경우도 있다. 자신이 원어민이 아니어서, 발음이 별로여서 걱정하는 것은 전 세계 엄마들의 공통된 고민이다. https://onraisingbilingualchildren.com/ 사이트에만 들어가도 비슷한 고민들을 많이 볼 수 있다. 하지만 다들 포기하지 않고 시도하는 이유가 있다. 원어민이 아니어도, 발음이 부족해도 아이에게 외국어를 가르칠 수 있기 때문이다. 여기서 실제로 성공한 사례들도 확인할 수 있다. 나 혼자만의 문제가 아니니 용기를 내자.

엄마표 영어를 잘하고 싶다면 이 점을 기억해야 한다. 발음이 문제가 아니라 '지속성'이 문제다. 엄마의 영어 실력이 좋아도 꾸준함이 없으면 엄마표 영어는 할 수 없다. 반대로 엄마의 실력이 조금 모자라도 꾸준함이 있으면 성공할 수 있다.

"아니, 발음이 문제가 아니라면, 그동안 괜히 주눅 들어 있었네?" 하며 마음이 가벼워져도 좋다. 엄마표 영어에서 자꾸 "읽어 주세요." "소리 내서 말해 주세요." 하며 요청한 것이 엄마들에게는 부담이 되었나 보다. 공부를 많이 해야 한다는 부담도 큰 것 같다. 엄마가 영어로 말하려면 영어 표현도 많이 외워야 한다고 생각하다가 시작할 엄두조차 못 내는 것이다.

여기서 다시! 엄마의 영어 발음, 영어 실력보다 더 필요한 것이 있다. 엄마표 영어에서 가장 중요한 것은 '꾸준히' 하는 것이다. 그래도 발음이 계속 걸린다면, 이를 극복할 수 있는 방법은 얼마든지 찾아볼 수 있다. 핵심은 이 모든 것을 감수하고서라도 지속적으로 할 수 있느냐는 것이다.

지속적으로 엄마표 영어를 하려면 무엇이 필요할까? 엄마 스스로 자신의 스타일을 알아야 한다. 아이를 아는 것보다 먼저 엄마 자신을 알아야 한다. 엄마의 스타일에 맞춰 지속적으로 실천할 수 있어야 하기 때문이다.

예를 들어 보자. 대부분의 엄마표 영어 책에서는 "매일 영어 책을 읽어 주세요."라고 말한다. 이 책에서도 그렇게 독려할 것이다. 그런데 엄마가 일주일에 세 번 책을 읽는 것은 자신 있지만 매일은 힘들다면? 아예 포기하는 것보다 일주일에 세 번을 시도하는 것이 더 낫다. 굳이 일상 속에서 실천하기 어려운 것을 선택할 필요는 없다. 엄마표 영어가 지속성을 가지려면 누구보다 엄마 자신이 실행 가능해야 한다.

또 엄마가 엄마표 영어의 재미를 알아야 '지속적'으로 할 수 있다. 일상에서 엄마들은 이것저것 해야 할 일이 많다. 바쁜 일상 속에서 엄마표 영어를 꾸준히 실천하려면 꼭 있어야 할 요소가 바로 '재미'다. 엄마에게도 아이에게도 재미있는 일이어야 시간을 내서 할 수 있다.

'재미'의 종류는 다양하다. 책의 내용이 재미있을 수도 있고 아이의 반응이 재미있을 수도 있다. 아니면 엄마 자신이 배움의 재미를 느낄 수도 있다. 그림책을 좋아하는 엄마라면 '재미'를 찾아내기 유리하다. 지금까지 그림책을 좋아하지 않던 엄마라도 새로운 재미를 찾을 수 있다. 어린 시절에는 몰랐던 영어 그림책의 매력에 흠뻑 빠질지도 모른다. 엄마표 영어는 영어 실력만으로 해낼 수 있는 것이 결코 아니다. 지속적으로 꾸준히 해 나갈 마음으로 하는 것이다. 엄마가 자기 자신을 알고 엄마표 영어의 '재미'를 알면 꾸준히 하고 싶은 마음은 더욱 커진다.

엄마표 영어에서는 발음도 실력도 중요한 것이 아니라고? 꾸준히 할 마음만 있으면 된다고? 그럼 나도 할 수 있겠네? 맞다. 누구든 할 수 있다. 마음과 정성만 있다면 자연스럽게 방법은 찾아가게 마련이다. 원래 사람은 마음이 먼저 가고 실천이 뒤따른다. 그래서 무언가를 사랑하면 무모하게 달려들기도 한다. 엄마표 영어에 마음을 뺏긴다면, 거기서부터 이미 시작되는 것이다. 영어 책 읽어 주기를 하다 보면 엄마의 영어 실력도 자랄 테니 기대해도 좋다. 이제 영어 실력으로 주눅 들 필요도 없고 마음도 챙겼으니 든든하다.

엄마표 영어에서 엄마의 영어 실력은 문제가 되지 않는다. 하지만, 아이의 언어 능력 발달 과정은 미리 알아 두자. 아이의 언어 발달 과정을 알면 아이를 이해하는 데 도움이 된다. 특히 0세에서 7세까지 아이는 영어 책을 읽어 줄 때 면밀한 관찰과 배려가 필요하다. 아이가 어떻게 언어 능력이 자라는지 잘 살펴보자. 그래야 아이의 영어 습득을 수월하게 도울 수 있다.

아동 인지 발달 연구로 유명한 스위스의 심리학자 피아제는 아이의 인지 능력 발달이 언어 능력 발달에 영향을 준다고 말했다. 다른 많은 언어학자들도 아이의 언어 발달 과정에 관한 다양한 관점을 제시했다. 전반적으로 아동의 언어 발달 특징을 정리하면 다음과 같다.

나이	무엇을 듣고 이해하는가?	말할 수 있는 언어는 무엇인가?
12개월	– 간단한 명령어를 이해함. – 음악을 집중해서 들을 수 있음.	– 반복되는 표현을 함. – 하나의 단어로 표현 가능함.
24개월	– 200~500개의 단어를 이해함. – 간단한 문장을 이해할 수 있음. – 물건의 이름을 인지함. – 짧은 그림책을 읽어 주면 집중해서 들음.	– 말할 때 100개 이상의 단어를 사용함. – 말이 급격히 늘기 시작함. – 사물의 이름을 묻고 말함.
36개월 (4~5세)	– 약 1,000개의 단어를 이해함. – 짧은 그림책을 읽어 주면 집중해서 들을 수 있음. – 라임이 살아 있는 책을 좋아함.	– 300개 이상의 단어를 사용함. – 질문에 답할 수 있음. – 짧은 문장으로 말함.
48개월 (5~6세)	– 약 2,000개의 단어를 이해함. – 그림책을 읽어 주면 문자에 관심을 보임. – 짧은 단어를 읽기도 함. – 빠르면 이미 한글을 떼기도 함.	– 문장이 다양해지기 시작함. – 자신의 감정에 대해 이야기함. – 500~1,000개의 단어를 사용해 말함.
60개월 (6~7세)	– 약 2,500개의 단어를 이해함. – 길고 복잡한 책도 읽어 주면 집중해서 들을 수 있음. – 많은 경우 모국어를 읽을 수 있음.	– 약 2,000개의 단어를 말할 수 있음. – 시제 사용이 완벽해짐. – 질문을 통한 대화가 가능함.

아동의 언어 발달 특징을 알아 두면 내 아이를 이해할 수 있다. 굳이 무리수를 두지 않고도 아이의 영어 실력이 자라는 걸 기다릴 수 있다. 적절한 인풋(input)에 대한 기준을 정하는 데도 적용해 볼 수 있다.

You're never too old, too wacky, too wild, to pick up a book and read to child(당신은 아이에게 책을 골라 읽어 주기에 너무 늙거나 우스꽝스럽거나 제멋대로이지 않다). 아이에게 책 읽어 주기를 격려하는 인기 작가 닥터 수스의 말이다. 이 말을 이렇게 바꿔 보면 어떨까? 당신은 아이에게 영어 책을 읽어 주기에 너무 영어 실력이 모자라거나 발음이 나쁘거나 게으르지 않다. 엄마표 영어는 실력으로 하는 것이 아니다. 반복하건대, 실력보다 무서운 저력은 '꾸준함'이다. 언어는 하루아침에 배워서 결과를 볼 수 있는 것이 아니다. 세상에 태어난 아이와 꾸준히 사귀며 친밀해지듯이, 엄마표 영어도 자신을 이해하고 아이를 이해하며 노력할 마음으로 해야 한다. 소중한 일상의 어느 자리에서 영어 책을 읽어 주고 싶은 정성스러운 마음으로부터 비로소 엄마표 영어는 시작된다.

왜 그 아이들은
영어를 빠르게 배웠을까?

4

아침잠이 많은 내가 아침 일찍 일어나 하루를 시작했다. 들뜬 마음으로 웃으며 집을 나섰다. 영어 유치원에서 근무하던 시절, 나의 아침은 늘 그랬다. '5세 반'에서 시작해 여섯 살이 될 때까지 2년 동안 함께한 아이들을 보러 가는 시간. 매일이 엉뚱하고 즐거운 일 투성이였다. 내 임무는 유치원에 처음 생긴 '5세 반'을 꾸리고 이 반 아이들에게 영어를 가르치는 것이었다. 처음으로 아이들을 위해 교재를 고르고 수업 계획을 짜면서 이런 일이 벌어질 줄 알았겠는가!

아이들이 영어를 배우는 속도는 엄청났다. 1년이 지나기도 전에 모두 영어 책을 읽게 되었다. 1년이 지나자 모두 A4 한 장짜리 영어 글을 썼다. 미국 초등학교 교과서 1학년 과정을 들어가서 그다음 단계로 올라가는 데 몇 달이 채 안 걸렸다. 개구쟁이 아이들을 보는 기쁨이 넘치는 건 물론이고, 영어 실력이 쑥쑥 자라는 걸 보면서 감동이 가득했다. 조그마한 아이들이 어찌나 그리도 영어를 빨리 배우던지. 혹시 아이들이 집에서도 영어를 공부했던 것은 아닐까?

영어를 빨리 배우는 아이들의 특징은 무엇이었을까? 혹시 지능이 엄청 높거나 언어 감각이 뛰어난 건 아닐까? 아니면, 영어권 나라에서 살다 온 아이들이었을까? 하지만 예상과는 달랐다. 나에게 최고의 감동을 안겨 준 5세 반 아이들은 모두 한국에서만 자랐다. 부모도 모두 한국인이었다. 그런데도 어떻게 영어를 빨리 배울 수 있는지 궁금했다. 심지어 공부에 대해 거리낌을 느끼지 않고 자연스럽게 받아들였다.

어린 꼬마들이 숙제를 내 달라고 하고 혼자 앉아서 단어를 외우기도 했다. 엄마들 중에 아이를 앉혀 놓고 숙제를 시키는 분은 없던 걸로 알고 있다. 한국에서 컸고 영어 유치원이라고 해도 하루 종일 영어만 사용한 것도 아닌데, 아이들의 영어 실력이 자라났다. 무슨 일이었을까? 나의 영어 지도 방식에 특별한 점이 있는 것도 아니었다. 그렇다면 무엇이 아이들의 영어 실력을 키운 걸까? 나는 이런 궁금증을 뒤로한 채 영어 유치원을 그만두었다. 휴식도 취할 겸 관심 분야의 강의를 들으러 하와이로 떠났다.

그로부터 1년이 지난 어느 날이었다. '5세 반' 엄마 중 한 분의 연락이 왔다. 집으로 초대받아 거실로 들어서는 순간 깜짝 놀랐다. 거실이 책으로 가득 차 있었다. 아이들 책만이 아니라 다양한 종류의 책이 빽빽이 꽂혀 있었다. '교실 안에서 이루어지는 영어 교육의 한계를 넘어서게 한 것이 바로 이거였구나!' 아이들이 가끔씩 엄마와 함께한 시간을 이야기한 적이 있었다. 주말에 엄마와 독서실에 간 이야기, 엄마가 숙제를 봐 주지는 않지만 옆에서 책을 읽으신다는 이야기 등. 아, 이제 아이들의 상황이 이해되었다. 집 안에 가득한 책을 보고서 왜 아이들이 영어를 빨리 배웠는지 알게 되었다. 아이들은 이미 배경지식이 차고 넘치고 있었다. 꽂혀 있는 책을 보니 수준이 천차만별이었다.

집에 꼭 다양한 책을 꽂아 놓아야 한다는 말이 아니다. 어려운 책을 무리해서 읽히자는 말도 아니다. 다만, 아이들에게 노출된 환경이 영어 실력을 키워 주었다는 사실을 말하고 싶을 뿐이다. 자연스럽게 책을 접할 수 있는 환경은 아이들의 한국어 실력을 향상시킨다. 한국어 실력과 넓은 배경지식은 영어 실력이 자라는 좋은 토양이 된다. '영어를 좀 빨리 배우면 좋겠다.' '제발 앉아서 영어 책 좀 읽으면 좋겠다.' 엄마들의 간절한 바람이 아닌가? 해답은 이렇다. 거실 책장에 가득한 책이 아이들의 영어 실력을 키운다. 엄마의 책 읽는 습관이 아이에게 '배움'을 익숙하게 만든다. 책을 통해 얻는 다양한 배경지식이 영어를 빨리 배우게 하는 지름길이다.

영어를 빨리 배우고 쉽게 습득하는 아이들의 또 다른 특징이 있다. 바로 부모가 영어에 관심이 많다는 것이다. 배움이라는 것은 일방적으로 시킨다고 되는 게 아니다. 옆에서 구경하다가 자연스럽게 따라하게 되고 어느덧 습관처럼 자리를 잡는다. 그렇게 하다가 나의 실력이 된다. 마치 음식을 잘하는 엄마 옆에서 자란 아이들이 음식을 잘할 가능성이 높은 것과 같은 이치다. 엄마가 이렇게 저렇게 음식을 만들라고 가르친 것도 아니다. 그저 만들어서 먹였을 뿐이다. 엄마가 만들어 준 맛있는 음식을 먹고 호기심에 엄마의 음식 만드는 모습을 구경하다가 나중에 본인이 음식 솜씨가 좋은 사람이 되는 경우가 적지 않다. 마찬가지로 영어에 관심이 많은 부모 밑에서 영어에 관심이 많은 자녀들이 자란다.

"선생님, 영어 수업이 필요해요."

"네? 누가 영어 수업이 필요하죠?"

"저요……."

한 학생의 엄마가 영어를 배울 만한 곳을 소개시켜 달라고 문의해 왔다. 아이가 아니라 엄마가 배울 곳을 찾고 있었다. 아, 저 집 아이들이 영어를 잘하는 이유는 집안 분위기였구나! 첫째와 둘째 아이 모두 한국에서 컸는데 영어가 유창했다. 초등학교를 졸업하고 평범한 중학교로 진학했다. 그런데 두 아이 모두 초등학교 4학년쯤 되자 토플 교재를 사용했다. 6학년 때는 토플 점수가 80점을 넘어섰다.

엄마는 주변에서 어떻게 아이들이 영어를 잘하느냐는 질문을 많이 받았다. 국제 학교를 나오거나 해외에 나간 경험도 없었다. 다만, 엄마는 아이들에게 영어만큼은 자연스러운 언어로 자리 잡기를 바랐다. 엄마도 꾸준히 영어 회화, 문법, 독해를 공부했다. 운동을 꾸준히 하듯 영어를 꾸준히 배우는 일이 그 집에서는 자연스러운 일상이었다. 부모의 관심에 따라 아이의 관심사도 넓어진다. 엄마가 영어 배우기에 관심이 많으면 아이도 영어 배우기에 관심이 많아진다. 관심은 결국 아이의 영어 실력을 빠르게 성장시키는 밑거름이 된다.

이번 일은 꼭 9월 안에 끝내고 여행을 가겠어. 고생스럽더라도 한 달 동안 매일 운동을 하고 나에게 상을 주겠어. 이번에는 꼭 책을 내고 말 테야. 크건 작건 구체적인 목표를 세워 본 적이 있는가? 구체적인 목표를 세워 놓으면, 언젠가는 되겠지 하는 막연하고 낭만적인 생각은 사라진다. 목표를 이루고 싶어 '노력'이란 것을 해 보게 된다. 시간도 투자하고 목표에 도달할 방법도 고민한다. 아이의 영어 공부도 마찬가지다. 아이의 영어 실력이 쭉쭉 올라가길 바라는가? 구체적인 목표가 있으면 도움이 된다. 작은 목표든 큰 목표든 모두 도움이 된다.

영어 유치원에서 만난 레이첼이라는 아이는 의사와 작가가 되는 것이 꿈이었다.

"앞으로 의사가 되면 어디서 일하게 될지 몰라. 외국에서 의사로 활동할 수도 있어. 영어로 자연스럽게 무언가를 설명해야 하는 경우도 생길 수 있으니 미리 연습해야 하지 않을까?"

레이첼의 부모는 아이에게 이렇게 이야기해 주었다. 아이가 부담스러워 했을까? 아니, 오히려 신나게 영어를 익혔다. 가족들을 앉혀 놓고 영어로 혹은 한국어로 강의를 했다. 이미 세계를 무대로 삼은 아이는 영어로 설명하는 것을 즐거워했다. 영어로 책도 써서 한 권씩 완성될 때마다 나에게 보여 주었다. 영어로 글을 쓰라고 한 적도 없는데, 그림까지 그려서 가져오더니 읽어 보고 생각을 알려 달라고 했다. 레이첼이 초등학생 때 일이었다.

레이첼은 영어권에서 생활한 적도 없고 외국인을 많이 만난 적도 없다. 그럼에도 아이는 영어를 빠른 속도로 배웠다. 주변 어른들이 아이의 꿈을 격려하고 나아갈 목표를 만들어 주었기 때문이다. 아이에게 목표는 그냥 생기지 않는다. 애정을 가지고 지켜보는 어른들의 말이 아이에게 목표를 만들어 준다. 목표도 없이 무조건 영어를 배우라고 하는 것만큼 무모한 일이 또 있을까? 그림을 배우는 아이에게 "그냥 붓을 움직여. 물감을 찍어서 열 번 바르면 돼.'라고 말한다고 해 보자. 아이에게는 그저 무의미한 움직임처럼 느껴질 수 있다. 금세 지겨운 일이 된다. 그림을 그리는 목적이 무엇인지, 무엇을 생각하며 그림을 그려야 하는지 알려 줄 때 붓질에 의미가 생긴다. 영어를 배우는 것도 목표가 있어야 의미가 있고 견딜힘도 생긴다. 엄마가 아이에게 영어를 배우는 목표를 잘 세워 줄 때 아이도 영어를 빠르게 배운다. 아이 스스로 목표에 동의하면 배움에도 속도가 붙는다.

영어를 빠르게 배우는 아이들을 만나 보았다. 스펀지가 물을 흡수하듯 영어를 흡수했다. 나도 시간 가는 줄 모르고 수업을 준비했다. 수업이 끝나고도 아이들의 글과 그림을 모으면서 마냥 즐거웠다. 그리고 아이들이 왜 영어를 빨리 배우는지 관찰하고 기록했다. 이유는 간단했다. 앞서 이야기했듯이, 거실 책장이 책으로 가득할 때 영어를 빨리 배웠다. 책을 통해 배경지식이 많아지고, 책과 친해질 때 영어를 배우는 속도도 빨라진다. 부모가 영어에 관심이 있을 때 아이들도 영어를 자연스럽게 접한다. 이런 집안 분위기에 아이들은 자연스럽게 젖어든다. 모든 배움의 과정에 이루고 싶은 목표가 있다면, 아이들은 그곳으로 달려간다. 목표가 크건 작건 상관없다. 영어를 배워야 하는 이유가 뚜렷하다면 누가 말려도 영어 실력은 금세 성장한다.

영어 잘하는 아이로 키우는 방법

영어 책 읽어 주기의
골든타임

5

여행 영어를 배우고 싶어 하는 학생을 만나기로
한 날이었다. 한 아이의 엄마인 이 학생은 "제 아기가 태어난 지 6개월
이 되었는데요. 언제, 어떻게 영어를 들려줘야 하죠?"로 시작해, 한참을
아이에 대해 이야기했다. 일찍 영어를 들려주면 모국어에 방해가 되는
건 아닌지, 그렇다고 늦게 영어를 접하게 하면 제대로 못 배우는 건 아
닌지 온갖 질문을 쏟아냈다. 정작 본인은 두 개의 언어, 즉 한국어와 일
본어가 유창했다.

"그럼, 본인은 어떻게 두 개의 언어를 배웠어요?"

"어릴 적부터 두 언어 모두 듣고 자랐어요."

"그럼, 아기에게 그렇게 해 줘도 문제가 없지 않을까요? 본인도 두
언어 다 잘하는데요?"

요즘 엄마들은 어린아이에게 영어를 습득할 수 있는 환경을 만들어
주는 것에 관심이 많다. 그래서인지 질문도 많다. 언제가 가장 좋은가?

모국어에 영향을 미치지는 않을까? 무조건 빨리 시작해야 좋은가?

언어 습득에는 유리한 시기가 있다고 주장하는 이론도 있다. 언어학자들은 미국의 언어학자 레너버그 교수의 이론, 즉 모국어 습득에 결정적인 시기(언어가 쉽게 습득되는 시기)가 있다는 이론을 제2 외국어 습득에도 적용했다. 언어 습득에 최적화된 시기는 사춘기 이전이라는 것이 핵심 주장이다. 미국의 유명한 언어학자 촘스키도 0세부터 13세까지 영어 습득 능력이 가장 활발하다고 주장했다. 모두 어릴수록 언어를 쉽게 배운다고 말한다. 반면, 전혀 다른 주장을 하는 언어학자들도 있다. 사춘기가 지나서도 언어 습득 능력에는 변함이 없다고 말하기도 하고, 성인이 되어야 외국어를 더 잘 배울 수 있다고 말하기도 한다. 그렇다면 어린아이의 영어 습득을 위한 엄마들의 노력이 과연 필요할까?

결론부터 말하자면, 나는 어린아이의 영어 습득에 노력을 기울이는 것이 필요하다고 생각한다. 어릴 때부터 영어를 접하도록 해 주어야 한다. 경험에 비추어 보면, 어린 시절에 영어를 배운 아이들은 '영어 감각'이라는 것을 가지고 있다.

예전에 취미로 발레를 배운 적이 있었다. 취미반이지만 가끔 뭔가 '감각'이 달라 보이는 사람들을 만났다. 느낌만으로 선생님의 말씀을 알아듣고 동작을 바로 취했다. 알고 보니 대부분 어릴 적에 발레를 했던 사람들이었다. 호흡을 어떻게 하고, 시선을 어떻게 하고, 힘을 어디에 주라는 말을 굳이 하지 않아도 그냥 알고 있었다. 정말 부러웠다. 말 그대로 '감각'이 살아 있었다. 물론, 감각이 있다고 저절로 실력을 갖추게 되는 건 아니다. 당연히 또 다른 노력이 필요하다. 하지만 어린 시절에 배운 것은 몸에 배어 있다가 성인이 되어서도 자연스럽게 나온다. 이러한 '감각'은 말로 설명한다고 얻을 수 있는 게 아니다. 어린 나이에 영어를 배운 아이들도 영어 감각을 가지고 있다. 어릴 때 영어에 많이 노출된 아이들만의 특징이라 할 수 있다.

　우리나라의 교육 환경을 살펴보자. 교육 과정을 고려하면, 유아기부터 초등학교 6학년 때까지가 영어 책 읽어 주기에 적절한 시기다. 중·고등학생 때는 어떨까? 시험 과목으로 영어가 기다리고 있다. 이 시기에는 영어 문법을 한국어로 재해석해 암기해야 한다. 어쩔 수 없이 이 시험을 위한 영어를 준비해야 하는 시기다. 이 시기에 영어 책을 읽는다는 게 전혀 불가능한 이야기는 아니다. 하지만 주로 내신과 수능을 위한 영어 공부가 필요한 시기다. 이처럼 교육 과정만 봐도 영어 책을 실컷 읽을 수 있는 시기는 정해져 있는 것 같다. 유아기부터 초등학교 6학년까지. 어쩌면 성인이 되기 전 영어 책에 푹 빠져 지낼 수 있는 유일한 시간이다. 이 시기를 놓치기에는 너무 아깝다. 그러므로 아이에게 영어를 배울 수 있는 최적기로 만들어 주자.

　구체적으로 몇 살부터 영어 책 읽기를 시작하면 좋을까? 0~3세를 영어 습득의 골든타임으로 보기도 한다. 이 시기에 아이는 인풋에 거부감이 없기 때문이다. 엄마가 영어를 읽어 주면 목소리를 그대로 흡수한다. 0~3세에는 일단 엄마가 영어를 들려주면 아이는 100퍼센트 들을 수밖에 없다. 이 시기에 엄마표 영어를 시작하는 아이는 영어를 친숙하게 느낄 확률이 높아진다. 한편에서는 우려의 목소리도 나온다. 아직 아기일 때 외국어를 들려주면 모국어 발달이 늦어진다는 우려다. 하지만 이에 관해서는 여러 관점이 있고 아직 정확하게 밝혀진 건 아무것도 없다. 오히려 인지적 유연성으로 지능 발달을 가져온다는 연구 결과도 있으니 꼭 걱정할 일만은 아닌 것 같다.

만 4세 이후에 영어 책 읽기를 시작하면 어떨까? 하버드 대학의 패튼 테이보즈 교수는 『한 아이, 두 언어(One Child, Two Languages)』라는 책에서 영어를 외국어로 배우는 아이들이 영어를 배우는 데 영향을 미치는 요인들에 관해 썼다. 그는 영어를 배우기에 '적절한 연령'은 4세 이후라고 말한다. 모국어가 완성된 뒤에 영어를 배우면 영어를 더 빠른 시간 안에 배운다는 것이 그 이유다. 만 4세 이전에 영어를 배우면 시간이 더 많이 걸리고 오히려 비효율적이라고 주장한다.

그렇다면 4세 이후에 영어를 접했을 때 어떤 장단점이 있는지 살펴보자. 한국 아이를 기준으로 보면 이 시기에 모국어 습득이 완성되어 있는 경우가 많다. 대부분 이미 모국어를 배운 경험이 있다. 아이는 언어를 배운다는 것이 무엇인지 안다. 따라서 영어를 듣고 읽는 것을 단시간에 배울 수 있다. 모국어가 탄탄하면 외국어를 배울 때 여러모로 유리하다. 효과적으로 야무지게 배울 수 있다. 하지만 고민해야 할 부분도 있다. 아이는 3세가 지나면 자아가 생긴다. 5세 전후에는 모국어를 근거로 자신이 영어를 알아듣는지 못 알아듣는지 구분할 수 있다. 그래서 간혹 영어를 심하게 거부하는 경우도 생긴다.

앞서 살펴보았듯이, 언어 습득 이론도 다양하다. 영어 환경에 노출하는 최적기에 관해 한 가지 관점만 있는 게 아니다. 어떤 시기를 최적기로 보든 저마다 장단점이 있다. 내가 생각하는 영어 책 읽기의 골든타임은, 책을 읽어 주는 소리를 쑥쑥 흡수하는 0~3세 때라고 말하고 싶다. 한국어를 읽을 수 있는 만 4세 전후도 중요한 시기라 하겠다.

이 두 시기 모두 놓치면 우리 아이의 '외국어 배우는 뇌'는 닫히는 걸까? 쉽게 단정 지을 수는 없다. 언어를 배우는 뇌가 몇 살에 활발하고 몇 살에 닫힌다고 결론짓지 말자. 사실 이런 말에 신경 쓰다가 영어 책 읽기를 시도조차 하지 못한다면, 차라리 온갖 이론을 잊어버리는 편이 낫다. 외국어를 배우는 뇌가 닫힌 건 아닌지 전전긍긍할 때가 바로 뇌가 닫히는 시기다. "너무 늦었어. 이제는 해도 안 되겠네." 하고 포기하는 순간 영어 습득 능력은 멈춘다. '포기'가 언어를 배울 수 있는 '뇌'를 경직시키는 것이다.

영어 책 읽어 주기의 골든타임은 엄마와 아이가 함께 만드는 것이다. 아이가 0~3세라면, 지금 당장 시작하면 좋다. 한글을 읽기 시작한 만 4세 전후라면, 지금도 적기다. 7세를 넘어갔다면, 바로 오늘부터 시작하면 된다. 8세가 넘어가면 늦었다고 마음이 급할 수도 있다. 하지만 늦었다는 생각에 부랴부랴 책을 쌓아 놓고 읽을 필요는 없다. 영어 책 읽기가 즐거우려면 여유가 필요하다. 책을 고를 여유, 읽으며 생각할 여유, 읽고 이야기를 나눌 여유가 있어야 한다. 각 연령마다 특별히 잘 배울 수 있는 요소가 있다. 초등학생이 된 8세 때는 문장 구조를 좀 더 잘 이해한다. 영어 책을 읽어 주면 책에 나온 표현들을 글로 쓰고 싶어 한다. 학교에서 한국어 쓰기를 배우기 때문에 '쓰기'에 익숙해 있다.

'바로 지금' 마음을 정하면 된다. 오늘 당장 우리 아이에게 읽어 줄 영어 책을 찾으면 된다. 다름 아닌 지금이 우리 아이에게 영어 책을 읽어 줄 최고의 골든타임이다! 골든타임은 엄마와 아이가 함께 만들어 가는 것이다.

영어 책 읽기는 영어를 적절한 문맥과
상황 속에서 배우게 한다.
언어의 특징 중 하나는, 반드시 어떤 상황에서
어떻게 쓰이는지를 알아야 언어로서
제 역할을 한다는 것이다.

Chapter
2

일단,
영어 책
한 권을
읽어
주자

영어 습득의 유일한 방법, 영어 책 읽기

1

영어 잘하는 방법에 대한 강의나 책은 너무도 많다. 대상 연령층도 갓난아기부터 성인까지 다양하다. 획기적인 영어 공부법이 한 번씩 유행처럼 밀려오면 많은 사람이 시도한다. 그중 어떤 방법이 얼마만큼 성과를 보이는지는 모른다. 하지만 영어를 잘할 수 있다고만 하면 이런저런 시도를 하는 것 같다. 이미 다양한 공부법이 있는데도 계속 새로운 영어 공부법을 개발하는 것은 그만큼 영어를 제대로 배우고 싶은 사람이 많다는 증거다.

아이들의 영어 습득 방법도 다양하다. 이미 시중에 인터넷을 통해 많이 나와 있다. 아이가 직접 만든 영어 만화를 올리면 피드백을 해 주는 사이트, 게임을 통해 영어를 배우도록 설계된 사이트, 혼자 시험을 보면 채점을 해 주는 사이트 등 그 범위도 우리의 상상를 초월한다. 그런데도 영어 책 읽기가 영어 습득의 유일한 방법이 될 수 있을까?

영어 책 읽기는 영어를 적절한 문맥과 상황 속에서 배우게 한다. 언어의 특징 중 하나는, 반드시 어떤 상황에서 어떻게 쓰이는지를 알아야 언어로서 제 역할을 한다는 것이다. 이 말의 의미를 좀 더 살펴보자. 영국의 언어학자 존 퍼스는 언어는 그것이 사용되는 상황으로부터 고립된 상태에서는 배울 수 없다고 했다. '사용되는 상황과의 고립'이 무슨 뜻일까? 예를 들어 누가 대뜸 이렇게 말한다고 하자. "몰라." 자, 여기서 '몰라'는 무슨 뜻일까? 이렇게 들어서는 도무지 알 수 없다. '몰라'가 알지 못하겠다는 의미인지, 아니면 처한 상황을 피하고 싶어서 하는 말인지, 상대방에게 모르냐고 묻는 말인지 구분되지 않는다.

한번 이렇게 가정해 보자. 누군가 나에게 와서, "내 친구가 '몰라'라고 말했어. 어떻게 생각해?"라고 묻는다. 나의 첫 마디는? "응? 왜? 무슨 상황인데 그렇게 말했어?"라고 할 것이다. '상황'을 알아야 그 친구가 말한 '몰라'가 무슨 말인지 알 수 있다. 말은 주어진 상황과 함께 있어야 진정한 의미를 알 수 있다.

앞뒤 상황과 맥락을 제공하며 영어를 배우도록 해 주는 것이 바로 '영어 책'이다. 영어 표현을 백날 따로 외워도 상황 속에서 살펴볼 수 없다면 아무짝에도 쓸모없다. 외국어는 일대일로 뜻을 외워서 익힐 수 있는 언어가 아니다. 때마다 상황마다 말의 의미가 달라진다. 같은 단어라도 상황에 따라 실제 쓰임이 달라진다. 영어 책을 읽으면, 실제로 주어진 상황 안에 들어가서 말을 배우게 된다. 외우고도 어떻게 쓸지 몰라 그저 단어장에 가둬 놓은 수많은 단어를 생각해 보라. 영어 단어의 뜻은 척척 말할 수 있을지 몰라도, 정작 실제 상황에서는 어떻게 쓰이는지 잘 모른다. 영어 책을 읽으면, 영어 표현의 쓰임을 명확하게 배울 수 있다. 언어는 살아 움직이는 생물이다.

누군가 좋은 아이디어를 냈을 때, "It sounds good."이라고 하면 "그 아이디어 좋군요."라는 뜻이다. 그런데, 어떤 사람의 연주를 듣고, "It sounds good." 하면 "당신 연주가 좋군요."라는 뜻이 된다. 영어 책을 펼치면 다양한 사람과 상황을 만난다. 영어 책을 읽으면 책 안의 상황으로 들어간다. 책에서는 같은 영어 표현이라도 상황에 따라 어떻게 의미가 달라지는지 경험한다. 다른 영어 표현인 줄 알았는데 같은 의미로 사용되는 것도 경험하게 된다. 이러한 경험들이 차곡차곡 쌓이면 실제로 영어를 사용할 수 있게 된다.

학습서로 영어 표현을 달달 외우는 것과 영어 책을 읽으며 영어 표현을 익히는 것 중에 무엇이 더 영어 학습에 효과적일까? '영어 책 읽기'가 정답이다. 시간이 걸려도 아이에게 영어 책을 읽어 주자. 우리가 모국어를 배운 과정을 생각해 보자. 모국어를 100미터 달리기 하듯이 배웠는가? 아니면, 시간을 두고 차근차근 배웠는가? 시간을 두고 배운 건 물론이고, 매번 부모님이 다양한 상황 속에서 말을 걸어 주었다. 그냥 아무 말 없이 양말을 신겨도 되는데 '양말 신자, 양말.' 이렇게 말을 해 주었다. '밥 먹자.' 한마디만 해도 될 것을 '자 맘마 먹을까? 와, 맛있겠다. 냠냠, 옳지!' 이렇게 말을 해 주었다. 이 시간들이 쌓여서 자연스럽게 모국어를 배우게 되었다. 한글 읽기를 배울 때도 마찬가지였다. 처음부터 밑줄을 쫙 쳐 가며 읽지는 않았다. 우리말 표현을 다섯 개씩 외우면서 쓰지도 않았다. 우리는 아이에게 한글을 가르칠 때 책도 읽어 주고 이야기도 들려준다. 언어는 천천히 상황과 함께 배워야 한다. 모국어를 배울 때처럼 말이다.

가능하다면 학습서로 영어를 빠르게 배우고 싶을 것이다. 그런데 단시간에 마구마구 욱여넣는다고 언어를 배울 수 있을까? 어느 정도까지

가능할지는 모른다. 하지만 언어는 충분히 배우고 익혀서 내 것으로 만들어야 사용하는 데 불편함이 없다. 학습으로만 접근하면 언어는 머릿속에만 남아 있기 십상이다.

어린 시절 자전거를 배운 기억이 있다. 드디어 보조 바퀴를 떼고 두발자전거 타기에 성공한 날. 나는 그날부터 자전거를 수월하게 타리라 기대했다. 그러나 웬걸, 자전거가 익숙해져서 마음대로 타기까지는 보조 바퀴를 떼고도 한참 더 걸렸다. 학습서를 가지고 우당탕 급하게 영어를 머릿속에 넣을 수는 있다. 빠르게 단어를 암기하고 문장도 외울 수 있다. 하지만 여러 문맥 안에서 영어를 배우는 경험은 할 수 없다. 인생에서도 경험으로 배운 것은 잊지 않는다. 정말 내 것이 된다. 책 읽기로 배운 영어는 책 속에만 머물러 있지 않다. 책의 신비함이다. 책을 통한 경험은 실제 겪었던 것처럼 생생하다. 영어를 익숙한 도구로 만들고 싶은가? 영어 책으로 실력을 향상시키려면 시간이 오래 걸릴 수도 있다. 하지만 시간이 들더라도 영어 책을 꾸준히 읽는 것이 영어 공부의 해답이다.

"외국어 습득의 유일한 방법은 책 읽기이다." 남 캘리포니아 대학의 명예 교수이자 영어 교육법의 세계적인 권위자인 스티븐 크라센 박사의 유명한 말이다. 그는 『크라센의 읽기 혁명』이라는 책의 저자로도 유명하다. 이 책에서 영어 습득을 어떻게 하는 것이 효과적인지를 다루고 있다. '반복과 연습 훈련'으로만 언어를 배우기는 어렵다고 주장한다. 자발적 책 읽기가 유일한 언어 습득법인데, 외국어를 배울 때도 마찬가지라고 한다. 영어 책 읽기를 통해 영어를 배울 수 있다는 것이 그의 핵심 주장이다.

왜 크라센은 외국어 습득의 유일한 방법을 책 읽기라고 했을까? 그의 주장은 여러 연구를 근거로 삼는다. 그중 엘리와 만구하이의 연구가 흥미롭다. 이 연구는 독서가 외국어 습득에 엄청난 효과가 있다는 사실을 보여 준다. 초등학교 4, 5학년 학생들을 세 그룹으로 나누어 실험을 진행했다. 첫째 그룹은 전통적인 방식으로 수업을 했고, 둘째와 셋째 그룹은 책 읽기로 수업을 했다. 2년이 지난 뒤 어떤 일이 벌어졌을까? 결과를 측정해 보니, 책 읽기로 수업을 받은 학생들이 전통적인 방식으로 수업을 받은 학생들보다 영어 실력이 더 뛰어났다. 독해, 쓰기, 문법 모두 그러했다.

억지로 영어 공부를 하던 학생들에게 책을 접하게 했더니 태도가 바뀌었다는 것이다. 영어 책 읽기를 좋아하게 되면서 의욕적이고 자발적으로 책을 읽게 되었다. 영어 책 읽기가 훨씬 더 재미있고 효과적이었다. 반복하고, 암기하고, 연습하는 방식으로 영어를 공부하는 것보다 결과도 더 좋았다. 아이들은 즐거워했고, 실제로 실력이 많이 늘었다. 그런데 아이들이 영어 책 읽기 즐거워했다면, 영어 실력도 반드시 향상될까? 크라센은 반드시 그런 건 아니라고 말한다. 어떤 활동은 즐거워도 직접적으로 실력 향상을 가져오지 않을 수 있다. 하지만 '즐거움'은 계속해서 무언가를 배워 나갈 수 있는 원동력이 된다. 적어도 싫거나 지루해서 그만둘 일은 없을 것이다. 아이에게 영어 책 읽어 주기는 여러모로 꼭 시도해 볼 만한 일이다.

엄마표 영어 관련 서적들을 보면, 아이의 영어 습득을 돕는 여러 방법이 소개되어 있다. 흘려듣기, 집중해서 듣기부터 시작해서 쉐도잉, 따라 쓰기, 동영상 보기 등 다양하다. 그런데 하나같이 '영어 책 읽기'를 빠뜨리지 않는다. 빠뜨리지 않는 정도가 아니라 모두가 강조한다. 영어 책 읽기를 강조하는 이유는 무엇일까? 책 읽기로 얻는 영어 실력은 무엇이 다를까? 영어 책 읽기가 영어를 배우는 유일한 방법이다. 이렇게 말하는 것이 가능한 이유는 그동안의 연구와 다수의 실제 사례 때문이다. 영어 책은 다양한 상황 속에서 말의 쓰임을 배우도록 돕는다. 머릿속에만 있는 영어가 아니라 실제로 사용하는 영어를 배운다. 학습서로 배우는 것보다는 시간이 더 걸리지만 정말로 자신의 언어로 만들 수 있다. 그리고 가장 중요한 것! 영어 책으로 영어를 배워 가는 과정에는 '즐거움'이 있다. 이 즐거움이 영어가 익숙해지는 단계까지 갈 수 있는 원동력이다.

한국에서 배우는
영어의 성공 비결

2

어디를 가면 영어를 잘 배울 수 있을까? 가끔 영어 캠프를 소개시켜 달라는 의뢰를 받는다. 어떤 엄마는 해외 유명 대학에서 주관하는 영어 캠프들의 이름을 나열하면서 어느 곳이 좋은지 골라 달라고 한다. 프로그램을 살펴보면 혹한다. 왠지 거기에 다녀오면 우리 아이가 나중에 그 명문 대학을 갈 것만 같다. 게다가 수준별, 연령별로 학생을 받고 있으니 더욱 욕심이 난다. 초등학생을 둔 엄마들은 중·고등학교 진학 전에 마음이 조급해진다. 영어로 말하기, 쓰기 실력 정도는 늘려 놓아야 한다고 생각한다. 그러려면 아무래도 해외에 나갔다 와야 영어가 '확' 늘지 않겠냐며 몇 학년에 나가야 하는지도 묻는다. 심지어 아이 혼자라도 보낼 수 있다면 그러고 싶다고 한다. 그러면 나는 이렇게 대답한다.

"글쎄요. 꼭 나가야 하는 건 아니에요. 한국에서도 잘 배울 수 있어요."

진짜 그럴까? 한국에서 영어를 배워도 '잘' 배울 수 있을까? 사실 한국에서도 영어를 잘 배우는 아이들을 종종 만날 수 있다. 영어를 꼭 영어권에서만 성공적으로 배울 수 있다면, 그럼 한자는 중국에 가야 잘 배울 수 있는 것인가? 어쩌면 우리의 막연한 환상이고 편견일지 모른다.

"그럼요. 문법은 한국에서 해야죠."

"그렇죠. 시험 영어는 한국이죠. 유학생들도 토플 공부, SAT 공부는 국내에 들어와서 해야 한데요."

아니, 아니, 지금 하는 이야기는 시험 영어에 국한되지 않는다. 살아 있는 언어로서 영어가 실제로 어떻게 쓰이는지 뉘앙스를 배울 수 있는가를 이야기하고 있다. 한국에서도 영어를 살아 있는 언어로 배울 수 있다. 영어를 외국어로 배우고 있는 한국이라는 환경에서도 충분히 가능한 일이다. 그런 사례를 주변에서 심심치 않게 만날 수 있다.

나는 시간이 나면 서점에 들른다. 주로 찾게 되는 곳은, 당연히 영어 교재 코너다. 중·고등학교 학습서를 찾아보기도 하지만, 원서로 된 학습서도 살펴본다. 유·초등 원서 교재부터 전체를 보아야 흐름을 파악할 수 있기 때문이다. 한참 원서 교재를 살펴보고 있는데, 옆에 중학생 정도로 보이는 학생이 서 있었다. 집에서 동생이 공부할 책을 언니와 엄마가 함께 고르는 것 같았다. 학생은 중간 중간 영어로 말을 했다. 영어가 유창하고 교재 고르는 안목도 뛰어나 마냥 신기했다. 그래서 나는 학생의 엄마에게 물었다.

"따님은 영어를 어디서 배웠어요?"

딱 한마디 물었다. 엄마는 나에게 얼굴을 돌려 환하게 웃으며 이야기를 시작했다.

"한국에서요."

자신감이 가득한 표정으로 이야기를 이어 나갔다.

"저는 우리 애를 미국에 보내려고 했거든요. 보내면 영어를 잘 배워 오겠지 하고요. 그런데 애 아빠가 마음만 먹으면 한국에서도 충분히 영어를 잘 배울 수 있다고 했어요."

와아! 어쩌면, 엄마표 영어의 핵심을 이리도 잘 실천하셨는지.

"저희는 그래서 애 하고 매일 영어 책을 읽었어요. 저와 애 아빠 하고 번갈아 가면서 책 읽기를 봐 주고요. 아빠가 퇴근하고 오면 그날 읽은 것을 가지고 같이 이야기를 나눴어요."

왜 영어 책 읽기가 비싼 돈 주고 아이를 해외로 보내는 것보다 효과적일까? 영어 책을 읽으면 영어권에서 영어를 배우는 것 이상의 결과를 얻을 수 있다. 다양한 상황에서 쓰이는 영어를 책을 통해 경험하며 배우기 때문이다.

언어를 잘 배우려면, 한 가지 표현을 배우더라도 그것이 쓰이는 사회적 상황이나 시간적 상황을 함께 알아야 한다. 모국어가 익숙해지는 과정처럼 말이다. 이중 언어 교육과 언어사회학을 전공한 미국의 언어학자 조슈아 피셔맨은 '어떤 언어를 어느 시대에 어떤 사람들이 쓰는가?'를 주제로 연구를 진행했다. 연구를 통해 언어는 단독으로 이해할 수 없고, 상황에 대한 이해가 함께 있어야 한다는 결론을 얻었다. 이처럼 영어를 배울 때도 영어를 사용하는 사람과 그 언어가 쓰이는 사회를 이해하는 것이 필요하다. 영어 표현이 쓰이는 상황을 이해하게 될 때 영어를 생생하고 명확하게 배울 수 있다.

이 모든 것을 한눈에 보고 배울 수 있게 해 주는 것이 영어 책 읽기다. 영어권에 간다고 다양한 상황 속에서 다양한 표현을 접할 거라는 보장은 없다. 오히려 한국에서 좋은 영어 책을 접하는 것이 더 효과적이다. 다양한 영어 책을 읽으면 다양한 표현을 어느 시대에, 어느 지역에서, 어떤 사람들이 주로 쓰는가를 면밀히 살펴볼 수 있다.

외국에서 오래 살면 영어를 잘할 것이라는 생각은 환상에 지나지 않다. 물론 외국으로 보낼 때는 나름의 이유가 있을 것이다. 영어권 나라로 보내면 실제 상황에서 잘 배울 것이란 기대가 있다. 영어권 배경 문화를 직접적으로 경험하면 언어 실력을 향상시키는 효과가 있다. 그렇지만 모두가 이런 문화를 충분히 경험하고 이해하는 건 아니다. 대부분은 자신이 가는 곳만 가고 만나는 상황만 만난다. 결국 영어권 나라에서도 제대로 된 실력을 갖추려면 충분한 시간과 경험이 필요하다. 그리고 당연한 말이지만, 스스로 언어를 잘 배우려는 노력이 반드시 필요하다.

결국 영어권 나라에서 살더라도 책을 충분히 읽지 않으면 표현이 제한적일 수밖에 없다. 심지어 영어의 수준도 보장하지 못한다. 영어 책 읽기는 넓은 간접 경험을 통해 풍부한 표현을 배우게 한다. 영어 책을 통해야만 배울 수 있는 좋은 표현과 수준 높은 언어가 있다. 영어 책 읽기가 외국으로 아이를 보내는 것보다 백 번 천 번 좋은 효과를 가져다준다.

아까 그 서점에서 만난 아이의 엄마와 대화가 끝날 무렵이었다. 뭔가 생각하는 듯하더니 이런 말을 해 주었다.

"참, 그런데 잊으면 안 되는 게 있어요. 한글 책을 꼭 많이 읽어야 해요."

맞다. 한글 책을 많이 읽어야 영어 실력이 향상된다. 한글 책 읽기와 영어 책 읽기는 어떻게 관련이 있을까? 어째서 한글 책 읽기가 영어 실력을 향상시키는 걸까?

첫째, 한글 책을 읽으면 책과 친해진다. 책을 통해 언어를 배우는 과정에 익숙해진다. 영어 책 읽기로 영어를 배우려면 우선 아이가 '책' 읽기에 익숙해야 한다. '책' 읽기가 아이에게 어색하다면 '영어 책'을 좋아하며 읽는 것도 쉽지 않다. 거꾸로 아이가 한글 책을 좋아한다면 '영어 책' 읽기도 수월해진다. 영어 책을 통해 영어를 배우는 과정은 한글 책으로 우리말을 배우는 과정과 비슷하다. 아이가 이미 한글 책과 친하고 우리말 수준이 올라갔다면, 영어 책으로도 비슷한 과정을 잘 소화해낼 수 있다.

둘째, 한국어를 모국어로 사용하는 아이는 생각도 한국어로 한다. 어릴 적부터 영어를 듣고 자랐다고 해도 두 가지 언어가 똑같이 발달하지는 않는다. 한국에 살고 있고 부모가 모두 한국인이라면, 생각은 주로 모국어인 한국어로 하게 된다. 여기서 '한국어로 생각한다'는 말은 영어로 말할 때 한국어로 먼저 생각하고 그것을 다시 영어 표현으로 바꾼다는 것이 아니다. 영어로 책을 읽을 때 한국어로 다시 해석해서 생각한다는 뜻도 아니다. 평소 생각의 흐름을 정리할 때 쓰는 주된 언어가 한국어라는 말이다. 다르게 말하면, 사고력이 모국어와 밀접하게 관련되어 있다는 것이다. 결국 한국어가 모국어인 아이는 한국어 책을 많이 읽어서 논리력과 추상적 사고력이 커진다. 이 사고력은 영어 책 읽기를 할 때도 발휘된다.

셋째, 한글 책을 많이 읽어서 배경지식이 많으면 영어 책의 내용을 이해하는 데 도움이 된다. 때로는 영어 실력이 모자라도 배경지식이 많아서 어휘가 빨리 느는 경우를 본다. 가지고 있는 지식 때문에 영어 책의 내용을 빠르고 깊게 이해하는 것이다. 예를 들어 경제에 관한 글을 영어로 읽을 때, 그 분야의 지식이 많은 사람은 이 글을 이해하기 유리하다. 반면 영어 실력이 좋더라도 경제 분야에 배경지식이 없으면 무슨 내용인지 전혀 이해하지 못할 수도 있다. 배경지식이 많은 아이가 영어책을 더 잘 이해한다. 그러므로 아이에게 한글 책 읽기를 통해서 배경지식을 쌓아 주자. 영어 책 읽기에 가속이 붙을 것이다.

미국의 저명한 심리학자이자 세인트루이스 워싱턴대학교의 교수인 헨리 뢰디거는 저서 『어떻게 공부할 것인가』에서 이런 이야기를 들려준다. 심리학자들이 '지식의 저주'라고 부르는 것이 있다. 어떤 사람에게 능숙한 기술이 있다고 하자. 이 사람은 자기가 어떻게 능숙해졌는지 잊어버린다. 그러고는 처음 배우는 다른 사람도 이 기술을 빨리 익힐 것이라 기대한다. 이것이 지식의 저주다.

원어민 친구를 많이 사귀고 원어민 교사와 공부하면 영어를 잘 배울수 있을까? 이것도 보장할 수는 없다. 원어민도 자신이 영어를 어떻게 배웠는지 잘 설명하지 못할 수 있다. 익숙한 우리말을 왜 그렇게 쓰고 언제 그렇게 쓰는지 설명하려면 쉽지 않은 것과 같은 이치다. 곰곰이 고민해 보지 않고는 한국 사람이 우리말을 설명하기는 쉽지 않다. 이처럼 기대와는 다르게 영어권 어학연수 자체가 영어 실력을 늘려 주지는 않는다.

영어권 나라에서 말할 기회가 많아지면 영어 실력이 늘까? 사실 영어권에 가도 소통만 할 생각이면 단어 몇 개만 나열해도 상대방이 알아듣는다. 심지어 손짓 발짓을 해도 뜻을 이해한다. 영어권에 가서 영어를 쓸 기회가 많아도 영어 실력이 좋아지는 사람과 아닌 사람이 생기는 이유가 바로 여기에 있다. 결국 영어권 나라로 가는 게 정답은 아니라는 이야기다. 한국에서 영어 공부를 하고 수준 높은 영어를 구사하는 경우도 많다. 그 이유는 다름 아닌 '한국'에서 공부해서 그렇다. 한국이기 때문에 고민을 더 많이 하면서 배워야 할 수도 있다. 이런 고민 덕분에 오히려 정확하고 수준 높은 영어를 배우게 된다.

영어로 말 잘하고
글 잘 쓰는 아이

3

"영어로 말 좀 했으면 좋겠어요."

"영어로 글도 썼으면 해요."

엄마들이 아이에게 처음 영어를 가르칠 때 주로 하는 말이다. 영어를 공부했는지 금방 알아차릴 수 있는 것이 '말하기'와 '쓰기'라고 생각하는 것 같다. 글을 얼마나 읽고 말을 얼마나 들었는지는 별로 눈에 띄지 않는다. 그런데 아이가 영어로 유창하게 말을 한다고 해 보자. 지나가는 외국인이 길을 물으니 문장으로 쭉쭉 대답하고 게다가 발음까지 좋다면, 주변에서 확연히 알아차릴 것이다. '영어 좀 하는구나!' 또는 영어로 일기나 이메일을 쭉쭉 써 내려가는 아이를 봐도 다들 이렇게 생각할 것이다. '영어 잘해서 좋겠다!' 이 정도의 결과물이라면, 그동안 영어 실력이 꽤 쌓였을 거라고 짐작한다. 그런데 실상은 어떨까?

영어로 말을 잘하는 것처럼 보여도 사용하는 단어나 표현이 아기 말 수준일 때가 있다. 추임새나 느낌은 미국 사람 같은데 문장이 많이 깨져 있을 때가 있다. 글도 마찬가지다. 차분히 들여다보지 않고는 글의 수준을 알 수 없다.

한 번은 시카고에서 열린 이중 언어 교육과 관련된 테솔 컨퍼런스에 참여한 적이 있다. 디트로이트를 거쳐 시카고를 가는 중이었다. 시카고행 비행기 안에서 남미 사람으로 보이는 모녀와 대화를 하게 되었다. 딸은 미국에서 태어나 자랐고, 엄마는 어른이 되어 미국으로 이민을 왔다고 했다. 두 사람과 한창 신나게 대화를 나누는 중이었다. 한국 드라마에 관해 이야기하다가 나에게 이런 저런 질문을 던졌다. 남미 엄마는 영어를 무지 빠르고 유창하게 말했는데, 알아듣기가 어려웠다. 단어들만 빠른 속도로 나열하고 있었다. 딸은 가족이라 그런지 엄마의 영어를 알아들었다. 하지만 지나가는 승무원도 엄마의 영어를 알아듣기 힘들어했다. 몇 번을 반복하자 그제야 이해했다. 남미 엄마의 말은 모두 영어였다. 유창해 보이긴 해도 문장의 기본 틀은 무시된 채 단어만 나열한 것이다. 사실 깊이 있는 대화는 불가능해 보였다. 물론 극단적인 사례이기는 하다. 그렇다면 어느 정도 수준이어야 영어로 말을 잘하고 글을 잘 쓴다고 할 수 있을까?

엄마들이 기대하는 영어로 말을 잘하는 것은 무엇인가? 나중에 해외여행을 위한 영어인가? 해외에서 쇼핑할 때 쓰는 정도인가? 앞에서 든 사례처럼 그저 단어 나열이라도 좋으니 빠르게 이야기하고 의사소통만 가능하면 되는가? 모두 아닐 것이다.

엄마들은 아이가 영어로 자신의 생각을 다른 사람 앞에서도 똑 부러지게 이야기하길 바란다. 생활 영어 수준을 넘어 복잡한 주제나 이야기도 충분히 할 수 있는 수준을 기대한다. 아이가 자라서 자신의 전문 영역에서 영어로 소통하기를 바란다. 자신이 공부하는 학문 분야에서 자유롭게 영어로 이야기하는 것도 포함된다. 엄마들이 기대하는 '잘'하는 영어는 그럴 듯한 유창함이 아니라 자신의 생각을 논리적으로 전달하는 수준 높은 영어를 말한다.

영어 글쓰기에 대한 기대는 어떨까? 한두 마디 인터넷 댓글을 다는 수준의 영어는 아닌 것 같다. 아이들이 영어로 문자를 보낼 수 있는 정도도 아닌 것 같다. 이것만 해도 만족스러운가? 우리나라 사람들은 일상에서 의외로 영어식 표현을 많이 사용한다. 문자를 보낼 때 단어 나열식으로 영어를 사용하는 건 어렵지 않다. 아이가 영어로 어느 정도 수준의 글을 쓰길 기대하는가? 하나의 주제를 가지고 자신의 생각을 명확하고 조리 있게 쓰는 것을 기대하지 않는가? 우리말로 쓴 글도 주제가 선명하고, 앞뒤 문장의 연결이 부드럽고, 전체 글의 흐름이 명확하게 보이면 잘 쓴 글이라고 평가한다. 영어 글도 마찬가지다. 게다가 적절한 단어와 표현이 사용된다면 충분히 좋은 글이다. 엄마들의 기대는 이 정도이지 않을까? 정리하자면, 영어로 말 잘하는 아이, 영어로 글 잘 쓰는 아이에 대한 기준은 논리적으로 자신의 생각을 말과 글로 표현해낼 줄 아는 것이다.

그렇다면 영어로 말을 잘하는 아이는 어떻게 키워질까? 어떤 아이가 말을 잘할까?

첫째, 기본적으로 논리력, 추상적 사고, 깊이 있는 사고를 할 줄 아는 아이가 영어로 말을 잘한다. 이러한 사고력은 책을 많이 읽은 아이가 갖게 되는 힘이다. 영어 책이든 한글 책이든 책을 많이 읽은 아이는 생각을 깊게 할 수 있다. 사고력이 뛰어난 아이가 말을 잘한다는 것은 어떤 의미인가? 우리말을 생각해 보자. 수다스러운 아이와 말을 잘하는 아이는 엄연히 다르다. 수다스러운 아이는 말이 많고 말을 좋아한다. 하지만 수다스러운 아이가 꼭 말을 잘하는 건 아니다. 반면, 말을 잘하는 아이는 듣는 사람이 알아들을 수 있게 말한다. 자신의 생각을 알아듣기 쉽게 설명할 줄 안다. 말이 앞뒤가 맞고 논리적이며 명확하다. 앞에서 말했듯이, 우리가 기대하는 영어 말하기의 수준은 생활 영어가 아니다. 자신의 생각을 말이라는 도구에 적절하게 담아내는 수준을 바란다. 영어로 사람들을 설득하는 수준까지 이르러야 한다. 생각이 잘 정리된 아이가 영어로도 말을 잘한다.

둘째, 영어 책 읽기로 영어식 표현을 자주 접한 아이가 영어로 말을 잘한다. 영어 책을 읽으면 영어 말하기 실력도 향상된다. 어떠한 면에서 그럴까? 영어 책 안에는 영어 표현들이 가득 담겨 있다. 그러므로 영어 책을 많이 읽으면 좋은 영어 표현을 자주 접하게 되니 말하기 실력이 좋아질 수밖에 없다. 자주 사용하는 표현이 가득할 뿐만 아니라 적절한 상황까지 설정되어 있기 때문에 아이의 말하기 실력이 좋아진다.

셋째, 영어 책 읽기를 통해 영어로 생각하기를 배우면 영어로 말도 잘하게 된다. 영어 책을 읽으면 사고력이 자란다. 어느 언어로 쓰였든 이것은 기본적으로 책이 가져다주는 선물이다. 영어 책을 읽으며 키워지는 사고력은 '영어로 생각하기'와 밀접한 관련이 있다. 영어 책을 많이 읽은 아이는 순간적으로 영어로 생각하고 말한다. 책을 읽는 과정에서 영어로 생각하는 것이 연습되었기 때문이다. 가끔은 생각지도 못한 깊이 있는 표현으로 말하기도 한다. 이런 표현을 아주 적절하게 사용할 줄도 안다. 영어 책을 통해 키워진 사고력과 영어 책 안에 있는 다양한 표현이 만나기 때문이다.

영어 책 이야기 속에는 여러 감정이 나타난다. 여러 문제와 해결 과정도 등장한다. 따라서 아이는 책을 읽는 동안 다양한 생각과 감정을 접할 수밖에 없다. 자연스럽게 이야기를 따라가며 작가가 어떻게 생각을 전개하는지 배운다. 다양한 생각과 감정을 영어로 어떻게 담아내는지 배우는 것이다. 아이는 영어 책을 읽는 동안 무의식적으로 작가와 소통한다. 수많은 주제로 대화하면서 영어로 생각하는 힘을 키운다. 영어 말하기를 배우기 위해 좋은 영어 책을 읽으라고 하는 이유가 여기에 있다. 영어로 생각하는 습관이 생기면 영어 말하기가 훨씬 자연스러워진다.

영어 글쓰기 실력 향상도 영어 책 읽기가 정답이다. 영어 책을 많이 읽으면 좋은 글, 수준 높은 글을 쓰게 된다. 영어로 글을 잘 쓰고 싶을 때 독서가 큰 도움이 되는 이유는 무엇일까? 처음부터 하나의 주제를 놓고 글을 쓰는 건 쉽지 않다. 이론적으로 글쓰기를 알아도 실제로 당장 글 쓰는 실력이 늘지 않는다. 글을 잘 쓰려면 제대로 완성된 글을 많이 읽어 보면서 스스로 감을 얻는 것이 중요하다. 책을 읽으면 문장 표현, 주제에 맞게 글 쓰는 법, 내용을 연결하고 배치하는 법을 배울 수 있다.

책은 오랜 시간 쌓인 깊은 관찰과 성찰, 철학의 결과물이다. 따라서 책을 읽는 동안 깊은 생각을 글로 표현하는 방법을 자연스럽게 배우게 된다. 아이도 책을 읽으면서 관찰하고 생각하고 고민한다. 영어로 글쓰기 실력을 높이고 싶다면 영어 책을 충분히 읽히자.

리처드 라이트라는 아프리카계 미국인 소설가가 있다. 라이트는 중학교 교육밖에 받지 못했다. 1908년에 가난한 소작농 집안에서 태어났는데, 그 시절은 인종 차별이 지금보다 심할 때였다. 그는 여러모로 힘든 상황에서 독서를 위안으로 삼았다고 한다. 세계적으로 유명한 작가가 된 다음 그는 자신이 어떻게 작가가 되었는지 밝혔다. 영어를 제대로 할 줄 몰랐고 정식 교육도 받지 못했지만 한 가지만큼은 꾸준히 했다. 바로 책 읽기다. 라이트는 책 읽기를 통해 글을 배우고 언어 감각을 키웠다고 이야기한다.

영어로 글을 잘 쓰고 말을 잘하게 된다는 생각만으로도 마음이 뿌듯해진다. 아이들이 영어로 자신의 생각을 조리 있게 말하고 쓸 수 있다면 얼마나 좋을까? 엄마표 영어에서 목표로 하는 바이기도 하다. 이러한 기대치와 목표를 충족시키려면, 좋은 글이 가득한 영어 책을 많이 읽어야 한다. 좋은 책은 글쓰기의 좋은 모델이다. 어떻게 생각을 글에 담고 표현하는지 배울 수 있다. 생각을 정리할 줄도 알게 된다. 생각을 정리할 줄 알면 영어로 조리 있게 말하고 쓰게 된다.

아이가 스스로
영어 책에 빠져드는 기적

4

4~5년 전 즈음이었나? 일곱 살짜리 꼬마 아이가 영어로 글쓰기를 배우고 싶다고 찾아왔다. 그런데 일곱 살 꼬마 아이의 글은 하나같이 논설문이었다. 어떤 주제가 주어지든 first(첫째), secondly(둘째), because(왜냐하면)를 써 가며 글을 전개시켰다. 아뿔싸, 아이가 다니던 유치원에서 정형화된 영어 문장 패턴과 글의 구조를 2년 동안 주입시킨 것이다.

어디서부터 손을 대야 할지 고민이 되었다. 일단, 일기부터 쓰게 했다. 엄마에게 당분간 아이의 영어 글쓰기를 고쳐 주지 않겠다고 했다. 틀리건 말건 수다스럽게 글을 쓸 줄 아는 것이 먼저였다. 또 기존에 영어 독해를 위한 문제 풀이 학습서를 한동안 쓰지 않겠다고 했다. 읽기의 재미를 경험하지 못한 채 문제집만 죽어라 풀었기 때문이다. 그동안 이 아이는 영어를 말랑말랑한 언어로 배우지 못하고 어떤 틀에 가두어 놓았다. 아이는 엄마와 함께 영어 책 빌려주는 사이트를 찾고 책을 골라 읽기 시작했다. 과연 아이에게 어떤 변화가 일어났을까?

　5개월이 지난 뒤, 꼬마는 영어 책 읽기를 무척 좋아하게 되었다. 어떻게 영어 책 읽기에 빠져들 수 있었을까? 먼저 아이의 엄마를 설득해 동의를 구했다. 시험 영어를 준비하듯 공부하기에는 너무 아까운 나이라고 설명했다. 우리말도 마찬가지지만 지금은 다양하게 읽고 경험할 때라고 조언했다.

　부모들은 휴일에 아이와 함께 박물관이나 동물원, 공원 등에 간다. 무엇보다 다양한 세상을 보여 주고 싶은 마음 때문일 것이다. 앞으로 살아가면서 보게 될 많은 것을 하나씩 열어서 보여 주고 싶은 것이 아닐까? 자식이 다양한 경험을 통해 생각도 지식도 언어도 자라길 바라는 것이 부모의 마음 아닌가. 반대로 아이를 몇 가지 틀 안에 가두고 싶지는 않을 것이다. 언어도 그래야 한다. 영어 책을 거듭 권하는 이유가 이것이다. 언어라는 것 자체가 어떤 틀 안에 갇혀 있지 않다. 언어에는 온갖 문화가 담겨 있다. 온 세상이 언어로 표현된다. 부모는 아이가 많은 것을 누릴 수 있도록 넓은 세상을 경험하길 바란다. 영어 책을 읽히는 것도 영어라는 언어가 얼마나 넓은 세상인지 보여 주기 위함이다.

　다행히 일곱 살 꼬마의 엄마는 내 말에 동의해 주었다. 우리는 한동안 정말 신나게 책을 읽었다. 아이는 매번 자기가 좋아하는 책을 고를 수 있었다. 숙제는 약속한 분량까지 읽어 오는 것이었다. 책의 세부적인 내용은 묻지 않았다. 의도적으로 문제 풀기 방식은 피하고 대신 책에 대해 자연스럽게 이야기를 나누었다. 아이가 스스로 책 전체 내용을 나에게 설명해 주고, 자신의 느낌이나 생각을 이야기하게 했다. 그렇게 몇 달이 지난 뒤에는 더 이상 책을 어떻게 읽어야 한다고 잔소리할 일이 없어졌다. 아이는 당연히 책의 전체 흐름을 파악해야 한다고 생각했고, 나를 만나 수업할 때는 스스로 정리한 것을 말해 주었다. 어느 정도 시간이 지나자 좋아하는 캐릭터도 생겼다고 했다.

책 읽기를 시작한 초반에는 힘든 날도 더러 있었다. 아이가 책을 읽다가 잠이 들기도 하고, 그만하고 싶다고 책상에서 바닥으로 내려가 앉은 날도 있었다. '이러다가 아이가 언제 영어 책을 좋아하게 될까?' 나는 기운이 빠졌지만, 아이는 드디어 책에 빠지게 되었다. 어떻게 이런 일이 가능했을까? 좋아하는 책을 직접 고르게 한 것이 하나의 방법이었다. 본인이 좋아하는 책을 옆에서 끝까지 읽을 수 있도록 호응해 주었다. 아이가 책을 읽었는지 확인하는 방법은 간단했다. 스스로 책에 등장하는 인물이나 주요 사건을 이야기하도록 했다. 특별히 인상적인 부분을 이야기하게 하는 것도 도움이 되었다. 이제 아이에게 영어 책 읽기는 재미있는 놀이가 되었다.

아이가 스스로 책에 빠져들기 위해 엄마가 할 수 있는 일은 무엇일까? 『아이에게 책을 읽어 주는 아버지(A Father Reads to His Children)』의 저자이자 「뉴욕타임즈」의 논평가로 24년을 일한 오빌 프레스콧은 아이가 책을 좋아하게 만드는 법을 설명한다. 그는 혼자서 저절로 책을 좋아하게 되는 아이는 거의 없다고 말한다. 따라서 누군가 아이들이 책에 가까워지도록 안내해 주어야 한다고 주장한다.

어떻게 하면 아이들이 영어 책과 가까워질까? 우선, 영어 책이 재미있다는 것을 알려 주려면 영어 책과 만나게 해야 한다. 영어 책을 만나려면 집 안에 책과 가까이할 수 있는 환경을 만들어야 한다. 책장에 아이의 흥미를 끄는 재미있는 영어 책들을 꽂아 놓는 것이다. 아니면 아이가 지나다니는 곳곳에 바구니를 놓고 재미있는 책을 넣어 두는 것도 방법이다. 어떤 사람은 집 안이 조금 지저분해지는 것을 감수하고 영어 책을 곳곳에 쌓아 두기도 한다. 아이와 손을 잡고 도서관에 가는 것도 좋은 방법이다. 주말을 이용해 영어 책을 볼 수 있는 도서관을 방문해 시간을 보낼 수 있다. 인터넷을 이용하는 방법도 있다. 책을 빌려주는 사이트에서 아이와 영어 책을 골라 볼 수 있다.

책을 선정할 때도 쉽고 재미있는 책을 위주로 고르는 것이 중요하다. 일단 아이가 책에 빠져들기 시작하면, 앞에서 이야기한 일곱 살 꼬마처럼 혼자 읽으려 드는 시점이 온다. 물론 이런 시점이 와도 아직 어린아이기 때문에 엄마가 옆에서 함께해야 한다. 가끔은 게을러지고 책보다 재미나 보이는 것들이 유혹하기 때문이다. 우리의 목표는 아이가 영어 책에 빠져들게 하는 것이다. 그러려면, 시작은 흥미롭고 즐거운 독서여야 한다. 책 속의 그림이 재미있든지, 내용이 흥미롭든지, 캐릭터가 마음에 들든지 무언가 빠져들 요소가 있어야 한다.

좋은 책, 재미있는 책은 아이들을 책으로 끌어들인다. 영어 책도 마찬가지다. 아이가 한 권 두 권 재미를 붙이다 보면, 신기하게도 영어 책 읽기를 좋아하기 시작한다. '정말 그럴까? 영어 책도 그럴까?' 하고 엄마들은 조마조마할지도 모르겠다. 정말 그렇다! 아이가 영어 책 읽기에 재미를 붙이기 시작하면 새롭게 읽을 책을 찾는다. 어느 캐릭터가 좋아 그 시리즈를 모두 찾아 읽는 경우도 있다. 탐정 이야기가 재미있어서 탐정 이야기만 계속 찾아가며 읽는 여학생도 보았다. 어떤 아이는 판타지가 좋아 비슷한 종류의 책을 찾아 읽는다. 많이 읽는 아이가 재미있는 책을 더 잘 찾고 더 잘 읽는다. 이렇게 영어 책을 좋아하도록 이끌어 줄 수만 있다면 아이는 기적처럼 영어 책 읽기를 즐기게 된다.

영어 책 읽기의 즐거움을 아는 아이가 얻는 또 하나의 이점이 있다.

깊이 있는 사유와 소통이 가능하다는 것이다. 책은 주로 어떤 사람이 쓰는가? 대부분 책을 집필하는 작가는 지식이 많고 생각이 깊은 사람이다. 특히, 한국에서 유명한 영어 책은 엄선된 것이 대부분이다. 처음에는 엄마들도 영어 공부 때문에 영어 책을 고를 것이다. 그런데 좋은 책은 단순히 언어를 뛰어넘어 좋은 생각과 철학을 독자에게 선물해 준다. 책에는 오랜 시간에 걸친 작가의 고민과 생각이 녹아 있다. 책을 읽는 동안 아이는 작가와 생각을 주고받는다. 오랜 시간의 경험을 담은 책도 있고, 지식을 담은 책도 있다. 깊은 지혜가 담긴 책도 있고, 재미있는 이야기가 담긴 책도 있다. 책의 내용이 무엇이든 아이는 작가와 깊은 대화를 나누게 된다. 그것도, 영어라는 언어로 작가와 생각을 주고받는 것이다.

어떻게 어휘력이
향상될까?

5

'WYSIWYG(위지위그)'라는 말을 들어본 적이 있는가. 'What you see is what you get'이라는 문장의 줄임말이다. 원래는 컴퓨터 화면상에 보이는 것을 인쇄해도 그대로 얻을 수 있다는 것을 뜻하는데, 사용자 인터페이스의 기본 개념 중 하나다. 이 말은 모든 분야에 들어맞을 것 같다. 실제로 실생활에서도 사용된다. 1960년대 미국 TV쇼에서 코미디언 플립 윌슨이 사용하는 바람에 유명해진 말이기도 하다. '딱 보이는 그만큼'이란 뜻으로 사용되는 표현이다. 아이의 영어 실력 키우기도 마찬가지라는 생각이 든다. 딱 그만큼, 더하고 뺄 것도 없이 인풋을 한 만큼 실력으로 출력된다. 보는 만큼 실력으로 나타난다고 한다면, 무엇을 어떻게 보아야 아이의 어휘력이 향상될까?

어휘력이 어떻게 향상되는지 알아본 유명한 연구가 있다. 연구의 결론부터 말하면 영어 책 읽기를 했더니 어휘력이 증가했다는 것이다. 프랭크 허먼이라는 박사가 이 연구를 진행했다. 영어를 배우는 어른들을 대상으로 조지 오웰의 『동물 농장』에 나오는 어휘를 테스트했다. 두 그룹으로 나누어 한 그룹은 단어를 그냥 암기하게 했고, 또 한 그룹은 책을 읽게 했다. 그런 다음 두 그룹을 대상으로 두 번에 걸쳐 동일한 단어 시험을 보았다. 책을 다 읽고 나서 일주일 뒤에 본 시험에서는 단어를 그냥 암기한 그룹의 점수가 높았다. 그리고 3주 후에 또 시험을 보았는데, 이번에는 책을 읽은 그룹이 알고 있는 어휘가 더 많았다. 반면, 단어를 그냥 암기한 사람들은 단어를 그새 잊어버렸다. 이 연구를 통해 영어 어휘는 단순 암기가 아닌 책 읽기를 통해 향상시킬 수 있다는 사실을 다시 한 번 확인했다.

영어 책으로 어휘 실력을 향상시킬 수 있다. 어떻게 이런 일이 가능할까? 어휘는 자연스럽게 문맥 속에서 접해야 기억에 남는다. 단어만 외워서 어휘 실력이 좋아진다고 말하기는 어렵다. 물론 불가피한 상황도 있다. 시험 영어를 준비하는 학생은 단어를 외워야 한다. 하지만 여기서 말하는 좋은 어휘 실력이란 아는 어휘가 많을 뿐만 아니라 그 어휘를 실제로 활용할 수 있는 능력이다. 자신의 생각을 표현할 때 새롭게 배운 단어를 자기 말처럼 사용할 수 있어야 한다. 그래야 진정으로 그 단어를 안다고 말할 수 있다. 그렇다면 얼마나 자주 어휘를 접해야 기억에 남을까? 『하루 15분 책 읽어 주기의 힘』의 저자 짐 트렐리즈는 평균적으로 어휘를 열두 번은 마주쳐야 기억에 남는다고 주장한다.

허먼의 연구로 다시 돌아가 보자. 연구에 참여한 사람들은 『동물 농장』을 어떻게 읽었을까? 그냥 책에 빠져서 읽었을 것이다. 한 권의 책에도 같은 어휘가 여러 번 나온다. 처음에 나올 때는 뭔지 몰랐던 단어도 중간을 지나 마지막으로 갈수록 이해되기 시작한다. 이미 앞에서 이 단어를 문맥을 통해 여러 번 추측했기 때문이다. 여러 문맥 속에서 자주 마주친 단어는 어느 순간 '아! 바로 이런 뜻이구나!' 하는 순간이 온다. 연구 대상자들은 책 한 권을 끝냈을 때, 새로 알게 된 단어 중에 같은 단어를 여러 번 보았을 것이다. 이 책 안에서 자주 마주친 단어는 적어도 의미와 쓰임을 고민하며 읽었을 것이다. 새로운 단어를 마주칠 때 의식적이지는 않더라도 앞뒤 문장을 근거로 의미를 짐작하며 책을 읽었을 것이다. 거듭하다 보면 문맥을 통해 어휘를 유추하는 능력이 자라게 된다. 그래서 새로운 어휘를 만나면 빠르게 문맥을 통해 그 의미를 파악한다. 자연히 어휘 실력도 올라간다.

어휘 실력은 '기억'과도 관련이 있다. 어휘 실력이 향상된다는 것은, 다르게 말하면 어휘를 잘 기억한다는 것을 뜻한다. 실제로 기억과 어휘 실력 향상에 영어 책 읽기가 기여하는 바는 무엇일까? 이 이야기를 하려면 '기억'이라는 것에 관해 좀 더 살펴볼 필요가 있다. '기억' 실험 분야를 개척한 독일의 심리학자 헤르만 에빙하우스는 '망각의 곡선'으로 유명하다. 에빙하우스는 16년 동안 인간의 기억에 관해 연구했다. 의미 있는 것이 더 기억에 잘 남는다고 가정한 그는 임의로 단어들을 만들어 사람들에게 외우게 했다. '망각의 곡선'은 사람들이 막연하게 암기한 것을 어느 정도의 속도로 잊어버리는지 보여 준다. 보통 사람의 경우 한 번 암기한 것은 1시간 뒤에 50퍼센트를 잊어버린다. 하루가 지나면 70퍼센트를 잊어버리고, 한 달 뒤에는 80퍼센트를 기억하지 못한다. 물론 이 망각의 속도를 고려해 1시간 후 복습, 1주일 후 복습, 한 달 후 복습을 통해 기억의 지속력을 높일 수 있다. 당장 3개월 안에 큰 시험을 치러야 하는 상황이라면 이렇게라도 외워야 한다. 하지만 어린아이에게 이런 식으로 단어를 암기시킨다고 무조건 어휘 실력이 좋아지는 건 아니다. 더군다나 어휘력은 영어와 한국어를 일대일로 암기한다고 얻어지는 것도 아니다.

어떻게 하면 기억이 오래갈까? 이 방법을 찾으면 아이의 영어 어휘력을 높이는 데 큰 도움이 될 것이다. 무언가를 배우는 과정에서 잘 기억하면 그만큼 배움이 성공적일 가능성이 높아진다. 기억은 간단히 크게 단기 기억과 장기 기억 두 가지로 나뉜다. 단기 기억은 15~20초 동안 5~7개의 항목을 기억하는 것을 말한다. 장기 기억은 많은 정보를 수년에서 수십 년 동안 기억하는 것을 말한다. 기억에 관한 이론을 아주 단순화시켜 말하면 다음과 같다. 나에게 의미가 있는 것은 오랫동안 기억에 남는다. 나의 관심을 끄는 스토리나 경험은 기억에 오래 남는다. 영어 어휘력에 적용해 보면, 스토리가 있어야 기억에 오래 남는다. 그 스토리가 아이의 마음을 끌수록 기억에 더 오래도록 남는 것이다. 결국 영어 어휘력을 키우는 데 영어 책 읽기만큼 효과적인 것도 없다는 결론에 이른다.

영어 책 읽기로 영어 어휘력을 키우라고 강조하는 또 다른 이유는 영어 어휘의 특징에 있다. 영어 어휘가 한국어 어휘보다 많은지 궁금해하는 사람들이 있는데, 그다지 중요한 문제는 아니다. 어디까지를 하나의 단어로 볼 것인지, 어휘와 단어의 차이를 무엇으로 볼 것인지 기준이 약간씩 차이가 있기 때문이다. 따라서 여기서는 영어나 한국어의 어휘 수를 측정하는 것보다 어휘의 특징을 위주로 살펴볼 것이다.

영어 어휘는 크게 세 그룹으로 나눌 수 있다. 첫째는 기초 어휘 그룹이다. 기초 어휘는 일상생활에서 자주 쓰이는 단어다. 보통 영어권의 원어민이 생활 회화에서 쓰는 단어가 2,000개 정도다. 일상에서 의사 표현을 하는 데 1,000개의 단어만 있어도 충분하다고 한다. 기초 어휘만 알아도 영어를 꽤 잘하는 편이다.

둘째는 중간 수준의 어휘가 모여 있는 그룹이다. 픽션 어휘라고도 하는데, 챕터북이나 소설에서 자주 만날 수 있다. 주로 이야기의 배경을 묘사하거나 사건의 흐름을 설명할 때 쓰이는 어휘다. 인물의 심경이나 행동을 섬세하게 설명할 때 사용되기도 한다. 사전을 찾아보면 알겠지만, 이 그룹의 단어들은 특징이 있다. 하나의 단어가 하나의 뜻만 가지지 않고 10개 이상의 뜻을 가지는 경우가 많다. 그렇다면 이러한 단어의 뜻을 외우는 것이 가능할까? 사실상 불가능하다. 뜻을 외운다 한들 어떤 상황에서 무슨 뜻으로 쓰이는지 다 알 수 없다. 이런 단어가 어떻게 사용되는지 알고 싶다면 영어 책을 읽어야 한다. 거꾸로 말하면, 이 중간 수준의 그룹에 속한 단어를 풍부하게 알면 영어 책을 잘 읽을 수 있다는 것이다. 어떤 상황에서 쓰이는지, 어떤 단어와 만나야 자연스러운지 문맥 속에서만 비로소 파악할 수 있다.

마지막은 학술 어휘 그룹이다. 논픽션 어휘라고도 한다. 영미권에서는 6~7학년 정도부터 교과서에 이러한 어휘가 등장한다. 이때부터는 영미권 학생들도 한 주에 수십 개씩 단어를 암기하기 시작한다. 웬만한 수준의 책에서는 좀처럼 만나기 힘들어서 따로 정리해 암기하는 것이다. 토플, 텝스, 수능 등 시험을 앞두고 있다면, 비문학 문제가 절반 이상을 차지하기 때문에 암기를 피할 수는 없다. 하지만 이 경우도 단어만 외우는 것이 아니라 과학, 역사, 경제 등 각 분야의 배경지식을 파악하면서 어휘를 익히는 것이 중요하다. 같은 단어라도 분야와 상황에 따라 뜻이 달라지기 때문이다.

쉬운 예를 들면, 'depression'은 경제 용어로는 '불황'이지만, 심리학

용어로는 '우울증'이다. 학술 어휘는 문맥도 중요하지만, 배경지식이 있으면 더 오래 기억할 수 있다. 물론 다른 어휘도 배경지식을 알면 더 잘 익힐 수 있다. 그런데 특별히 학술 어휘에서 배경지식을 강조하는 이유는 생소한 개념이 자주 등장하기 때문이다. 가령, 과학에 풍부한 지식이 있으면 생소한 과학 어휘를 만났을 때도 빨리 알아듣고 기억한다. 그래서 학술 어휘를 늘리는 방법 중 하나는 배경지식과 상식을 넓히는 것이다. 굳이 영어 책이 아니라 한국어 책을 읽으면서도 배경지식을 늘릴 수 있다.

영어 책 읽기가 아이의 영어 실력 향상에
좋다는 사실을 아는 것만으로는 충분하지 않다.
일상에서 습관으로 자리 잡도록 연습해야 한다.
이 연습은 30일 영어 책 읽기에
첫 발을 떼는 것으로 시작된다.

Chapter
3

영어 책
읽어 주기,
딱
30일만
해 보자

물지도 따지지도 말고
딱 30일

1

'꿈'에 대한 강의를 들으면 감동을 받는다. 어떻게 살아야 할지, 무엇이 인생을 힘 있게 살게 하는지 고민하는 사람에게 큰 동기를 부여해 준다. 강의가 끝나면 사람들은 마음이 들뜬다. '오늘부터 당장 내가 원하는 걸 시작하겠어.' '그래 이거야. 이제는 내 꿈을 향해 달려갈 거야.' 그런데 막상 하루 이틀이 지나면 언제 그랬냐는 듯 똑같은 일상을 반복한다. '감동'은 한 번만 밀려든다. '필(feel)' 받을 때 하겠다고 생각하지만 그 '필'이 오지 않을 수도 있다.

영어 책 읽어 주기도 마찬가지다. 영어 책 읽기의 성공담은 여기저기서 찾아볼 수 있다. 주먹을 꼭 쥐고, '바로 이거야' 하다가도 어느새 흐지부지된다. 동기 부여는 좋은 것이다. 감동도 사람을 움직이게 한다. 하지만 동기가 부여되고 감동을 받은 뒤 어떻게 계속 영어 책을 읽어 줄지가 관건이다. 영어 책 읽기가 일상의 한 부분이 되려면 어떻게 해야 할까?

생각보다 대한민국의 엄마들은 많은 것을 알고 있다. 영어가 단지 시험을 치르기 위한 과목이 아닌 다음 세대에게 중요한 도구라는 사실을 알고 있다. 영어는 이미 인생의 지경을 넓혀 주는 역할을 하고 있다는 사실을 알고 있다. 영어 책 읽기를 대체할 만한 다른 대안이 없다는 사실도 알고 있다. 영어 책 읽기를 강조할 때마다 엄마들은 내게 알고 있다고 말한다. 그렇다면 알고 있는 것을 실현하려면 어떻게 해야 하는가?

일상에 영어 책 읽기가 자리 잡으려면 연습이 필요하다. 아기 때부터 하루 세끼를 먹도록 하는 이유가 있다. 어린아이는 혼자 밥을 못 먹는 시절부터 세끼 밥을 챙겨 먹인다. 시간을 지켜서 꼬박꼬박 말이다. 어느 누구도 세끼 밥을 챙겨 먹는 것이 얼마나 중요한지 이유만 따지고 있지 않다. 하루는 잔칫상처럼 차려 먹고 다음 날부터 먹지 않으면 소용없다. 하루에 밥을 세끼 먹는 이유는 여러 가지 있을 것이다. 그런데 이 중요한 일은 설명만 하지 말고 실천을 해야 한다. 어른이 되어서도 아침, 점심, 저녁 매일 세 번 밥을 먹는 일은 습관처럼 계속된다. 어린 시절부터 지속적으로 연습한 결과다. 영어 책 읽기도 매일 실천하는 것이 중요하다.

일단, 아이에게 영어 책 읽어 주기를 딱 30일만 연습해 보면 어떨까? 영어 책 읽기의 일상화는 어떻게 하면 가능할까? 습관이 드는 데 걸리는 시간에 관해서는 여전히 여러 관점이 있다. 가장 대중적으로 알려진 주장은 21일이다. 습관이 드는 데 21일이 걸린다고 주장한 사람은 성형외과 의사였던 맥스웰 몰츠다. 몰츠는 환자들이 성형 수술 후에 새로워진 얼굴에 적응하고 익숙해지는 데 21일 정도 걸리는 걸 보았다. 그는 1960년 자신의 책 『성공의 법칙』에서 21일 동안 연습하면 습관이 생긴다고 주장했다. 이 책은 지금까지도 많은 사람에게 읽히고 있다. 하지만 이렇게 명백하게 말할 수 없다고 주장하는 사람도 있다. 영국에서 진행된 연구에 따르면 66일이 습관이 자리 잡는 데 필요한 기간이라고 말하는데, 이 연구에 참여한 사람들도 사실 개인마다 차이가 있다고 밝혔다.

며칠을 습관을 만드는 기간으로 잡든, 실제로 어느 기간을 잡아 연습하는 것 자체는 의미가 있다. 영어 책 읽기가 일상 속에 자리 잡게 하는 것이 목표 아닌가! 30일은 너무 길지도 짧지도 않은 기간이다. 월요일 네 번, 일요일 네 번이 지나가면 30일이다. 맷 컷츠는 테드 강연(Ted Talk)에 나와서 「30일간 새로운 일을 도전하라」라는 주제로 이야기했다. 그는 망설였던 일을 해 보라고 도전한다. 30일 동안 도전하는 시간은 더없이 귀하다고 말한다. 30일! 영어 책 읽기를 연습하기 딱 좋은 시간이다.

시작해야 한다. 일단 발을 내딛고, 그다음에 부족한 것은 하나씩 보완하면 된다. 모든 걸 다 갖춘 다음 시작하려고 마음먹는다면 결국 시작할 수 없다. EBS의 김민태 PD는 『나는 고작 한번 해 봤을 뿐이다』라는 책에서 사소한 실천이 우리 삶에 가져오는 변화에 관해 이야기한다. 이 책에는 자신의 분야에서 성공을 이룬 사람들의 이야기가 나온다. '고작 한번' 해 본 일을 습관으로 이어 가며 큰 성취를 이룬 사람들이다.

취업을 준비하던 한 청년이 '하룻밤에 걸쳐 그린 드로잉'으로 삽화가로 데뷔했다. 이 '고작 한번'의 일로 청년 앤디 워홀은 세계적으로 유명한 예술가가 되었다. 만약 앤디 워홀이 이런 생각을 했다면 어땠을까?

'위대한 작가가 되기 위해 내 그림이 완벽해질 때까지 더 연습해야지. 작가가 되는 좋은 길이 없는지 철저하게 조사하고 몇 년 동안 계획해서 꼭 성공을 이룰 거야.' 이랬다면 우리는 앤디 워홀의 작품을 만나지 못했을 수도 있다. "쯧쯧, 고작 삽화가로 데뷔했대." 이제 와서 앤디 워홀의 데뷔 이야기를 들먹이며 이렇게 이야기할 사람은 없다. 물론 그가 삽화가로 데뷔한 시절은 정말 보잘것없었을 것이다. 작은 실천에 불과했다. 그럼에도 아랑곳하지 않고 발을 뗀 것! 그것이 극적인 변화를 일으켰다.

평범한 일상에서 할 수 있는 것을 찾아 실천할 때 '변화'가 찾아온다. 영어 책을 어떻게 읽어 주어야 할지 고민하는 것도 좋다. 어떤 영어 책을 읽어 주어야 아이의 영어 실력이 자라는지 자료를 찾아보는 것도 중요하다. 하지만 아이에게 영어 책을 읽어 주기 시작하면 정작 세워 놓은 계획과 다르게 흘러갈 수도 있다. 다시 영어 책 자료를 찾아봐야 하고 로드맵을 수정해야 한다. 그러니 어느 정도의 계획이 섰다면 바로 시작하는 것이 좋다. 실행하면서 모자란 부분은 채워 가자. 영어 책 읽기는 '시작'하는 것이 중요하다. 망설이는 시간이 너무 아깝다.

'30일 동안 영어 책 읽어 주기'를 시작할 때 몇 가지 정해야 할 사항이 있다. 나만의 기준을 세워야 한다. 내가 할 수 있는 것을 하면 된다. 영어 책이 너무 어려우면 가장 쉬운 책으로 시작하면 된다. 처음부터 두세 시간 투자할 작정을 할 필요도 없다. 하루 5분, 10분, 15분으로 시작해 힘이 더 생겼을 때 조금씩 늘려도 된다.

엄마표 영어에 대한 성공담은 많다. 영어 책을 꾸준히 읽어 주니 초등학생인데도 벌써 토플 점수가 어떻다더라. 엄마표 영어를 꾸준히 한 결과 영어가 유창해져 10살 정도에 이미 해리포터를 읽는다더라. 다섯 살 때 시작했는데 초등학교에 들어가기도 전에 영어로 글을 한 페이지 씩 써 내려간다더라. 이런 이야기들은 정말이지 '카더라'로 듣고 끝내면 된다. 다른 사람의 이야기가 대단해 보일 수 있다. 보이지 않는 과정을 모르니 더욱 그럴지 모른다. 오히려 과정까지 알고 나면, '아, 나는 그 정도로 열혈 엄마가 되어야 하나'라는 부담감에 멈칫할 수도 있다.

　하지만 다른 사람의 엄마표 영어 성공담은 필요하지 않다. 나의 이야기를 써 나가야 한다. 사람은 각자가 자기 인생에 주어진 시간만큼만 다룰 능력이 있다. 다른 사람의 성공담을 무작정 나의 것으로 만들려고 하면 부담감만 늘어난다. 내 기준에서 나만의 실천, 나만의 성공, 나만의 목표가 훨씬 중요하다. 내 아이에게 맞는 영어 책 읽기로 시작하는 것이 바로 엄마표 영어의 모토이기도 하다. 다른 교육 기관에 의존하지 않고 엄마가 직접 영어 책을 읽어 주려고 생각했을 때는 다 이유가 있다. 아이와 엄마의 상황을 더욱 세심하게 고려할 수 있기 때문이다. 이런 생각으로 시작했다면 이제 자기 자신을 믿고 하나씩 해 나가면 된다. 할 수 있는 정도의 계획만 세우고 시작하자.

　한 가지 더! 실천 항목을 단순화시키자. 꼭 해야 하는 일만 실천 항목에 넣자. 엄마표 영어 하면 생각나는 것들이 있다. 아이가 노는 시간에 영어를 들려주라. 영어 노출이 많아야 하니까 영어 동영상 보여 주라. 책을 소리 내서 읽어 주고, 다음에 아이가 손가락을 짚으면 읽어 주고…… 다 좋은 방법이다. 하지만 꼭 해야 하는 것 한두 가지만 시작하기를 권한다. 실천 항목이 단순해야 지속할 수 있다. 영어 책 읽어 주기는 시작도 중요하지만 지속성도 중요하다. 하루 종일 엄마는 할 일이 많다. 아이를 돌보고 집안일을 하고 '워킹맘'은 직장 일까지 해야 한다.

그 와중에 아이와 영어 책 읽기를 할 수 있으려면 꼭 해야 할 몇 가지만 정해서 실천해야 한다.

Do or do not. There is no try(도전하던가, 아니면 도전하지 말던가. 해 보는 건 없어). 영화 〈스타워즈〉에서 요다가 한 말이다. 작은 실천이든 큰 실천이든 문제는 정말로 했느냐 안 했느냐이다. 그냥 한번 해 보는 것 말고, 실제로 해야지 얻는 것이 있다. 영어 책 읽기도 실제로 해야 한다. 딱 30일을 해 보면, 그때 생각이 많이 정리될 것이다. 어떻게 하면 영어 책 읽기가 더 효과적일지, 어느 부분을 좀 더 보완하면 좋을지 등등. 영어 책 읽기가 아이의 영어 실력 향상에 좋다는 사실을 아는 것만으로는 충분하지 않다. 일상에서 습관으로 자리 잡도록 연습해야 한다. 이 연습은 30일 영어 책 읽기에 첫 발을 떼는 것으로 시작된다. 엄마표 영어가 효과적이려면 실천 기준이 단순해져야 한다. 실천하기 쉬워야 지속적으로 할 수 있다. 영어 책을 읽어 주는 일이 일상으로 자리 잡아 갈 때 엄마도 아이도 매일매일 작은 성취를 경험한다. 이 작은 성취들이 마침내 아이의 인생에 좋은 밑거름이 된다.

그림책으로
시작하자

2

노랑나비가 있는 책. 어린 시절 가장 기억에 남는 책이다. 나비가 크게 그려져 있고 애벌레들이 나오는 이 책의 제목은 『꽃들에게 희망을』이다. 미국의 작가 트리나 폴러스가 1972년에 내놓은 책이다. 큰 나비 그림과 책의 스토리가 아직도 머릿속에 생생하다. 사실 우리 집에는 다른 그림책들도 있었을 법한데 어떤 책들이었는지 기억나지 않는다. 하지만 이 책은 꽤 오랫동안 우리 집에 있었던 것으로 기억한다. 여러 번 반복해서 읽고 좋아하는 장면은 계속 찾아보면서 익숙해진 책이다. 어른이 된 다음 원서로 보았을 때 오래전 친구를 만난 듯 신이 났다. 어린 시절의 감동이 그대로 밀려왔다. 나는 그림책이 너무도 좋았다. 그림책을 시작으로 초등학교 시절에는 책에 둘러싸여 살았다. 그림책이 주는 힘이 무엇이기에 나는 책에 빠졌던 것일까?

이제 영어 책 읽기를 그림책으로 시작해야 하는 이유를 알아보자. 우선 '그림'이 있기 때문이다. 책에 나오는 그림은 시각적인 즐거움을 준다. 무엇보다 그림은 영어 책 읽기를 쉽게 만든다. 그림은 그저 책을 예쁘게 만드는 역할만 하는 건 아니다. 그림은 또 다른 언어다. 처음에 영어 책을 읽어 줄 때 '아이가 책을 이해할까? 그냥 읽는 것은 아닐까?' 하는 부담감이 생긴다. 하지만 '그림'이 있는 책은 이 부담감을 줄여 준다. 그림이 글을 자상하게 설명해 주기 때문이다.

엄마가 이제 막 아이에게 영어 책을 읽어 주기 시작했다. 아이는 아직 영어를 읽을 줄 모른다. 그때 아이는 무엇을 보고 책의 내용을 이해할까? 맞다, 그림이다. 그림책의 그림은 아이에게 책의 내용을 '보여 주고' 있다. 아직 글이 어색한 아이도 그림책을 즐거운 마음으로 접할 수 있는 이유다. 그림책에는 아이의 마음을 사로잡을 그림이 담겨 있다. 내용을 이해할 수 있도록 돕는 그림이 실려 있다. 친절한 그림이 있어 엄마와 아이는 영어 책 읽기에 더 쉽게 다가갈 수 있다.

그림책의 그림이 주는 도움은 이뿐만이 아니다. 그림은 책 속 이야기를 오래도록 기억하는 데 도움을 준다. 또한 영어의 어휘와 문장을 기억 속에 오래 남게 한다. 『소통에서의 시각 판단 능력(Visual Literacy in Communication)』이라는 책을 쓴 앤 짐머와 프레드 짐머는 이렇게 말한다. "사람들은 들은 것은 10퍼센트만 기억하고, 읽은 것은 30퍼센트만 기억하고, 본 것은 80퍼센트나 기억한다." 그림책에서 그림의 역할은 생각보다 크다. 그림이 책의 내용을 기억하는 데 큰 도움을 준다.

처음 영어를 접하는 아이에게 글자만 보여 주고 내용을 기억하라고 하는 건 사실 억지다. 영어를 외국어로 배우는 한국의 아이에게는 더욱 그렇다. 배경지식이 풍부하지 않은 어린아이에게는 시각 자료가 반드시 필요하다. 한글 책에서도 아이는 그림과 단어를 연결시켜서 한글을 배운다. 영어 그림책도 마찬가지로 그림과 영어 어휘를 연결시켜 이해하고 기억한다. 어휘가 그림과 함께 머릿속에 남기 때문에 기억이 오래 지속된다.

영어 책 읽어 주기를 그림책으로 시작해야 하는 또 다른 이유는 '재미'다. 그림책 중에는 재미있는 내용의 책이 많다. 내용을 읽기 전에 그림만 봐도 즐거운 책이 수두룩하다. 자꾸 반복해서 보고 나이가 들어서도 다시 보게 되는 것도 그림책이 주는 즐거움 때문이다. 재미있는 그림이 가득하면 글을 모르는 아이도 자꾸만 보게 된다. '재미'와 '즐거움'은 아이에게 영어 그림책을 읽어야 할 이유가 된다. '영어 책은 매우 재미있다'는 인상만 주어도 아이는 영어 책을 반길 것이다. 아이의 마음을 사로잡기에 그림책만큼 좋은 게 없다. 반복해서 봐도 지루하지 않다. 그림책 읽기는 즐거워서 시작된다. 그림으로 시작해 내용으로 이어진다. 그리고 점차 내용과 영어 단어, 문장이 자연스럽게 연결된다. 즐겁게 책을 읽다 보면 어느새 영어 어휘와 문장을 익힌다. 모국어를 배우듯 영어를 배운다.

영어 그림책에 흠뻑 빠지면 언어 실력은 물론이고 감성과 창의력까지 자란다. 그림책의 삽화는 책 속에 들어간 예술 작품이나 마찬가지다. 어릴 때 아이에게 그림 그리기를 가르치고 예술 작품을 접하게 하는 이유가 무엇인가. 아이의 창의력을 키우기 위한 것이 아닌가. 그림책의 그림은 사람과 풍경, 사물, 세상에 대한 다양한 시각을 보여 준다. 기발하고 엉뚱한 상상력을 보여 주기도 한다. 그림은 아이의 생각과 상상력을 자극한다. 그림책의 그림은 그리는 기법도 다양하다. 예컨대, 숲을 그릴 때 담담한 수채화로 표현하기도 하고 아크릴을 써서 거칠게

묘사하기도 한다. 사진을 이용하거나 오브제를 사용하기도 한다. 작가의 다양한 해석과 기법은 상상 이상이다. 아이는 그림을 감상하며 그림 속에 담긴 이야기와 의미를 곰곰이 생각하게 된다. 사실 아이의 상상력과 사고력을 키우기에는 그림책만 한 것이 없다.

영어 그림책을 오래 읽은 아이는 어휘력이 좋다. 게다가 문법 구조도 자연스럽게 알고 있다. 영어를 배우는 아이에게 이만한 재산이 또 있을까. 그림책으로 영어를 배운 아이는 말하기와 쓰기에 풍부한 표현이 담겨 있다.

그림책은 작가가 자유롭게 쓴 책이다. '이 나이 대 아이가 이해하는 어휘는 50개 정도이니 그 정도만 단어를 사용해야지. 아이가 이해하는 문법 구조는 더 기초적이어야 하니까……' 이렇게 생각하며 쓰지 않고 자유롭게 문학 작품처럼 쓴 책이다. 그래서 어른도 가끔 그림책을 읽어 주다가 새로운 표현에 놀랄 때가 있다. 하지만 어린아이는 단어가 어려운지 쉬운지를 구분하지 않는다. 그냥 영어라고 생각할 뿐이다. 영어 유치원에서 '6세 반' 아이들을 만나 수업을 하던 시절, 아이들이 단어의 난이도를 구분해 배우지 않는다는 사실이 신기했다. 칠판 구석에 난이도가 꽤 높은 단어를 썼다. 그리고 아이들에게 이야기를 곁들여 이 단어를 들려주었다. 놀랍게도 아이들은 그 단어를 쉽게 배웠다.

특히 그림책에는 어려운 단어가 툭툭 등장한다. 영어 그림책에는 복잡한 문장이나 어려운 단어를 단계별로 거르지 않는다. 그렇다면 아이들은 어려운 단어의 뜻을 어떻게 알아낼까? 영어 그림책을 읽는 동안 만난 새로운 어휘를 이야기의 문맥과 그림을 이용해 유추한다. 이런 이유로 영어 그림책 읽기가 아이의 어휘력과 사고력을 키워 주기도 한다.

물론 아이가 잘 알아들을 만한 책을 골라 읽어 주는 것이 중요하다. 하지만 단계별로 수준에 맞는 책만 읽어 주면 얻지 못하는 것도 있다. 그림책이 가지는 이러한 장점은 어디서도 구할 수 없다.

영어 그림책 읽기는 영어권 나라의 문화를 이해하는 지름길이기도 하다. 그 문화를 배경으로 이루어지는 생생한 영어 표현도 배울 수 있다. 그림책의 표현은 주로 회화체가 많다. 책을 읽으면서 아이는 영어로 어떻게 대화하는지 배운다. 그림책으로 그 나라의 생활과 문화를 접한다. 글과 그림으로 보는 영어권의 문화에 점점 익숙해진다. 타 문화를 배우는 만큼 아이는 생각의 폭도 넓어진다.

꼭 해야 할 일 vs
절대 하면 안 되는 일

3

드디어 사랑하는 아이와 영어 책 읽기를 시작했
다. 들뜬 마음으로 시작한 영어 책 읽기. 그런데 누군가에게는 아이와
씨름하는 힘든 시간이 된다. '분명 재미있게 읽어 주고 싶었는데, 좋은
마음으로 시작한 건데, 아무래도 우리 아이랑은 맞지 않나 봐.' 하고 포
기하고 싶어진다. 처음 며칠은 괜찮았는데, 어느 시점부턴가 아이에게
도 엄마에게도 어려운 숙제처럼 되어 버리기도 한다. 주변 엄마들을 보
면 아이와 영어 도서관도 다니고 영어 책을 고른다고 서점도 함께 가는
것 같다. 다른 집 아이는 어느새 영어로 말도 잘하는 것 같다. 우리 집
아이도 영어 책으로 어휘가 풍부해지면 좋겠는데, 무엇이 문제일까?
우리 집 아이도 영어 책 읽기를 즐기게 해 주고 싶은데, 무엇이 이렇게
어려울까?

여기서 잠깐 멈추자. 다른 집 아이 이야기에는 귀를 닫자. 그리고 한
가지씩 점검해 보면 좋을 것 같다. 아이에게 어떻게 영어 책을 읽어 주

는 게 효과적일까? 혹시 무리한 기대를 가지고 아이에게 책을 읽어 주지는 않았나? 조금 속도를 늦춰도 좋으니 영어 책 읽기에서 꼭 해야 할 일과 절대 하면 안 되는 일부터 점검하자.

영어 책을 읽어 줄 때 어떻게 하면 좋을까?

첫째, 편하고 즐거운 분위기를 만들자. 아이는 분위기에 따라 영어 책을 더 잘 받아들인다. 몸도 마음도 편해야 한다. 독서에 적절한 환경을 만들어 주자. 단, 아이가 '앉아서' 책을 봐야 한다. 그래야 책 속의 그림과 글자를 볼 수 있다. 영어 그림책 읽기가 '즐거운 일'로 인식되어야 한다. 어린아이일수록 '즐거움'이 책을 읽은 이유의 거의 전부다. 영어 책을 즐겁고 편안하게 읽으려면, 책을 읽어 주는 엄마부터 즐겁고 편안해야 한다. 편안한 환경과 엄마의 즐거운 마음이 모두 필요하다.

둘째, 책을 읽어 줄 때 아이를 잘 관찰해야 한다. 영어 책 읽기는 아이의 상황에 맞게 영어를 배우게 하려고 시작한 일이다. 그러므로 아이가 어떤 상태인지, 영어 책을 어떻게 받아들이고 있는지 관찰하는 것이 중요하다. 아이에게 억지로 독서 시간을 지키게 하는 것만이 최선은 아니다. 그렇다고 조금 투정을 부린다고 해서 매번 영어 책 읽기를 다음으로 미루는 것도 금물이다. 우리 아이에게 어느 정도가 가장 '적절한지' 찾아내는 것이 필요하다. 그래서 영어 책을 읽어 주는 동안 아이를 잘 살펴보아야 한다.

셋째, 영어 그림책을 펼쳤다면 그림 이야기로 시작하자. 그림이 말하는 내용이 무엇인지 먼저 말해 주면 책에 쉽게 접근한다. 영어 그림책이나 한글 그림책이나 마찬가지다. 그림 이야기는 접근하기 쉽다. 짧은 영어를 써서 묻는 것도 좋은 시도다. 물론 꼭 영어로 묻지 않아도 된다.

그림을 보면서 내용을 추측하거나 상상할 여유를 가질 수 있다. 책을 펼치면 그림에 대한 이야기를 하고 그다음에 영어로 읽어 주면 된다. 다음 페이지로 넘어가서도 같은 방식으로 하면 된다. 그림을 먼저 읽으면 책에 대한 기대감이 높아진다.

넷째, 한 권을 골랐다면 일단 끝까지 읽어 주자. 영어 책 읽기는 습관을 들이는 것이 중요하다. 책을 골라 읽기 시작했으면 끝까지 읽는 연습이 필요하다. 물론 잘못 골랐다고 생각되는 순간이 있다. 초반에 자주 일어나는 일이다. 그림이 좋아서 선택했지만 글이 너무 어렵다면 멈춰야 할 수도 있다. 그러나 이런 경우가 아니라면 읽기로 작정한 책은 끝까지 읽어야 한다. 앞으로 영어 책만이 아니라 여러 종류의 책을 접해야 할 아이들이다. 책을 대하는 자세와 습관은 기왕이면 이때 길러 주는 것이 좋다.

다섯째, 책 표지에 주목하자. 책 표지에 있는 책의 제목을 읽어 주자. 표지에서 책의 제목을 보면서 아이들의 마음을 준비시키자. 책을 한 페이지 한 페이지 읽어 가면서 아이는 기대하던 것과 책 속의 실제 이야기 사이에서 스스로 질문하고 답한다. 그리고 표지에 적힌 작가의 이름이 무엇인지, 일러스트레이터는 누구인지 꼭 말해 주자. 누가 쓰고 누가 그린 작품인지 알면 그 작가만의 개성을 파악할 수 있다. 작가가 마음에 들었다면 다음에 같은 작가의 작품을 찾아볼 수도 있다. 이 모든 것이 독서를 배우는 과정이다.

여섯째, 아이가 좋아하는 영어 책은 꼭 사 주자. 영어 책을 구하는 방법은 여러 가지가 있다. 영어 책을 빌려주는 도서관을 이용할 수 있다. 인터넷 서점에서도 영어 책을 빌릴 수 있다. 공동 구매를 통해 저렴하게 많은 책을 구입하는 방법도 있다. 그런데 책을 계속 빌려 보게 되면,

아이가 정말 좋아하는 책을 만났을 때 반복해서 읽을 기회를 놓치게 된다. 아이는 좋아하는 영어 책은 닳도록 읽는다. 좋아하는 영어 책을 만났을 때가 영어 실력이 올라가는 절호의 기회다. 이 시간을 놓치지 않기를 바란다! 아이가 정말 좋아하는 책은 구입하도록 하자.

일곱째, 영어 책 읽기의 습관이 생길 수 있는 방법을 찾아보자. 매일 정해진 시간에 영어 책을 읽어 주는 것이 엄마와 아이에게 잘 맞다면 그렇게 하는 게 가장 좋다. 정해진 시간만큼 영어 책을 읽어 주고, 혹시 아이가 더 읽길 바라면 그때 더 읽어 주면 된다. 잠자기 전 시간이 엄마와 아이에게 편하다면 그렇게 습관을 들여도 좋다. 반드시 낮 시간만 활용해야 하는 건 아니다. 하루 일과 중 방해받지 않고 영어 책 읽기에 집중할 수 있는 시간이 언제인지 찾아보자. 꼭 시간이 길 필요는 없다. 적절한 시간을 찾아 영어 책 읽기의 습관을 들여 보자.

다음으로 영어 책을 읽어 줄 때 절대 하면 안 되는 일을 알아보자. 이렇게 하면 실패할 확률이 높으니 잘 숙지해 두면 좋을 것 같다. 영어 책을 읽을 때 절대 하면 안 되는 일은 무엇일까?

첫째, 영어 책을 읽어 주면서 제발 아이에게 이렇게 묻지 말자. "너 알아들었어? 무슨 말인 거 같아?" "이건 뜻이 뭐야?" 아이가 알아듣는지 이해하는지 확인하려 들지 말자. 지금 우리는 시험을 대비하는 게 아니다. 시간이 좀 더 걸려도 자연스럽게 영어를 습득하려고 책을 읽는 것이다. 자꾸 묻고 확인하면, 아이는 영어 책 읽기를 '재미있는' 일이 아닌 학습으로 받아들인다. 재미 붙이기는 글렀다. 아이에게 영어 책 읽기가 재미없는 일이 되지 않도록 엄마의 욕심은 잠시 내려놓자.

둘째, '첫째 계단'을 만나기 전까지는 멈추면 안 된다. 아이의 수준에 맞게 영어 책도 잘 골랐고 아이도 제법 흥미를 느낀다. 하지만 한두 권 읽고 실력이 쑥쑥 올라갈 거라 기대했다면 곧 실망할 것이다. 영어 책을 읽어 주면 아이의 실력이 향상되는 것이 보인다. 처음보다 이해도가 높아지기도 한다. 앞에서 읽은 책에서 만난 표현을 다른 책에서 발견하면 아는 척도 한다. 하지만 이 단계에 이르기 전까지는 아무 일도 없는 듯 보인다. 마치 평지를 걷는 것처럼 아이가 무엇을 배우는지 실력은 늘었는지 느낌조차 없다. 하지만 반드시 영어 실력이 늘었다는 걸 감지할 수 있는 '첫째 계단'이 나타날 것이니 중간에 멈추지 말자.

셋째, 모든 영어 책을 소리 내어 읽으라고 강요하지 말자. "한번 읽어 봐. 내가 어제 읽어 줬잖아." "자, cat이야. 뭐라고? 읽어 봐." 이렇게 하지 말자. 초반에는 더더욱 이러면 안 된다. 혹시 영어 읽기를 혼자 할 수 있는 시점이 왔다고 하자. 소리 내어 읽고 자신의 소리를 듣는 걸 좋아하는 아이도 있다. 이런 경우는 괜찮다. 그러나 아이가 원하지도 않는데 15분 이상 소리 내서 읽게 하는 건 영어 책 읽기를 질리게 만드는 지름길이다. 소리 내서 읽기는 필요에 따라 선택할 사항이다. 아이가 제대로 읽는지 확인하려고 영어 책 전부를 소리 내어 읽게 하는 것은 금물이다.

넷째, 아이가 벅차 하면 습관 들이기에 박차를 가하지 말자. 영어 책 읽기는 습관이 매우 중요하다. 습관이 생기면 영어 실력의 향상을 기대할 수 있다. 하지만 아이가 너무 벅차 하면 잠시 멈춰야 한다. 그리고 원인이 무엇인지 반드시 점검해야 한다. 꼭 영어 책을 읽어서 벅찬 것이 아닐 수도 있다. 때로는 전혀 다른 곳에 이유가 있다. 잠을 설쳐 피곤한 건지, 다른 자극적인 매체에 흥미가 있는 상태인지, 책의 레벨이 맞지 않는 것인지 잠시 살펴보도록 하자.

다섯째, 처음부터 글자를 읽혀야 한다는 부담감으로 영어 글자에만 집중시키지 말자. 조금 오해가 있는 것 같다. 영어 글자를 읽으면 영어 실력이 늘 거라고 생각한다. 하지만 글자를 읽는 것 자체가 영어 실력을 의미하지는 않는다. 글자는 읽지만 의미를 전혀 모를 수도 있고, 단어는 아는데 언제 어디서 쓰는지 모를 수도 있다. 영어 실력은 그림과 문맥의 흐름, 책 전체가 주는 느낌 등 여러 가지가 작용해서 올라간다. 그러므로 성급하게 영어 글자에만 매달리지 말자.

여섯째, 책 레벨이 아이 수준보다 너무 높거나 어려운 책을 읽히는 건 금물이다. 다시 말하지만 아이에게는 '재미'가 유일한 동기이자 이유다. 물론 어릴 때부터 꿈이 명확해 영어를 배우는 아이도 있다. 하지만 대부분은 '재미'가 있어서 영어를 배운다. 아이가 감당할 수준을 뛰어넘는 어려운 책은 읽히지 말자. 알아듣기도 힘들 뿐더러 영어 책 읽기의 즐거움은 온데간데없이 사라져 버린다. 적절한 레벨을 선택해 영어 책을 풍부하게 읽히는 것이 중요하다. 흥미가 있어야 독서를 지속할 수 있다.

어떤 종류의
영어 책이 있을까?

4

들뜬 마음으로 서점에 간다. 영어 책을 찾기 시작한다. 영어로 적혀 있는 책은 꽤 많은데, 어디서부터 시작해야 할지 모르겠다. 한가득 책이 꽂혀 있지만 선택하기 힘들다. 난처하다. 영어 책을 읽어 줄 마음은 차고 넘친다. 당장 시작하고 싶다. 오늘이라도 시작하지 않으면, 다른 일에 밀려 하루 이틀이 지나 몇 달이 흘러 버릴 것만 같다. 급한 마음에 광고에 가장 많이 나오는 전집을 산다. 책꽂이 한켠에 영어 책 전집을 꽂아 놓고 뿌듯해한다. 그런데 예상외의 상황이 벌어진다. 아이가 몇 권은 좋아하는 것 같은데, 나머지 책에는 관심을 보이지 않는다. 우리아이는 영어 책을 좋아하지 않나 봐. 하지만 조금만 넓게 관심을 가지면 길이 보인다. 책을 구입하기 전에 잠시 멈추자. 영어 책의 종류를 알아야 잘 고를 수 있다. 그럼, 영어 책에는 어떤 종류가 있는지 살펴보자.

첫째, 그림책(picture book)이 있다. 영미권 작가들이 쓴 창작 동화다. 대상 독자가 영미권이나 유럽의 아동인 경우가 대부분이다. 그림을 위주로 이야기가 전개되는 책이다. 그림책은 아기만을 위한 책이 아니다. 유아가 읽는 그림책부터 초등 고학년 아이도 볼 만한 깊이 있는 책도 많다. 유아와 초등학생에게 읽어 주려면 다음과 같은 책을 선택하면 좋다. 한 줄짜리 그림책, 한 단어 그림책, 세 줄짜리 그림책을 시도해 볼 수 있다. 아니면, 노래로 부르는 영어 그림책, 같은 문장이 반복되는 영어 그림책을 읽어 줄 수 있다. 유아와 초등 저학년 아이는 CD와 함께 판매되는 영어 그림책을 활용해도 좋다.

그림책은 주로 영어를 모국어로 하는 아동을 대상으로 쓰였다. 때문에 영어를 외국어로 배우는 학습자에게는 어렵고 낯선 표현이 많다. 하지만 실제로 사용하는 어휘를 접할 수 있다는 것이 장점이다. 문형도 제한 없이 자유롭게 사용된다. 원어민이 실제로 쓰는 표현을 풍부하게 배울 수 있다. 다양하고 수준 높은 어휘를 습득하는 데도 효과적이다. 그래서 초등 고학년이 되어도 그림책을 읽으라고 권하고 싶다. 초등 고학년도 적절한 레벨의 그림책을 찾는다면 원어민의 자연스러운 표현을 많이 익힐 수 있다.

둘째, 리더스북(reader's book)이 있다. 리더스북은 독해를 목적으로 만들어진 책이다. 대상 독자는 영어를 외국어로 배우는 아동이다. 언어 교육을 위한 것이기 때문에 수준별로 레벨이 나뉘어 있다. 어휘, 문형, 내용에 따라 학년별, 연령별 레벨이 표시되어 있어 책을 고르기 편하다. 아이에게 맞는 레벨을 선택해서 읽으면 된다. 주로 쉬운 단어, 짧은 문장, 반복 표현을 사용한다. 아이가 최대한 영어로 글을 읽을 수 있도록 만들어진 책이다. 순수 창작물인 그림책처럼 어려운 단어나 표현이 툭툭 튀어 나오지는 않는다.

아이가 영어 책 읽기를 막 시작했을 때 읽히기에 좋다. 아이는 자신의 레벨에 맞는 책을 읽기 때문에 한 권씩 끝낼 때마다 성취감도 생기고 자신감도 올라간다. 초등학교 입학 후 처음 영어를 접했다면 리더스북을 활용하길 권한다. 이미 한글을 뗀 아이들은 읽기를 배운다는 것의 의미를 잘 알고 있다. 이때는 '영어 읽기 연습'을 시도해도 자연스럽게 받아들인다. 단, 리더스북은 학습을 목적으로 만든 책이라 그림책이 주는 즐거움이나 다양함은 덜하다. 물론, 리더스북에도 좋은 그림과 재미있는 내용이 있다.

셋째, 챕터북(chapter book)이 있다. 챕터북은 그림책과 리더스북을 많이 읽은 아이가 그다음 단계로 넘어가고 싶을 때 호흡을 고르며 읽는 책이다. 대상 독자는 영미권 아동이다. 장편 소설은 아무래도 글밥도 많고 내용도 어렵다. 당장 소설로 넘어가기에 부담스러울 때 챕터북을 읽으면서 힘을 키운다. 말 그대로 챕터북은 챕터가 10~18개 정도로 나뉘어 있고, 60~120쪽으로 만들어진 책이다. 중간 중간 그림이 들어가기도 하지만, 대부분 글로 채워져 있다. 챕터북의 레벨은 미국 초등학교 1학년부터 6학년까지 다양하게 분류되어 있다. 이야기의 종류도 여러 가지다. 모험, 추리, 미스터리, 탐정, 학교생활, 판타지, 시간 여행 등 아이가 흥미를 느낄 만한 온갖 이야기를 다룬다. 역사, 과학, 위인 등을 다루는 교육적인 챕터북도 있다.

챕터북은 주로 시리즈로 출판된다. 아이와 몇 권 읽다 보면 시리즈의 특성이 보인다. 처음에는 이해가 조금 부족한 채 읽을 수도 있다. 하지만 한 가지 시리즈를 골라서 읽어 보면 같은 인물이 등장하고 주된 패턴이 보인다. 시리즈물을 쭉 읽으면 내용, 단어, 문장의 패턴도 보이기 시작한다. 이때부터는 시리즈의 뒷부분으로 가면서 점점 더 책을 이해하기가 쉬워진다. 글밥이 한가득하지만 읽으면서 영어 실력이 늘 것이다.

넷째는 영어 소설이다. 영어 소설은 문학 작품이다. 그림책은 문학 작품이어서 줄 수 있는 풍부함이 있다. 소설책에서도 작가의 깊이 있는 생각을 만나면서 아이의 생각이 깊어진다. 또한 감동과 재미도 안겨 준다. 영어 책을 읽어 주기 시작할 때 엄마들은 언젠가 아이가 스스로 책을 읽기를 기대할 것이다. 최종적으로는 아이가 영어 소설을 혼자 읽기를 바랄 것이다. 엄마가 처음 영어 책을 손에 들었을 때부터 바라보는 목표 지점이다. 영어 소설은 범위가 고전 문학부터 최근의 베스트셀러까지 다양하다. 영미권 성인 독자를 대상으로 쓰인 책으로 글밥이 많고 책도 두껍다.

영어 소설을 읽고 책에 빠져들 수 있다면 영어는 자연스럽게 높은 레벨로 올라간다. 이 정도 수준의 책을 읽고 즐길 수 있다면 더 이상 걱정하지 않아도 된다. 영어 소설에는 그림책처럼 단어와 문장 표현이 다양하다. 다루는 소재의 범위도 넓다. 영어 소설을 통해 배우는 영어의 표현은 깊고 넓다. 영어 책을 펼쳐 들기 시작했다면, 영어 소설 읽기까지 목표로 삼아 보자.

다섯째, 지식 책(non-fiction)이 있다. 지식 책은 영어로 쓰인 과학, 수학, 역사, 사회 분야 등의 도서다. 이런 지식 책은 미국 교과서로 접한 경험이 있을 것 같다. 지금도 일부 영어 교육 기관에서 과학 분야 정도는 교재로 사용한다. 지식 책의 특징은 각 분야마다 전문 어휘가 등장한다는 점이다. 이야기책에서는 드물게 접하는 어휘다. 예를 들어, 과학 분야에서 '물의 순환(water cycle)'이라는 주제를 다룰 때 등장하는 어휘를 생각해 보자. precipitation(강수량), evaporation(증발), condense(응결)와 같은 단어가 나온다. 주로 과학 교과서나 과학을 다루는 지식 책에서 볼 수 있는 단어다.

당연히 처음 영어를 접한 학생에게는 그다지 추천하고 싶지 않다. 문장 구조는 어렵지 않은데 전문 용어 때문에 어렵게 느껴질 수 있으니 가급적 피하자. 물론, 아이가 과학, 수학, 역사 등 한글로 지식 책을 많이 읽은 경험이 있다면 이해하기 쉬울 수도 있다. 혹은 아이가 특정 분야에 관심이 많다면 흥미를 보이기도 한다.

여섯째, 수상 도서가 있다. 대표적으로 칼데콧 상, 뉴베리 상, 케이트 그린어웨이 상 수상 도서가 있다. 칼데콧 상은 미국어린이도서관협회에서 전년도에 미국에서 출간된 어린이 창작 그림책 가운데 수상작을 뽑는다. 이 상은 일러스트레이션이 가장 뛰어난 작품에 수여한다. 단, 미국에 거주하거나 미국 국적을 가진 사람만 받을 수 있다. 칼데콧 상은 한 권에만 수여되고, 후보에 오른 1~5권의 그림책은 칼데콧 명예상을 받는다. 그림책을 고르다가 표지에 금색이나 은색의 동그란 메달이 붙어 있는 것을 본 적이 있을 것이다. 그 메달이 표시된 도서가 칼데콧 상이나 칼데콧 명예상을 받은 책이다. 유명한 작가의 그림이 많지만 어떤 책은 그림만 있는 그림책도 있으니 잘 골라서 읽어야 한다.

다음으로는 뉴베리 상(Newbery Award)이 있다. 아동 도서계의 노벨상이라 불리기도 한다. 해마다 미국 아동 문학 발전에 크게 기여한 작가에게 주는 상이다. 칼데콧 상과 함께 미국에서 권위 있는 상으로 손꼽힌다. 이 상 역시 미국에 거주하거나 미국 국적을 가진 사람만 받을 수 있다. 뉴베리 상 도서는 레벨이 다양하고 내용도 폭넓다. 하지만 주제가 무겁고 어린아이가 소화하기 힘든 내용을 다룬 책도 있다. 인권, 종교, 사회, 역사와 관련된 책도 많다. 주인공이 심한 고난을 겪는 내용을 다룬 책도 있다. 뉴베리 상 수상작에서 책을 선택할 때는 이러한 점을 고려하자. 이해력과 사고력이 충분히 자란 초등학교 고학년이 되었을 때 읽기를 권하고 싶다.

케이트 그린어웨이 상도 있다. 이 상은 영국도서관협회에서 수여한다. 영국에서 출간된 아동 도서 가운데 가장 뛰어난 일러스트레이션을 그린 작가에게 상을 준다. 일 년에 한 명에게 시상한다. 한 가지 흥미로운 사실이 있다. 수상자는 500파운드 정도의 상금을 받는데 수상자가 갖지 않는다. 수상자가 원하는 도서관에 상금을 다시 기부한다. 다만, 2000년부터는 기부도 하지만 따로 상금을 받게 되었다. 우리가 잘 알고 있는 존 버닝햄, 앤서니 브라운, 로렌 차일드 등이 케이트 그린어웨이 상을 받았다.

수상작 가운데는 글과 그림이 좋고 신뢰가 가는 책이 많다. 아주 유명한 책도 많다. 물론 유명한 책이라고 해서 아이가 흥미를 느낀다는 보장은 없다. 내용이나 수준도 아이가 읽기에 적절하지 않을 수 있다. 무턱대고 수상작이라고 구입하고 볼 일은 아니다. 다른 책과 마찬가지로 수상작도 아이에게 적절한지 잘 살펴보고 선택하자.

엄마와 아이가
함께 배우는 영어

5

소설 『나니아 연대기』를 쓴 영국의 소설가 C. S. 루이스는 이렇게 말했다. "A Children's story that can only be enjoyed by children is not a good children's story in the slightest(아이들만 즐길 수 있는 아이들 이야기는 전혀 좋은 아이들 이야기가 아니다)." 루이스는 진짜 좋은 아이들의 이야기책은 어른도 즐겁게 읽을 수 있다고 생각했다. 그렇다면, 잠시 살짝 벗어나서 질문해 보자. 엄마표 영어가 단지 아이에게만 초점이 맞추어져 있다고 생각하는가? 아니면, 아이에게 영어 책을 읽어 주는 일이 사실은 아이도 즐겁고 엄마도 즐거운 일이라고 생각하는가? 루이스의 말대로 아이들을 위한 이야기책도 누구나 즐겁게 읽을 수 있어야 좋은 책이다. 훌륭한 그림책도 어른이 아이와 함께 감동을 나누며 읽을 수 있다. 엄마의 영어 책 읽기도 엄마와 아이 모두가 즐거울 때 좋은 효과가 나타난다.

하지만 엄마가 영어를 그다지 좋아하지 않을 수도 있지 않은가? 그저 엄마는 우리 아이만큼은 영어가 발목 잡지 않으면 좋겠다고 생각할 수 있다. 그래서 엄마가 영어 책 읽어 주기를 결정했는데, 마음은 편치 않다. 하루 이틀도 아니고 최소 30일 이상 쭉쭉 읽어 줄 수 있을지 의문과 걱정이 앞선다.

엄마가 영어를 불편해할 수 있다. 심지어 엄청 싫어할지도 모른다. 단지 아이를 사랑하는 마음에 울며 겨자 먹기로 영어 책 읽기를 시작한 것뿐이다. 그런데 희소식이 있다. 아이에게 영어 책을 읽어 주면 엄마도 영어 실력이 함께 자란다는 것이다. 학창 시절에 배운 영어가 아닌, 재미있는 영어 책 읽기를 하다 보면 영어가 좋아질 수도 있다. 그러니 불편한 마음보다는 아이와 함께 영어 책에 퐁당 빠질 것을 기대해 보자.

어떻게 하면 아이와 영어 책 읽는 시간을 함께 즐길 수 있을까? 일단 가장 걸림돌이 되는 것은 책이 '영어'로 되어 있다는 것이다. 주로 영어 그림책으로 시작하니, 그림책의 경우를 살펴보자. 그림책 읽기는 생각보다 높은 수준의 영어 실력을 요구하지 않는다. 혹 모르는 단어나 표현이 그림책에 등장해도 놀라지 말자. 오히려 리더스북보다 그림책에 수준 있는 표현이 등장할 가능성이 높다. 이럴 경우를 대비해 엄마는 책을 미리 읽고 모르는 단어는 숙지해 놓아도 좋을 것 같다. 그러면 아이와 영어 책을 재미있게 읽기 위한 1단계 준비는 끝난 셈이다.

C. S. 루이스의 말은 참 일리가 있다. 아이가 재미있어 하는 책은 어른도 재미있게 읽는다. 아이와 엄마가 둘 다 좋아할 만한 영어 책이 실제로 있다. 뒤늦게 아이에게 영어 책을 읽어 주다가 엄마의 영어 실력이 늘기도 한다. 그림책을 읽어 주다가 엄마가 그림책에 반하는 경우도 있다. 정작 아이가 다 컸는데, 엄마가 그림책의 매력에 빠져서 사 모

으는 경우도 보았다. 엄마가 학창 시절에 영어와 친하지 않았다고 해도 상관없다. 이제는 영어를 접하는 방식이 전혀 다르니 오히려 기대해도 좋다.

아이에게 책을 읽어 주기 전에 엄마가 혼자서 소리 내어 읽어 보는 것이 2단계 준비다. 운 좋게 엄마가 책을 읽다가 재미에 빠진다면 아이의 영어가 늘기 전에 이미 엄마의 실력이 올라가고 있는 것이다. 완벽하게 읽는 것을 목표로 삼지 말자. 일단 어떤 내용이 있는지 알아본다고 생각하며 읽으면 된다. 엄마가 이미 이야기에 익숙하다면 아이에게 더 여유롭게 읽어 줄 수 있다. 엄마가 아이에게 영어 책을 읽어 주면 엄마도 아이와 함께 영어 실력이 향상될 것이다.

엄마가 아이에게 영어 책을 읽어 주는 과정에서 '대화'가 많이 오간다. 책을 읽다 보면 "어느 책이 좋아? 무슨 책부터 읽을까?"부터 시작해 엄마와 아이가 주고받을 말이 많다. 영어 책 읽기를 할 때 절대 하면 안 되는 일이 있다. 엄마가 영어 책을 미리 다 고르고 몇 권을 볼지 결정한 다음 아이에게 통보하는 것이다. 엄마표 영어는 엄격하고 일방적인 공부가 아니다. 엄마가 아이에게 맞추고 서로 질문도 하면서 대화를 나누는 과정이다. 따라서 영어 책을 고르는 순간부터 대화가 시작되어야 한다. 심지어 아이에 따라서 영어 책 읽기를 왜 시작해야 하는지 알려 주기도 해야 한다. 쉽게 수긍하는 아이도 있지만, 대화를 통해 설명해 주고 설득해야 하는 아이도 있을 것이다.

영어 책 읽어 주기는 일방적으로 엄마가 강의를 하고 아이가 앉아서 듣는 수업이 아니다. 엄마표 영어에서는 대화가 매우 중요하다. 영어 책을 고를 때 아이의 취향을 알아 가야 한다. 이 과정에서도 대화가 중요하다. 아이가 하는 말을 잘 듣고 엄마가 함께 생각해 주어야 한다. 아이가 하자는 대로 다 하라는 말이 아니다. 엄마도 의견을 말하고 아이도 들어야 한다. 영어 책 읽기를 시작하는 순간부터 모든 과정에서 엄마와 아이가 주고받는 대화가 영어 책 읽기의 많은 부분을 결정할 것이다. 영어 책 읽기가 즐거운 일이 될지 아닐지, 아이의 영어 실력에 효과를 가져올지 아닐지도 결정한다. 대화를 한다는 것은 인간관계를 배우는 것이다. 엄마와 아이가 서로를 배워 갈수록 영어 책 읽기의 방법이 더 잘 보인다.

책을 읽으면서도 많은 말을 주고받는다. 책 속의 그림이 무엇을 이야기하는 것처럼 보이는지 함께 추측하고 이야기를 나눈다. 엄마가 영어로 책을 읽어 주면, 아이가 듣다가 혼잣말처럼 중얼거리기도 한다. 가끔 어떤 단어를 아이가 혼잣말처럼 중얼거리면 엄마는 칭찬해 주기도 한다. 말을 주고받으면서 감정도 주고받는다. 반복되는 영어 표현은 아이가 기억 속에 담는다. 엄마의 목소리로 전달되는 책의 내용은 엄마가 들려주는 또 하나의 이야기가 된다.

엄마와 아이가 함께 영어를 배우는 이 시간에 더 큰 효과를 가져오고 싶다면 무엇이 더 필요할까? 무엇보다 엄마가 스스로 자신이 잘하고 있다는 믿음, 아이의 영어 실력이 잘 자랄 것이라는 기대, 그리고 영어 책 읽기를 꿋꿋하게 해 나가는 당당함이 필요하다.

'로젠탈 효과'라는 것이 있다. 하버드 대학교 사회심리학 교수인 로버트 로젠탈과 초등학교 교장을 지낸 레노어 제이콥슨이 연구한 결과 밝혀낸 효과다. 이 연구는 샌프란시스코의 한 초등학교에서 전교생을 대상으로 이루어졌다. 먼저 학생들의 지능 검사를 실시한 뒤 반에서 20

퍼센트 정도의 학생 리스트를 뽑아 교사에게 건네주었다. 그러고는 교사에게 이 학생들은 지능 검사 결과 지적 능력이 높게 나왔으니 학업 성취도도 높을 것이라고 말해 주었다. 8개월이 지나 다시 지능 검사를 했는데, 그 20퍼센트 학생들의 지능이 더 높게 나왔다. 성적도 올라 있었다.

그런데 교사에게 숨긴 사실이 하나 있다. 실제로 20퍼센트 학생들은 지능과 상관없이 무작위로 선정되었다. 그렇다면, 어떻게 이런 결과가 나왔을까? 이 학생들이 지능이 높다고 믿은 선생님은 이들에게 긍정적인 기대를 가지고 공부를 가르쳤다. 아이들도 교사의 긍정적 기대에 부응하기 위해 열심히 공부했다. 아마 학생들은 교사의 눈빛과 말투에서 자신을 믿어 주고 있다는 신뢰감을 느꼈을지 모른다. 교사의 기대와 믿음은 학생들의 자신감으로 바뀌게 된다. 이것이 바로 로젠탈 효과다.

엄마가 아이에게 영어 책을 읽어 줄 때도 이런 태도를 가져야 한다. 아이에게 긍정적 기대감을 갖도록 하자. 무조건 칭찬을 하라는 말은 아니다. 아이에게 숨겨진 능력을 발견하고 마음껏 발휘하게 돕자는 것이다. 엄마가 아이에게 긍정적인 기대를 가지면 잠재된 아이의 능력이 커질 수 있다. 그러면 아이 스스로도 자신에게 긍정적 기대를 갖는다. 이것만 이루어지면 나머지는 저절로 진행된다. 아이는 무엇이든 열심히 하게 될 것이다. 때로 결과가 빨리 나타나지 않더라도 기다리며 노력하게 된다. 아이가 잘 해낼 것이라는 기대를 갖자. 이것이 영어 책 읽기를 성공시키는 열쇠다.

아이들은 성향도 취향도 성격도 모두 다르다.
배우는 속도가 월등히 빠른 아이도 있고
조금 천천히 배우는 아이도 있다.
엄마에게도 아이에게도
적절하게 시간을 맞춰 진행하도록 하자.

Chapter
4

엄마표
영어를
시작하기
전
준비 사항

엄마표 영어
수준별로 계획 짜기

1

아이에게 영어 책을 읽어 줄 때, 1년, 3년, 5년을 바라보며 큰 그림을 그리는 것도 좋다. 하지만 그러면 구체적인 계획을 세우는 데 변수가 너무 많다. 30일을 먼저 계획해 보자. 30일 동안 영어 책 읽기의 방향에 대해 더 많은 아이디어를 얻게 될 것이다. 일단 30일 영어 책 읽어 주기 계획을 세우기 위해 무엇을 알아야 할까? 아이들은 성향도 취향도 성격도 모두 다르다. 배우는 속도가 월등히 빠른 아이도 있고 조금 천천히 배우는 아이도 있다. 엄마에게도 아이에게도 적절하게 시간을 맞춰 진행하도록 하자. 그럼 지혜롭게 영어 책 읽기를 계획하려면 어떻게 해야 할까? 아이의 연령과 수준을 잘 살펴 계획에 반영해야 한다. 마음 같아서는 연령을 더 구체적으로 나누고 싶지만, 여기서는 0세부터 10세를 크게 세 그룹으로 나누어 생각해 보았다. 수준별 단계도 시작 단계부터 영어 책 읽기를 좀 더 진행한 정도의 단계까지 다루어 보았다.

연령별 단계에서 기억해야 할 점

1. 0~3세

아기가 움직임을 시작하기 전에는 책 읽어 주기가 쉽다. 이때는 아기에게 책이 잘 보이도록 하면서 읽어 주자. 몸을 마음껏 움직이기 시작하는 8~12개월 정도의 아기라면, 책장을 넘기며 즐거워할 수 있게 해 주자. 물론 책장 넘기는 것만 재미있어 할 수 있다. 영어 책을 읽어 주는 동안에는 책 읽기가 잘 진행되도록 엄마가 주도권을 가지고 있어야 한다. 아기가 걷기 시작하는 시기가 오면 여러 가지에 호기심을 보인다. 유아가 집중할 수 있는 시간은 3분. 이때는 틈틈이 책을 읽어 주며 익숙해지도록 만들자. 중간 중간 3분씩 짬을 내 세 번 읽어 주어도 9분이다. 엄마도 아기도 부담이 되지 않는 선에서 읽어 주자. 아이가 잠자기 전에도 좋다. 책은 반드시 엄마나 아빠가 읽어 주자. 처음부터 CD로 접근하는 것보다 부모가 읽어 주는 것이 효과적이다. 그래야 아이가 영어 책을 친근하게 느낄 수 있다.

몇 가지 팁을 더 말해 보겠다. 아이가 좋아할 수 있는 책을 아이의 눈에 띄는 곳에 놓아 두자. 그리고 시각 자료가 많은 책을 구해서 읽어 주자. 그림책, 사진을 모아 놓은 책, 입체적인 책 등 흥미를 끌 만한 책을 구해야 한다. 영어 그림책과 함께 영어 자장가나 동요를 들려주면 좋다. 영어 단어만 있는 책, 한 줄짜리 그림책, 반복되는 라임이 살아 있는 책을 주로 읽어 주자.

다만, 영상물에 노출시키는 건 자제하자. 화려하고 자극적인 영상물을 소화하기에는 아직 너무 어리다. 부정적인 영향을 미칠 우려도 있다. 부모와 상호 작용을 통한 영어 노출이 아이에게는 더 안정감을 준다. 욕심내지 말고 아이가 영어 책과 친해지는 시간을 만들자.

　0~3세를 위한 영어 책을 구입할 때는 후기를 보고 구입하면 된다. 인터넷 서점에서는 책의 내용을 미리 볼 수 있으니 활용하도록 하자. 하지만 후기가 좋더라도 아이가 반응을 보이지 않을 수 있다. 이럴 때는 아이를 좀 더 면밀히 관찰하면서 아이에게 맞는 책을 고르자. 아이에게 맞는 책을 고르려면 어느 정도 시행착오도 각오해야 한다.

2. 3~7세

　3~7세 아이들은 스스로 좋아하는 책이 생긴다. 아이와 함께 아이가 좋아하는 책을 찾아 읽는 것이 중요하다. 이미 한글 책을 접한 경험이 있는 아이라면, 더 쉽게 자신이 좋아하는 영어 책을 찾아낼 수 있다. 이 경우에는 더더욱 아이의 말에 귀를 기울이는 것이 중요하다. 아이가 영어 책 읽어 주는 시간을 좋아하게 되었다고 해서, 한글 책 읽기를 소홀히 하지는 말자. 모국어가 탄탄한 아이가 영어도 좀 더 유창하게 구사한다. 한글 책도 풍부하게 읽을 수 있도록 도와주자.

　3~7세는 마음에 드는 영어 그림책을 찾아내기만 하면 푹 빠져 읽을 수 있는 나이다. 아이와 영어 그림책을 읽을 때는 그림을 보고 어떻게 생각하는지 반드시 이야기를 나누자. 그림을 보면서 어떤 이야기가 담겨 있을지 상상하는 시간도 가져 보자. 아이가 영어 그림책을 더 잘 이해하게 되고 더 좋아하게 된다. 책을 다 읽고 난 뒤에 서로의 생각을 나누는 것도 좋다. 하지만 구체적인 영어 표현을 기억하는지, 정확하게 사건을 기억하는지 체크하기 위한 질문은 삼가자.

　영어 노래가 담긴 그림책을 보여 주기에도 좋은 시기다. 그림책인데 노래로 부를 수 있어 책을 통째로 외우게 된다. 노래로 된 그림책은 반복되는 표현이 많이 나온다. 아이는 그림과 노래를 적절히 연결해 책 속의 표현을 말로 내뱉기도 한다. 영어 동요를 들려주었을 때도 효과는 비슷하다. 뜻을 다 알지 못해도 노래는 아이들의 기억에 쉽게 남는다.

아이가 반복적으로 읽고 싶어 하는 책은 계속 읽어 주자. 아이가 반복적으로 읽고 싶어 하지 않는 책은 아쉽더라도 아이의 말을 따라 주자. 특히, 3~7세에는 영어 책 읽기가 공부처럼 느껴지지 않도록 해야 한다. 엄마는 이 시기에 아이가 영어 책과 즐겁게 만나도록 도와주는 역할만 하면 된다. 당장 원어민처럼 영어를 구사하게 하려고 영어 책을 펼친 것이 아니다. 배움은 폭풍처럼 주입시킨다고 일어나지 않는다. 엄마와 아이가 '즐거운' 시간이 되도록 하자. 꾸준히 즐기는 것이 엄마표 영어의 핵심이다.

3. 7~10세

영어 책을 이미 접하고 서서히 읽게 된 아이라도 엄마가 책을 함께 읽어 주자. 아이마다 수준이 다르고 영어 실력이 향상되는 속도도 다르다. 만약 3년 정도 영어 책 읽기를 해 왔다면, 7세 때는 영어가 꽤 늘어 있을 것이다. 그러나 이제 막 시작했더라도 천천히 챙길 것은 챙기면서 읽어 주어야 한다. 초등학교를 입학한 아이라면 리더스북과 그림책을 적절히 섞어서 읽어 주면 좋다. 7~10세에는 영어를 통문자로 기억한다. 정말 읽을 줄 알아서가 아니라, 글자의 생김새를 보고 엄마가 읽어 주는 것을 들으며 연결 짓는 것이다. 이것을 영어 책 읽기를 배우는 하나의 과정으로 생각하자. 아이가 정말 읽을 수 있는 것인지 확인하려 들지 말기를!

한 가지 더. 영어 책 읽기를 오랜 시간 해 왔거나, 이미 모국어 글자를 깨우친 경험이 있는 아이는 영어 글자도 빨리 깨우칠 수 있다. 이때 엄마는 아이가 얼른 영어 책을 혼자 읽기를 기대할 것이다. 하지만 영어 책 읽어 주기의 목표는 '빨리' 하는 것이 아님을 기억하자. 그래야 영어 책도 '책'으로 즐기며 읽을 수 있다. 아이가 이미 영어 단어를 더듬더듬 읽을 줄 안다고 해도 읽어 보라고 강요하지 말자. 오히려 좀 더 쉽게 읽기에 다가가도록 그림책을 지속하면서도 리더스북을 함께 읽어 주자.

학생들을 가르치다 보면 비슷한 상황을 겪을 때가 있다. 분명 영어 책을 조금씩 읽기 시작했지만 뜸을 들이는 것이다. 모르는 척 오히려 읽기 쉬운 리더스북을 한두 권 더 읽어 준다. 그러면 아이 스스로 자신이 읽을 수 있는 단어를 확인하게 된다. 이때 엄마는 아이가 더 편해질 때까지 기다려야 한다. 스스로 자신감이 생기고 마음이 편해지면 읽겠다고 먼저 나설지도 모른다. 그때까지는 모르는 척하자. 평소처럼 영어 책을 읽어 주면서 아이에게 편안하고 안정적인 분위기를 만들어 주자.

수준별 단계에서 기억해야 할 점

1. 처음 영어 책을 접할 때

30일 단계별 영어 책 읽기를 계획할 때 고려할 것이 연령만은 아니다. 아이들이 영어를 언제 얼마만큼 접했는지, 어느 정도의 영어 실력을 가지고 있는지도 고려해야 한다. 처음 영어 책을 접했다면, 영어 그림책으로 시작하자. 그림책으로 시작하면 앞에서 말한 여러 장점을 얻을 수 있다. 글을 읽지 못해도 그림을 즐기며 책과 친해질 수 있다. 영어 책을 처음 접한다고 그 책을 이해 못 한다는 인상을 주면 안 된다. 그림을 활용하면 글은 읽지 못해도 책의 내용을 이해할 수 있다. 생각보다 해볼 만하다는 첫인상을 심어 주자. 그러면 아이도 영어 책을 더 가까이할 것이다.

그림책을 읽을 때는 반드시 소리 내어 읽어 주어야 한다. 영어 소리를 엄마의 목소리로 들으면 아이의 눈은 그림책을 향한다. 어느새 영어 책에 흥미를 느낀다. 혹시 구입한 책 중에 많이 읽어서 낡은 책이 있어도 버리지 말자. 나중에 영어 책을 혼자 읽게 될 때 아이가 찾아서 읽을지 모른다. 그때 책을 꺼내 보면서 무척 반가워한다. 또 그때 가면 책의 단어나 표현을 명확하게 이해하게 되어 뿌듯함도 느낀다.

2. 3~6개월 영어 책을 접하고 있을 때

여전히 여유를 가지라고 말하고 싶다. 동시에 꾸준히 하는 것이 중요하다. 아마 익숙한 단어는 연령에 따라 읽을지도 모른다. 아이가 7세 전이라면, 마음 놓고 영어 그림책을 실컷 읽어 주면 된다. 알파벳이나 영어 문자 습득에 전혀 신경 쓰지 않아도 된다.

7세 이후라면, 영어 글 읽기를 배울 수 있다. 이미 이때는 한글을 읽는 아이도 있기 때문이다. 그래서 7세 즈음에 파닉스(phonics)를 가르치기도 한다. 하지만 영어 책 읽기의 목표는 모국어인 한글을 배울 때처럼 영어를 익히는 것이다. 꾸준히 성실하게 영어 책을 읽어 준다면 영어 문자도 깨우친다. 무언가를 가르치려는 마음은 내려놓고 7세 이전이든 이후든 아이에게 영어 책을 읽어 주자. 아직은 영어 책을 더 들려주고 기다려야 하는 시기다.

3~6개월 정도 영어 책을 읽으면 아이에게 좋아하는 책이 생긴다. 좋아하는 책은 여러 차례 읽어 달라고 할 것이다. 아주 자연스러운 과정

이다. 반복해서 읽고 또 읽은 영어 책은 아이가 오래 기억한다. 그리고 자주 등장하는 단어의 소리나 문자에 조금씩 익숙해진다. 그러므로 여유를 가지고 좋은 영어 책을 찾는 것이 아이의 영어 실력 향상에 더 도움이 된다.

3. 6개월 이상 영어 책을 접하고 있을 때

6개월 이상 책을 접하면 통문자로 읽을 수 있는 단어의 가짓수가 이미 꽤 늘어나 있다. 반복해서 읽은 책은 일부 문장으로 기억하기도 한다. 문장으로 기억하거나 통문자로 기억하는 단어를 어른들 앞에서 읽기도 한다. 혹시 아이가 영어 문자를 습득한 것일까? 아직은 아닌 경우가 많다. 그렇더라도 아이가 보란 듯이 영어 책을 들고 읽는다면 무조건 칭찬해 주자. 통문자로 한 단어만 읽었다고 해도 기특한 일이다.

언제 우리 아이가 영어를 읽을까, 라는 생각이 들기 시작할 시기다. 엄마가 영어 책을 읽다 말고 단어를 해석해 주고 싶을 수 있다. 이때는 어떻게 해야 하나? 엄마 스스로 잘해 가고 있다고 믿으며 아이에게 계속 영어 책을 읽어 주자. 그림책과 더불어 아주 쉬운 리더스북을 읽어 주면, 통문자로 읽을 수 있는 단어가 늘어날 것이다. 그림책을 완전히 포기하지는 말자. 앞서 설명했듯이 그림책은 넓고 깊게 영어를 배울 수 있는 원천이다. 아이의 수준에 맞는 그림책과 글자 수가 적은 리더스북을 챙기자. 이미 그 수준을 넘어섰다면, 당연히 다음 레벨의 책으로 가면 된다.

4. 1년 이상 영어 책을 접하고 있을 때

한글 책을 읽는 능력은 영어 실력 향상과 매우 밀접한 관련이 있다.

글을 전혀 모르는 0~3세의 장점은 영어를 소리로 들려주면 그대로 흡수한다는 것이다. 그런데 한글 읽기를 어느 정도 할 줄 아는 아이가 영어 책을 접할 때는 또 다른 장점이 있다. 아이가 한글을 읽을 때까지는 엄마가 책을 읽어 주었을 것이다. 이 과정을 지나온 아이는 엄마가 영어 책을 읽어 줄 때 잘 몰라도 들을 줄은 안다. 물론 아이의 성향마다 다를 수 있다는 점은 감안하자. 오히려 한글을 읽을 줄 알아 답답해하는 경우도 있다. 1년 이상 영어 책을 접하고 한글 책도 그만큼 접했다면, 배경지식과 독해력이 어느 수준에 올라 있을 것이다. 아직 영어 책을 술술 읽지 못해도 괜찮다. 한글 책 읽기 실력이 늘면서 영어 책 읽기 실력도 늘 것이다.

한글 책을 읽을 줄 아는 아이가 영어 문자 습득에 유리한 점이 또 하나 있다. 의도하든 의도치 않든 영어 그림책을 한글로 번역한 책도 꽤 접했을 가능성이 높다. 항상 영어 그림책과 번역본을 함께 읽기를 권하는 건 아니다. 하지만 우연히 번역본을 이미 읽었다고 생각해 보자. 아니면 엄마가 의도적으로 번역본을 읽어 주었을 수도 있다. 아이가 나중에 영어 책을 읽게 되면 엄청 반가워할 것이다. 이렇게 영어 책과 번역본을 묶어서 '페어 북(pair book)'이라고 부른다. 페어 북을 적절히 활용해 보는 것도 좋다.

어디에서
책을 구할까?

2

영어 책은 어떤 식으로 구입하느냐에 따라 이용하는 서점이 달라진다. 기본적으로는 예스24, 알라딘, 교보문고, 인터파크 같은 대형 온라인 서점에서 구입할 수 있다. 서점에 없는 책은 주문하면 된다. 티몬, 쿠팡 등을 이용해 시리즈와 세트 구입 시 해택을 받는 것도 한 가지 방법이다. 영어 책 읽기를 진행하면 구입 패턴이 생긴다. 어느 서점을 이용하는 것이 좋은지 안목도 생긴다. 이즈음 되면 각자 취향에 따라 주로 이용하는 서점도 생긴다. 가끔 영어 책을 구하러 서점을 돌아다니다 보면 욕심나는 책이 많아질 때도 있다. 그때는 모두 구입하지 말고 대여점에서 일단 빌리자. 빌려서 읽어 보고 사야겠다고 마음이 정해지는 책을 구입하면 된다. 그럼 영어 책을 구할 수 있는 곳을 구체적으로 하나하나 살펴보자.

영어 책 전문 온라인 서점

영어 책 전문 온라인 서점을 들어가면 알겠지만, 둘러보기만 해도 사고 싶은 책이 한가득 보인다. 침착하게 하나씩 어떤 책이 있는지 살펴보자. 당장 구입할 필요는 없다. 일단 어떤 영어 책이 나와 있고 많이 팔리는지 파악하는 정도도 좋다. 물건을 직접 구입하지 않고 윈도우 쇼핑을 하는 이유가 있다. 감각을 얻기 위해서다. 지금 당장 옷을 구입할 의사가 없는데도 사람들은 요즘 유행하는 옷을 보기 위해 옷가게를 둘러본다. 필요할 때 미리 봐 둔 것을 살 수 있다. 영어 책을 구하는 과정도 비슷하다. 영어 책 구하는 데 도움이 될 만한 영어 책 전문 온라인 서점 다섯 곳을 소개해 본다.

1. 웬디북 www.wendybook.com

'웬디북'은 영어 책 읽기를 시작한 엄마들이 이용하기에 좋다. 한눈에 연령별, 분야별 책을 찾아볼 수 있다. 책도 수준별로 잘 정리되어 있다. 지금 막 영어 책 읽기를 시작하고 영어 책을 사 본 적 없는 엄마들에게 권하고 싶다. 작가별 도서, 주제별 도서, 수상작 도서 모음을 살펴보면서 정보를 얻을 수 있다. 아울렛을 이용하면 정가보다 저렴한 가격으로 책을 구입할 수도 있으니 기억해 두자. 아울렛에서 파는 건 오래된 책이나 중고 책이 아니라, 약간의 파손이 있거나 재고가 많이 남은 책이다. 신간이나 베스트셀러도 있으니 차분히 찾아보면 좋다. 책과 오디오가 함께 있는 책, 영화로 만들어진 책의 코너도 살펴보기를 권한다. '웬디북'은 초창기에 예쁜 책이 많기로 유명한 서점이었다. 지금도 '예쁜 책/컬렉터블' 코너에 가면 예쁜 책을 만날 수 있다. 품절된 책은 입고를 요청하면 된다. 전화 알림으로 입고 상태를 알려 주니 이용하기에 편리하다.

2. 하프프라이스북 www.halfpricebook.co.kr

'하프프라이스북'은 종류별, 연령별로 도서를 분류해 놓았고, 연령별 베스트셀러도 보기 좋게 정리해 놓았다. 홈페이지에 들어가면 독자 서평이 크게 배치되어 있는 걸 볼 수 있다. 독자 서평은 다른 아이들이 구입한 책에 대해 어떻게 생각하는지 엿볼 수 있어 좋다. 미국에는 독자의 리뷰를 근거로 책을 소개하는 사이트도 있지만, 한국에서는 서평을 본다는 것이 쉽지 않다. 물론 유료 사이트인 '잠수네'에서는 서평을 더 많이 볼 수 있다. 하지만 책을 파는 서점에서 서평을 크게 올린 사이트는 '하프프라이스북'밖에 없는 것 같다. 책을 사기 전에 독자 평을 참고하면 어떤 책을 구입할지 결정하는 데 도움이 된다. 한 가지 더! '슈퍼바이' 코너를 가 보자. 이 코너에서는 정가보다 책을 싸게 판다. 하루 두 번 정도 새로운 책이 입고되는데, 이 기회를 잘 노리면 마음에 드는 책을 저렴한 가격에 살 수 있다.

3. 키즈북세종 www.kidsbooksejong.com

'키즈북세종' 사이트를 열면 온갖 세일 중인 상품이 보인다. 세트 할인율이 높아 책을 세트로 구입할 때 이용하기에 좋다. 책이 연령별, 분야별, 캐릭터별, 수상자별, 작가별, 세트별로 구분되어 있다. 홈페이지 대문에서 아래쪽으로 내려가면, 신간, 인기 있는 캐릭터, 유명한 리더스북, 주로 찾는 주제 및 작가의 책을 한눈에 볼 수 있는 코너도 마련되어 있다. 스테디셀러로 구분되어 있는 책을 살펴보는 것도 영어 책 고르는 데 도움이 된다. 특히 오랫동안 팔린 책을 보면 익숙한 이야기나 주제를 볼 수 있다. 오랜 세월이 지나도 아이들이 좋아하는 캐릭터가 무엇인지 확인해 볼 수 있다. 물론 이런 책이 우리 아이에게도 적합한지는 다른 문제이니 생각해 보고 구입하자.

4. 에버북스 www.everbooks.co.kr

'에버북스'에서는 영어 과학 동화를 따로 분류해 놓은 점이 인상적이었다. 홈페이지에 오른쪽 아래에 '영어 과학 동화'라는 박스를 클릭하면 볼 수 있다. 과학을 지식 책으로만 읽으면 딱딱하게 느껴질 수 있다. 하지만 이 서점에서 소개하는 과학 동화는 예쁜 동화책으로 만들어져 있다. 영어로 과학 관련 지식과 용어를 배울 수 있으니 참고하자. 또 하나 더 매력적인 부분이 있다. '에버북스'는 기본적으로 꽤 할인된 책이 많다. 책을 많이 살수록 할인율도 올라간다. 여러 권을 한꺼번에 구입할 때 이용하면 좋다.

5. 동방북스 www.tongbangbooks.com

'동방북스'도 책을 잘 정리해 놓았다. 영어 책을 처음 접하는 엄마는 이 서점을 다음과 같이 이용해 보자. 왼쪽 위에 박스를 클릭하면 전체 카테고리를 볼 수 있다. 0~3세, 3~7세, 7~12세, 12세 이상 어른까지 연령별로 분류되어 있다. 연령별로 정리해 어떤 책이 필요한지 더 잘 볼 수 있다. 또 미국 서점 아마존과 뉴욕타임즈의 베스트셀러도 확인할 수 있다. 미국 아이들은 어떤 책을 좋아하는지 살펴보자. 흥미로운 책이 많이 있을 것이다.

영어 책 대여점

영어 책을 직접 많이 고르고 사 보는 것도 좋지만, 시행착오를 줄이기 위한 방법 중 하나는 책을 빌리는 것이다. 영어 책을 실컷 빌려 보다가 아이와 엄마가 재미있게 본 책을 위주로 구입하면 된다. 기간을 정해 놓고 하는 것도 좋은 방법이다. 책을 대여해 읽고 반납하기를 반복하면 어느덧 아이의 취향이 보인다. 아이에게 사 주면 즐겨 볼 것 같은 책이 한 권 두 권 마음에 와 닿는다. 인터넷 대여점은 한글 책과 영어 책을 모두 대여한다. 사이트에 접속해 영어 도서 대여 코너를 잘 찾아보자. 단, 대여 기간이 너무 길어지면 차라리 구입하는 것이 더 경제적일 수 있다. 책을 구입하면서 시행착오를 거쳐 아이가 좋아하는 영어 책을 찾아가는 것도 좋다. 하지만 대여점에서 입맛에 맞는 책이 무엇인지 찾는 과정도 즐겁다. 시장을 볼 때도 시식을 통해 입맛에 맞는 음식을 찾아낸다. 마침내 내 입맛을 사로잡는 음식은 그 자리에서 구입한다. 영어 책 대여점도 마찬가지다. 아래 나온 인터넷 책 대여점에 한번 방문해 보자.

북 빌 www.bookvill.co.kr
민키즈 www.minkids.co.kr
리브피아 www.libpia.com
리틀코리아 www.littlekorea.co.kr

기타 서점

　다음에 소개할 서점들은 해외 서점 두 곳과 한국에 있는 중고 서점 한 곳이다. 앞에 소개한 서점들과 다른 특색이 있어 소개하려고 한다. 영어 사이트에서 책을 구입하는 것에 부담이 없다면, 인터넷 서점인 '아마존(www.amazon.com)'도 이용해 볼 만하다. '아마존'에서는 책을 구입하지 않더라도 책의 리뷰와 책 내부를 직접 볼 수 있다. 최근 일부 책은 표지만 볼 수 있어 조금 아쉽기도 하다. 어떤 책을 구입한 사람들이 또 어떤 책으로 구입했는지도 확인할 수 있다. 단, 배송료가 따로 있다는 점을 기억하자.

　해외 서점인데 배송료가 없는 경우도 있다. '북디파지토리(www.bookdepository.com)'라는 영국 온라인 서점이다. 배송료가 없는 것이 큰 장점이다. 대신 책 가격은 한국의 온라인 서점처럼 할인을 많이 하지는 않는다. '북디파지토리'에서는 방대한 양의 책이 소개되고 있다. 이 서점을 이용할 때는 카테고리 전체를 볼 수 있는 창이 도움이 된다. 왼쪽 맨 위에 박스를 누르면 된다. 연령별로 정리해 놓은 카테고리를 참고하자.

　마지막으로 소개할 서점은 '왓더북(www.whatthebook.com)'이다. 이태원의 영어 책 전문 중고 서점이다. 오래전에는 주로 성인을 위한 책을 팔던 곳이다. 지금은 어린이 영어 책의 수요가 많아서인지 어린이 영어 책도 많아졌다. 홈페이지가 영어로 되어 있다고 당황하지 말자. 홈페이지 오른쪽 위를 보면 한국어로 바꿔서 볼 수 있다. 영어 책의 종류가 다양하고 흥미로운 점이 특징이다.

　영어 책을 구할 수 있는 서점들이 갈수록 늘어나고 있다. 보기 좋게 분류해 놓은 서점들도 많다. 엄마들이 영어 책 서점을 둘러보면서 비슷한 생각을 하는 것 같다. 베스트셀러나 스테디셀러, 수상작을 아이에게 읽히고 싶어진다. 욕심이 앞서는 바람에 책을 왕창 구입하고 싶다. 하지만 평소에 아이와 영어 책에 대해 충분히 이야기해 보길 바란다. 영어 책 고르기에 많은 도움이 될 것이다. 영어 책을 대여하든 구입하든 책을 선별하는 일에 익숙해지려면 시간이 필요하다. 좋아하는 책이 늘어났다는 건 영어 책을 적절히 구할 줄 알게 되었다는 의미일 수 있다.

30일간 꼭 해야 할 일과
옵션으로 해도 좋은 일

3

엄마표 영어에 관한 정보를 찾아보면 해야 할 일이 산더미처럼 보인다. 하루에 3~4시간 영어에 노출시켜 주어야 한다. 그러려면 DVD를 보여 주고, 차로 오가는 시간에 영어 CD를 틀어 줘야 한다. 아이와 영어로 말하려면 엄마는 회화 표현을 외워 아이와 영어로 대화를 시도해야 한다. 영어 책을 골라서 읽어 줘야 한다. 심지어 같은 책을 한 번에 세 번씩 반복해서 읽기를 권하는 책도 있다. 모두 어느 정도는 맞는 이야기다. 무엇을 하든 '좀 할 줄 아는' 수준을 넘어 '잘하는' 수준에 이르려면 시간과 노력을 지불해야 한다. 그렇게 '열심'을 내야 당연히 실력이 올라간다.

그런데 문제는 대상이 '어린아이'라는 것이다. 아이이기 때문에 원하는 만큼 왕창 인풋을 시도하기가 어렵다. 아이가 영어를 습득할 때 고려해야 할 것이 많다. 그래서 대학의 테솔(Tesol) 학과에서조차 어린아이에게 어떻게 영어를 가르칠지 연구하는 '어린 학습자를 위한 테솔'을 따로 운영한다. 우리도 마찬가지로 고민해야 한다. 꼭 해야 할 일은 무엇이고 옵션으로 해도 좋은 일은 무엇인지!

아이가 영어를 자유롭게 구사하길 바란다면 우리는 무엇을 꼭 해야 할까? 방법 하나만 딱 집어서 이야기해 달라고 한다면? 바로 영어 책을 읽어 주는 것이다. 그 어떤 것도 영어 책 읽기를 대신할 수 없다. 영어 책을 소리 내어 꾸준히 아이에게 읽어 주는 것! 이것 하나만 지키면 가장 중요한 일을 거의 다 한 셈이다.

엄마가 영어 책을 읽어 줄 때 어떤 효과가 있기에 자꾸 영어 책을 읽어 줘라, 그것도 소리 내서 읽어 줘라, 하는 것일까? 영어 책을 누군가 소리를 내서 읽어 주는 것. 이 단순한 실천이 가져다주는 효과는 매우 크다. 말은 일단 소리를 통해 전해진다. 엄마가 아이를 무릎에 앉히고 영어 책을 읽어 주면 아이는 영어 소리를 귀로 듣는다. 귀로 듣는 동시에 책을 본다. 이때 무슨 일이 일어날까?

이해를 돕기 위해 모국어를 배울 때를 생각해 보자. 모국어를 배울 때 막연히 소리만 듣지 않는다. 엄마는 아이에게 얼굴을 가까이 대며 말한다. "엄마, 엄마." 아이는 어느덧 '엄마'라고 말하고 눈앞에 있는 그 사람을 '엄마'라는 단어와 연결시킨다. 동일한 원리다. 영어 책을 읽어 주면 아이는 소리를 듣고 영어 책의 그림을 연결시킨다. 처음에는 정확히 모르더라도 책 안에 맥락을 파악하고 큰 그림을 그린다. 전체 이야기를 이해하기 시작한다. 그리고 엄마가 들려주는 영어 소리의 의미를 알아가기 시작한다. 언어는 이렇게 배우는 것이다.

영어 책을 꼭 소리 내어 읽어 주자! 영어 책 읽어 주기는 대화와 같다. 좋은 대화는 사고력을 기르고 아이의 자존감도 세워 준다. 영어 책 읽기가 자존감을 세운다고? 일단 친숙한 목소리로 누군가 책을 읽어 준다. 아이는 중간 중간 질문을 해도 좋다. "어? 왜 이 그림에서 주인공이 웃고 있지? 좋은가 봐." 책의 내용을 보고 아이가 자연스럽게 반응한다. 엄마는 아이의 반응을 무시하고 책을 쭉쭉 읽어 나가지 않는다. 보통의 엄마라면 한마디 거들 것 같다. "응, 정말 그런가 봐." 하며 흥미를 갖고 책을 바라보는 아이를 사랑스럽게 바라볼 것이다.

우리는 대화에서 무엇을 얻는가? 상대의 말을 듣고 나의 말을 전하면서 생각이 더욱 또렷해진다. 말을 주고받는 사이 상대가 내 말에 동의한다. 나의 감정도 공감한다. 이때는 맞고 틀리는 것을 판단하지 않는다. 상대방을 헤아리며 생각과 감정을 나누는 사이에, 아이는 자신의 생각을 스스로 존중할 줄 알게 된다. 자신의 감정도 아끼게 된다. 자신을 사랑하는 아이로 자란다. 사고력뿐만 아니라 자존감은 바로 이렇게 자라는 것이다. 영어 책 읽기를 포기할 수 없는 많은 이유 중 하나가 이것이다.

옵션으로 해도 좋은 일은 '손가락으로 글자를 짚으며 영어 책 읽기'이다. 반드시 꼭 해야 할 일이 어느 정도 충족될 때 시작해야 한다. 처음부터 글자 짚어 주기에 집중하는 건 권하지 않는다. 그러면 앞에 이야기한 많은 것을 놓치게 된다. 일단 영어 책을 이야기로 듣고 이해하는 능력이 자라기도 전에 글자를 보면서 다 놓쳐 버린다. 아이가 자연스럽게 글자를 익히는 건 괜찮지만, 억지로 짚어 가며 글자에 집중시키지 말라는 것이다. 글자를 익히는 것이 영어 책 읽기의 목적 전부는 아니다. 언어를 배우는 목적 자체가 글자 읽기에만 국한되지 않는다는 사실을 기억하자.

그럼 '손가락으로 글자를 짚으며 영어 책 읽기'를 하면 어떤 효과가 있을까? 오하이오 대학 부교수인 셰인 피에스타 박사는 아동의 책 읽기와 글을 쓰고 이해하는 능력에 관해 연구했다. 연구 과정은 간단했다. '함께 앉아서 읽기'와 '책의 글자를 짚어 주기'였다. 이 연구는 저소득층 아이들을 대상으로 이루어졌다. 교사들은 그룹을 두 개로 나눈 뒤, 한 그룹은 아이들이 혼자 읽게 했고, 다른 한 그룹은 교사들이 아이들과 함께 앉아서 글자를 짚으며 책을 읽어 주었다. 2년 후에 무슨 일이 일어났을까? 혼자 읽게 한 그룹의 아이들보다 '함께 앉아 책의 글자를 짚으며' 읽어 준 그룹의 아이들이 책을 이해하는 수준이 향상되었다.

'손가락으로 글자를 짚으며 영어 책을 읽기'가 가져오는 효과는 '집중 읽기'를 했을 때와 비슷하다. '집중 읽기'라는 말은 엄마표 영어에 관심이 있는 사람이라면 한 번쯤 들어 봤을 것이다. '집중 읽기'는 영어 책을 읽을 때 영어 소리를 귀로 들으면서 눈은 책의 글자를 따라가는 것이다. 이때 아이는 손가락으로 글자를 짚으면서 영어 소리를 듣는다. '집중 읽기'에 소리를 제공하기 위해 오디오 CD를 주로 이용한다. '집중 읽기'를 하면 아이가 혼자 책을 읽을 때보다 더 쉽게 책에 집중한다. 혼자 읽을 때는 중간에 포기하고 싶어지면 쉽게 그만둔다. 하지만 오디오 CD가 읽어 주는 것을 따라가다 보면 잡생각이 덜 들고 생각보다 빠르게 책의 진도가 나간다. 책을 다음 단계로 올릴 때도 이 방법을 사용하면 좀 더 쉽게 책에 적응할 수 있다. 그리고 이 과정에서 글자를 깨우치기도 한다.

우리는 오디오 CD로 틀어 주기보다 엄마가 직접 손가락으로 영어 책의 글자를 짚으며 소리 내어 읽어 주자. 이것을 권하는 이유가 있다. 아이에게 오디오 CD를 틀고 앉아서 '집중 읽기'를 시키면, 아이는 CD를 들고 이리저리 돌아다니다가 한참 후에 앉아서 시작할 때가 있다.

혼자 책 앞에 앉아 있기 싫어서다. '인풋'만 많이 한다고 영어 실력이 향상되는 건 아니다. 아이에게는 들어주고 반응하는 사람이 필요하다. 무언가 하나라도 배우면 뛸 듯이 기뻐해 주는 어른이 필요하다. 어른이 든든하게 옆에 있어 줄 때 잘 배울 수 있다.

셰인 피에스타 박사의 연구에서 보듯이, '함께 앉아서' '손가락으로 짚으며' 영어 책을 읽는 것이 중요하다. 엄마가 '함께'할 때 아이는 안정적으로 배운다. 따라서 어린아이일수록 CD가 아닌 엄마의 목소리로 책을 읽어 주는 것을 권하고 싶다. 불가피하게 CD를 이용해야 한다면, 적어도 엄마가 '함께' 앉아 있어 주자. CD로 영어 책을 들으면서 손가락으로는 글자를 짚어 가며 읽게 해 주자. 이것이 문자와 소리를 연결시키는 과정이다. 마침내 영어 문자를 습득하고 영어 독해 능력이 향상될 것이다.

영어 책 읽기를 도울
CD, 유튜브, 웹사이트

4

영어 책 읽기의 재미에 엄마와 아이가 푹 빠졌다. 엄마는 책을 고르는 것에 흥미를 느끼고 자신감도 생겼다. 처음에는 영어로 책을 읽어 주는 것이 어색했지만, 읽은 책이 쌓일수록 점점 재미있어진다. 하지만, 엄마도 쉬어 가야 할 때가 온다. 아이가 그날따라 새로운 책을 계속 들고 와 읽어 달라고 조를 때, 하루가 너무 고단할 때, 엄마가 아이에게 영어 책을 읽어 주기 전에 책의 오디오를 미리 듣고 싶을 때, 어떤 이유에서든 엄마도 도움이 필요할 때가 있다. 어디서 도움을 받을 수 있을까? 인터넷에서는 유튜브와 책 읽어 주는 웹사이트를 이용할 수 있다. 또는 영어 책에 딸린 오디오 CD가 있다면 구입할 수 있다. 인터넷에는 수많은 온라인 영어 동화 사이트도 있다. 하지만 컴퓨터로 책을 읽고 듣는 것은 권하고 싶지 않다. 온라인 책은 종이로 출간된 책에서 주는 감동과 재미를 따라가기 힘들기 때문이다. 이제 엄마의 영어 책 읽어 주기에 도움이 될 CD, 유튜브, 웹사이트를 소개하겠다.

첫째, 오디오 CD가 딸린 책이다. 모든 책이 오디오 CD를 포함하고 있지는 않다. 여기서 소개하는 도서들은 국내에서 CD와 함께 구입할 수 있는지 최대한 확인했다. 검색창에서 책을 검색할 때 '책 제목+CD'라고 치면, 어느 서점에서 파는지 찾을 수 있다. 영어 책 읽기를 처음 시작할 때 읽을 수 있는 책부터 미국 기준으로 2학년 수준에 이르는 책을 소개할 것이다. 각 레벨별로 다섯 권씩 정리해 보았다.

둘째, 이 책에서 소개하는 도서 중에 유튜브에서 찾아서 들을 수 있는 책은 유튜브 주소와 QR코드를 함께 적어 놓았다(유튜브 동영상이 삭제되는 경우도 있는데, 이럴 때는 제목으로 검색해 보자.). 유튜브에서 검색하면 영어 책을 읽어 주는 동영상을 찾을 수 있다. 생각보다 많은 책을 읽어 준다. 하지만 동영상이 없는 경우도 있으니 미리 검색해서 확인하길 바란다. 유튜브 검색창에 책 제목을 영어로 치면 읽어 주는 동영상을 쉽게 찾을 수 있다.

처음 시작할 때 읽을 수 있는 책

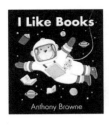

I Like Books

https://www.youtube.com/watch?v=v-T4esp9wOA&t=21s&pbjreload=10

Color Zoo

https://www.youtube.com/watch?v=1WC5OZKr7Es

First the Egg

https://www.youtube.com/watch?v=pXCclSHS_Zc

Museum ABC

https://www.youtube.com/watch?v=Qrdkg1NjyD8

Which Would You Rather Be?

https://www.youtube.com/watch?v=TzRANp4HTU4

엄마표 영어를 시작하기 전 준비 사항

Hop on Pop

https://www.youtube.com/watch?v=COUduwxlHCQ

I'm the Biggest Thing in the Ocean

https://www.youtube.com/watch?v=Sj_vkm0t31s

Not a Box

https://www.youtube.com/watch?v=PMCKXaFsmCA

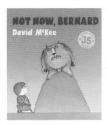

Not Now, Bernard

https://www.youtube.com/watch?v=Ld6-askv1vQ

I Went Walking

https://www.youtube.com/watch?v=Tb93Dcjvhk8

미국 교과서 1학년 수준의 책

Good Night Moon

https://www.youtube.com/watch?v=Rg3wI0OPRe0

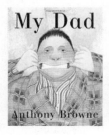

My Dad

https://www.youtube.com/watch?v=EaJxLPc-l-l

It's a Book

https://www.youtube.com/watch?v=wjYd-URV13M

I Want My Hat Back

https://www.youtube.com/watch?v=o0oRBk-Upko

Aaaarrgghh Spider!

https://www.youtube.com/watch?v=5df388jmToo

미국 교과서 2학년 수준의 책

Piggy Book

https://www.youtube.com/watch?v=ek7Ji0MjqMo

Caps for Sale

https://www.youtube.com/watch?v=20-mEe-4Z04

Duck! Rabbit!

https://www.youtube.com/watch?v=R4Vnt7fSYes

The Incredible Book Eating Boy

https://www.youtube.com/watch?v=nzK6eLbiFt4

The Missing Piece

https://www.youtube.com/watch?v=FrnjAyn087g

셋째, 스토리라인온라인(https://www.storylineonline.net/)이라는 사이트를 소개하려 한다. 이 사이트에 들어가면 배우들이 직접 영어 책을 읽어 준다. 홈페이지에 들어가서 책의 제목을 검색창에 치면 책 읽어 주는 동영상을 찾을 수 있다. 꼭 이용해 보길 권한다. 여러 온라인 사이트를 돌아다녀 보아도 영어 책을 이렇게 재미있고 정성스럽고 읽어 주는 곳은 찾기 힘들다. 영어 책을 아이에게 어떻게 읽어 주어야 할지 팁도 얻을 수 있다. 하지만 여기에 모든 영어 책이 있는 건 아니다. 꽤 많은 수의 책이 올라와 있지만, 여전히 일부에 불과하다. 혹시 듣고 싶은 영어 책을 찾을 수 없다면 유튜브를 검색해 보자.

　엄마가 모든 영어 책을 읽어 줄 수 없을 때도 있다. 그때는 오디오 CD의 도움을 받자. 아니면 유튜브 등에서 영어 책을 읽어 주는 동영상을 찾으면 된다. 그러나 모든 책이 오디오 CD를 판매하는 것도 아니고, 유튜브를 검색해도 동영상이 없을 수 있다. 이때는 수고스럽더라도 엄마가 소리 내어 읽어 주자. 매번 읽어 주는 것이 힘들면, 엄마의 목소리를 녹음해서 아이에게 들려주는 것도 한 가지 방법이다. 방금 전에 소개한 스토리라인온라인도 활용해 보자. 영어 책을 재미있게 읽어 주기 때문에 어른들이 듣기에도 즐겁다. 단, 오디오, 유튜브, 인터넷 사이트를 이용해 아이에게 영어 책을 들려줄 때도 엄마가 옆에 함께 있어야 한다. 엄마가 함께해야 아이가 안정적으로 집중해서 영어를 배울 수 있다.

영어 책의 난이도는
어떻게 알아볼까?

5

영어 책을 읽어 주면서 시간이 어느 정도 지나고 나면 자연스럽게 알게 되는 것이 있다. 그중 하나는 내 아이에게 적당한 수준의 책이다. 물론 초반에는 적절한 수준의 책을 찾기 쉽지 않다. 일단 적절하다고 생각되는 책을 읽히고 괜찮으면 계속 비슷한 수준의 책을 찾으면 된다. 그렇다면 영어 책의 난이도는 어떻게 찾아낼 수 있을까?

영어권에서는 책의 레벨을 나누어 놓는다. 요즘은 한국에서도 우리식으로 다시 레벨을 나누어 놓고 있다. 영어권의 레벨 분류가 한국에 맞지 않는다고 생각하기 때문이다. 하지만 어느 쪽을 선택하든 큰 차이는 없다. 조금 어려워도 재미있게 읽을 수 있다면 괜찮다. 조금 쉬워도 그 책을 시작으로 다른 책으로 범위를 넓혀 간다면 그것도 좋은 방법이다. 엄마들이 영어 책의 난이도를 구별하는 이유도 내 아이에게 적절한 책을 찾아 주고 싶어서다. 영어 책의 레벨 분류는 참고 자료로 활용하면 좋을 것 같다. 이제 영어 책의 난이도를 알아보는 방법과 활용법을 살펴보자.

　먼저, 영어 책의 난이도를 알아보는 방법 가운데 미국에서 가장 많이 사용하는 두 가지를 소개하겠다.

　첫째는 무료 사이트인 AR북파인드(www.arbookfind.com)를 이용하는 것이다. AR(Accelerated Reader)는 미국의 르네상스러닝사에서 개발한 '독서 학습 관리 프로그램'이다. 미국 초·중·고등학교에서 가장 많이 사용하는 영어 독서 프로그램이기도 하다. 이 프로그램에서 만든 것이 바로 'AR 지수'인데, AR북파인드에서 제공하는 BL(Book Level)을 가리킨다. 즉, 어떤 책이 몇 학년 학생이 읽고 이해하기에 적절한 수준인지 보여 준다. AR지수를 알아보는 방법은 매우 간단하다.

　로즈마리 웰즈의 책『Max and Ruby』를 예로 들어 AR 지수를 확인해 보자.

먼저 www.arbookfind.com에 들어간다. 그러면 사이트를 이용하는
사람이 누구인지 표시하는 창이 나온다. 엄마들이 이용할 때는 'Parent'
에 표시하면 된다. 그리고 'submit'를 클릭한다.

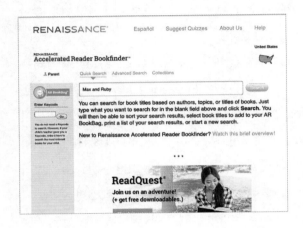

검색창에 Max and Ruby라고 쓰고 'Search'를 클릭한다.

책의 레벨을 확인할 수 있는 상세 페이지가 뜬다. 여기서 'BL'에 쓰여 있는 숫자가 책의 레벨이다. 이 'BL'이 곧 AR 지수를 가리킨다.

『Max and Ruby』는 BL에 2.6이라고 되어 있다. 이것은 미국 초등학교 2학년 6개월 레벨을 의미한다. 예컨대, 어떤 책이 3.5로 되어 있으면 미국 초등학교 3학년 5개월을 뜻하고, 5.3이면 5학년 3개월을 가리킨다.

둘째로 소개할 지수는 '렉사일(Lexile) 지수'다. 메타메트릭스 연구소에서 만든 렉사일 지수는 영어 책의 난이도를 숫자로 보여 준다. 미국의 SAT와 TOEFL에서 문제 지문과 점수에 렉사일 지수를 활용한다. 또 스콜라스틱, 어스본, 맥밀란 등의 출판사에서도 책에 렉사일 지수를 부여하고 있다. 이 출판사들의 사이트에서 출간된 책의 렉사일 지수를 확인할 수 있다.

최근의 렉사일 지수를 확인하고 싶다면, www.lexile.com에 들어가서 확인하는 것이 좋다. 사이트에 들어가서 'educators'를 클릭하자. 넷째 칸에 'measuring growth with lexile measures'을 클릭한 뒤에 'lexile measures & grade equivalents'로 찾아 들어가면 된다. 미국 교과 과정이 바뀔 때마다 렉사일 지수가 조금씩 달라진다. 따라서 최근의 렉사일 지수를 확인하고 싶다면 사이트에서 직접 확인하는 것이 가장 정확하다.

렉사일 지수와 학년의 관계를 보여 주는 표는 두 가지다. 하나는 전형적인 렉사일 지수와 학년의 관계를 보여 준다. 몇 학년이 대략 어느 정도 수준의 책을 읽는지 알 수 있다. 또 다른 하나는 직업과 대학 진학을 고려할 때 참고하는 렉사일 지수다. 대학을 진학하고 싶다면 몇 학년 때 어느 정도 렉사일 지수의 책을 보아야 하는지 정리해 놓았다.

여기서는 전형적인 렉사일 지수와 학년과의 관계를 보여 주는 자료를 소개한다.

Grade	Reader Measures
1	BR120L to 295L
2	170L to 545L
3	415L to 760L
4	635L to 950L
5	770L to 1080L
6	855L to 1165L
7	925L to 1235L
8	985L to 1295L
9	1040L to 1350L
10	1085L to 1400L
11 & 12	1130L to 1440L

출처 www.lexile.com

이렇게 알아본 영어 책의 난이도를 실제로 어떻게 활용할 수 있을까?

첫째, 내 아이의 읽기 수준을 먼저 확인한다. AR 지수 수준은 사설 영어 도서관에서 비용을 지불하면 확인할 수 있다. 미국 학생 기준으로 평가한다. 그들과 비교해 내 아이의 수준을 확인할 수 있다. 이용할 수 있는 사설 영어 도서관으로는 리드101 영어도서관, 닥터정이클래스, 이챕터스 영어도서관, 리딩비 등이 있다.

렉사일 지수도 사설 영어 도서관에 방문해 테스트하는 방법이 있다. 또는 토플 프라이머리(TOEFL Primary), 토플 주니어 스탠다드(TOEFL Junior Standard) 시험을 보는 방법이 있다. 이 시험들의 리딩(Reading) 성적표에 렉사일 지수가 포함되어 나온다. 토플 IBT, 토익 주니어(TOEIC Junior) 시험을 보아도 렉사일 지수를 알 수 있다.

둘째, 읽고 싶은 책의 AR 지수 또는 렉사일 지수를 확인한다. 아이의 수준과 책의 레벨이 적절하게 맞는지 확인해야 한다. AR 지수는 앞에서 소개한 방법대로 사이트에 들어가 확인할 수 있다. 레벨을 확인하고 아이의 수준에 맞는 책을 고르자. 렉사일 지수는 적용하는 방법이 조금 다르다. 테스트로 알게 된 아이의 렉사일 지수를 https://fab.lexile.com/ 사이트에 들어가 왼쪽 박스에 적는다. 정확한 렉사일 지수를 모르면 오른쪽 박스에서 체크한다. 클릭하면 관심 분야를 표시하도록 되어 있다. 단계별로 따라가면 레벨에 맞는 책들을 소개해 준다. 또 다른 사이트로는 https://toefljunior.lexile.com/ko/가 있다. 이 사이트는 우리말로 이용할 수 있다는 장점이 있다. 아이의 렉사일 지수를 적고 관심 분야를 클릭하면 수준에 맞는 책을 추천해 준다.

셋째, 우선 아이와 책을 골라 읽으면서 아이에게 맞는 수준을 찾는다. 앞에 소개한 AR 지수나 렉사일 지수를 활용하는 또 다른 방법이다. 아이가 고른 책에 잘 적응하면 그 책의 수준을 확인한다. 사이트를 통해 난이도를 확인할 수 있다. 그리고 비슷한 수준의 다른 책을 구해서 읽힌다. 아이의 AR 지수나 렉사일 지수를 테스트하기 번거롭다면 써볼 수 있는 방법이다. 이렇게 해서 수준에 맞는 책을 찾을 수 있다면 나머지는 생략해도 된다. 엄마의 스타일에 따라 접근 방법은 달라질 수 있다.

아이에게 가장 적합한 책을 찾아서 읽어 주고 싶은 것이 엄마의 마음이다. 그중 레벨에 맞는 책을 찾아 주는 것이 하나의 방법이 될 수 있다. 사실 아이가 책에 빠져들어 읽기만 한다면 어떤 책이든 괜찮다. 책이 아이의 수준보다 조금 높아도 문제될 게 없다. 앞서 소개한 AR 지수나 렉사일 지수는 책에 어떤 내용이 담겼는지는 측정하지 않는다. 난이도만 측정할 뿐이다. 이러한 지수를 통해 책의 난이도만 참고하고, 나머지 요소들, 즉 소재, 캐릭터, 이야기, 그림 등은 엄마가 직접 살펴봐야 한다. 아이의 수준을 평가하는 것도 당장 점수를 올리려는 데 목적이 있는 것이 아니다. 적절한 수준의 책을 찾아 재미있게 읽히려는 것뿐이다. 영어 책 읽기는 무엇보다 즐거움이 가장 중요한 요소임을 잊지 말자.

추천 책 리스트
30, 30, 30

6

영어 책을 읽고자 마음먹었다면 계속해야 할 고민
이 있다. 아이들에게 어떤 영어 책을 골라서 읽어 줄까? 영어 서점에
올라온 추천 책 리스트를 참고하는 방법이 있다. 엄마표 영어 관련 도
서에서 소개하는 리스트를 따라가는 것도 좋다. 추천 책에 관해서는
여러 의견이 있다. 미국이나 영국에서 호평을 받은 책을 추천하는 경
우도 있다. 한편 이런 책들은 한국 아이들의 실정에 맞지 않다는 견해
도 있다. 그래서 한국 아이들에게 적절한 책을 따로 리스트로 만들기
도 한다.

추천 책의 리스트를 참고하면 책을 선택하는 데 도움이 된다. 추천
받은 책은 나름의 이유가 있다. 책의 내용이 좋거나 재미가 있거나 그
림이 좋을 수 있다. 이유가 무엇이든 추천된 책들은 공식적으로 인정을
받은 것이다. 내 아이의 책을 고를 때 충분히 참고할 만하다. 그러나 추
천 책 리스트가 갖는 한계도 있다는 사실을 잊지 말자. 그 책들이 반드

시 내 아이와 맞으라는 법은 없다. 엄마표 영어를 소개하는 책 가운데는 일부러 책을 추천하지 않는 경우도 있다. 추천 책 리스트는 그냥 내 아이에게 맞는 책을 찾기 위한 길잡이 정도로 여기면 된다.

일단 추천 책 리스트는 미국 학교 진학 전부터 3, 4학년까지를 위주로 정리했다. 아이가 미국 학교 3, 4학년 수준의 책을 읽기 시작했다면 이때부터는 아이 스스로 책을 고르게 된다. 서점에만 데려가도 읽고 싶은 책을 잘 고를 수 있다.

칼데콧 수상작

영어 책 읽기 초반은 중요한 시기다. 이때 아이들이 책 읽기에 재미를 갖기 시작했다면 반 이상은 성공함 셈이다. 글을 모르더라도 그림이 아이의 마음을 끌 만한 책을 찾는다면, 칼데콧 수상작을 추천한다. 수상작 가운데 글이 거의 없는 책도 따로 표시했다. 책의 난이도는 BL로 나타냈다. 앞에서 설명한 AR 지수다. 글과 그림을 모두 한 작가가 지었을 경우에는 작가 란에 한 명의 이름만 적었다. 글 작가와 그림 작가가 다른 경우는 각각 적었다. 더 많은 칼데콧 수상작을 보고 싶다면 아래 사이트에 있는 자료를 참고하자.

https://www.the-best-childrens-books.org/Caldecott_Award_Winners.html

엄마표 영어를 시작하기 전 준비 사항

책 표지	수상	책 제목	작가	BL
	2013 honor	Green	Laura Vaccaro Seeger	글자 거의 없음
	2012 winner	A Ball for Daisy	Chris Raschka	글자 거의 없음
	2017 honor	They All Saw a Cat	Brendan Wenzel	1.9
	2016 honor	Waiting	Kevin Henkes	1.9
	2015 honor	Sam & Dave Dig a Hole	Mac Barnett (글) Jon Klassen (그림)	1.9

책 표지	수상	책 제목	작가	BL
	2013 winner	This is Not My Hat	Jon Klassen	1.6
	2000 honor	When Sophie Gets Angry : Really, Really Angry	Molly Bang	1.4
	2002 winner	The Three Pigs	David Wiesner	2.3
	2006 honor	Zen Shorts	Jon J. Muth	2.9
	2011 honor	Interrupting Chicken	David Ezra Stein	2.2
	2017 honor	Leave Me Alone	Vera Brosgol	2.9

책 표지	수상	책 제목	작가	BL
	2015 winner	The Adventures of Beekle: The Unimaginary Friend	Dan Santat	2.3
	2015 honor	Nana in the City	Lauren Castillo	2.1
	2004 honor	Ella Sarah Gets Dressed	Margret Chodos-Irvine	2.6
	2005 winner	Kitten's First Full Moon	Kevin Henkes	2.3
	1997 honor	Hush! A Thai Lullaby	Minfong Ho(글) Holly Meade(그림)	2.0

책 표지	수상	책 제목	작가	BL
	1995 winner	Smoky Night	Eve Bunting(글) David Diaz(그림)	2.4
	1991 honor	More More More Said the Baby	Vera B. Williams	2.5
	1994 honor	Owen	Kevin Henkes	2.1
	1987 winner	Hey, Al	Arthur Yorinks(글) Richard Egielski (그림)	2.1
	1981 honor	Mice Twice	Joseph Low	2.7

책 표지	수상	책 제목	작가	BL
	2016 honor	Last Stop on Market Street	Matt de la peña(글) Christian Robinson(그림)	3.3
	2016 winner	Finding Winnie: The True Story of the World's Most Famous Bear	Lindsay Mattick(글) Sophie Blackall (그림)	3.4
	2013 Honor	One Cool Friend	Toni Buzzeo(글) David Small(그림)	3.1
	2012 Honor	Blackout	John Rocco	3.2
	2011 winner	A Sick Day for Amos McGee	Philip C. Stead(글) Erin E. Stead(그림)	3.0
	2019 honor	Red Sings from Treetops: A Year in Colors	Joyce Sidman(글) Pamela Zagarenski(그림)	3.2

책 표지	수상	책 제목	작가	BL
	2009 honor	A Couple of Boys Have the Best Week Ever	Marla Frazee	3.4
	2012 honor	Me...Jane	Patrick McDonnell	3.2
	2008 honor	Henry's Freedom Box	Ellen Levine(글) Kadir Nelson(그림)	3.0

The 100 best children's book of all times

　타임지가 선정한 어린이 책 100권 리스트 가운데 30권을 정리했다. 100권의 책을 모두 보고 싶다면 아래 사이트를 방문해 확인할 수 있다.

http://time.com/100-best-childrens-books/

엄마표 영어를 시작하기 전 준비 사항

책 표지	책 제목	작가	BL
	Goodnight Moon	Margaret Wise Brown(글) Clement Hurd(그림)	1.8
	Anno's Journey	Anno Mitsumasa	Kinder
	I Want My Hat Back	Jon Klassen	1.0
	Go, Dog, Go!	P. D. Eastman	1.2
	You're a Good Dog, Carl	Alexandra Day	글자 거의 없음

책 표지	책 제목	작가	BL
	Green Eggs and Ham	Dr. Seuss	1.5
	Little Owl's Night	Divya Srinivasan	1.9
	We're Going on a Bear Hunt	Michael J. Rosen(글) Helen Oxenbury(그림)	1.3
	Arthur's Nose	Marc Brown	1.6

책 표지	책 제목	작가	BL
	Little Bear	Else Holmelund Minarik	2.4
	The Giving Tree	Shel Silverstein	2.6
	Whistle for Willie	Ezra Jack Keats	2.5
	Mama Don't Allow	Thacher Hurd	2.2
	Amelia Bedelia	Peggy Parish(글) Fritz Siebel(그림)	2.5

책 표지	책 제목	작가	BL
	Diary of a Wombat	Jackie French(글) Bruce Whatley(그림)	2.5
	The Gruffalo	Julia Donaldson(글) Axel Sheffler(그림)	2.3
	The Important Book	Margaret Wise Brown(글) Leonard Weisgard(그림)	2.9
	The Runaway Bunny	Margaret Wise Brown(글) Clement Hurd(그림)	2.7
	Katy and the Big Snow	Virginia Lee Burton	2.9
	Slow Loris	Alexis Deacon	2.2

책 표지	책 제목	작가	BL
	How Rocket Learned to Read	Tad Hills	2.9
	Pet the Cat Rocking in My School Shoes	Eric Litwin(글) James Dean(그림)	2.2
	Harold and the Purple Crayon	Crockett Johnson	3.0
	The Lorax	Dr. Seuss	3.1
	Corduroy	Don Freeman	3.5
	Alexander and the Terrible, Horrible, No Good, Very Bad Day	Judith Viorst(글) Ray Cruz(그림)	3.7

책 표지	책 제목	작가	BL
	The Day the Crayons Quit	Drew Daywalt(글) Oliver Jeffers(그림)	3.8
	Love You Forever	Robert N. Munsch(글) Sheila McGraw(그림)	3.4
	The Little Engine That Could	Watty Piper(글) Christina Ong(그림) George Hauman(그림) Doris Hauman(그림)	35
	Lilly's Purple Plastic Purse	Kevin Henkes	3.1

엄마표 영어를 시작하기 전 준비 사항

　　다음은 미국도서관협회(ALA: American Library Association)에서 추천하는 어린이 책이다. ALA에서 추천하는 더 많은 책을 보고 싶다면 아래 사이트의 자료를 참고하면 된다. AR 지수가 검색되지 않는 책도 있다. 이런 책은 미국도서관협회에서 읽기에 적합하다고 권하는 학년을 적었다. 이곳에서 추천하는 책은 기본적으로는 Preschool(만 4, 5세)에서 Grade 2(만 6, 7세)까지 읽기에 적합하다. 어떤 책은 AR 지수가 4.0을 넘는데도 포함되어 있다.

http://www.ala.org/alsc/awardsgrants/notalists/ncb

책 표지	책 제목	작가	BL
	Alfie: The Turtle that Disappeared	Thyra Heder	2.5
	All Around Us	Xelena Gonzalez(글) Adriana M. Garcia(그림)	2.8

책 표지	책 제목	작가	BL
	Baby Goes to Market	Antinuke(글) Angela Brooksbank (그림)	Preschool -grade2
	All the Way to Havana	Margarita Engle(글) Mike Curato(그림)	4.2
	Big Cat, Little Cat	Elisha Cooper	1.5
	The Book of Mistakes	Corinna Luyken	2.4
	The Boy and the Whale	Mordicai Gerstein	2.4

책 표지	책 제목	작가	BL
	Charlie & Mouse	Laurel Snyder(글) Emily Hughes(그림)	2.1
	Frida Kahlo and Her Animalitos	Monica Brown(글) John Parra(그림)	4.3
	Good Night, Planet	Liniers	1.2
	Home in the Rain	Bob Graham	3.4
	La Princesa and the Pea	Susan Middleton Elya (글) Juana Martinez-Neal (그림)	3.1

책 표지	책 제목	작가	BL
	My Kite is Stuck! and Other Stories	Salina Yoon	1.5
	Noodleheads See the Future	Tedd Arnold(글, 그림) Martha Hamilton(글) Mitch Weiss(글)	1.8
	The Only Fish in the Sea	Philip C. Stead(글) Matthew Cordell(그림)	2.0
	A Perfect Day	Lane Smith	1.9
	Snail & Worm Again: Three Stories About Two Friends	Tina Kügler	1.5

책 표지	책 제목	작가	BL
	Stay: A Girl, a Dog, a Bucket List	Kate Klise(글) M. Sarah Klise(그림)	3.0
	Town is by the Sea	Joanne Schwartz(글) Sydney Smith(그림)	3.4
	Walk with Me	Jairo Buitrago(글) Rafael Yockteng(그림)	1.6
	Triangle	Mac Barnett(글) Jon Klassen(그림)	2.1
	When a Wolf is Hungry	Christine Naumann-Villemin(글) Kris Di Giacomo(그림)	Preshcool -grade2
	Windows	Julia Denos(글) E. B. Goodale(그림)	2.5

책 표지	책 제목	작가	BL
	Wolf in the Snow	Matthew Cordell	Preshcool -grade2
	The Wolf, the Duck & the Mouse	Mac Barnett(글) Jon Klassen(그림)	2.2
	You Can't Be Too Careful!	Roger Mello	Preshcool -grade2
	The Rooster Who Would Not Be Quiet!	Carmen Agra Deedy (글) Eugene Yelchin(그림)	3.1
	King & Kayla and the Case of the Missing Dog Treats	Dori Hillestad Butler (글) Nancy Meyers(그림)	2.2

책 표지	책 제목	작가	BL
	The Little Red Cat Who Ran Away and Learned His ABC's (the Hard Way)	Patrick McDonnell	Preshcool -grade2
	The Youngest Marcher: The Story of Audrey Faye Hendricks, a Young Civil Rights Activist	Cynthia Levinson(글) Vanessa Brantley -Newton(그림)	3.9

추천 책 리스트를 찾는 방법은 여러 가지다. 엄마들이 생각하는 것
보다 더 재미있는 영어 책이 많다. 추천 책 리스트에 올라와 있는 책을
구입하기 전에 미리 보고 싶다면 유튜브를 이용하면 된다. 어떤 책은
읽어 주는 동영상이 올라와 있으니 참고하기 바란다. 나는 개인적으로
추천 책 리스트를 정리하면서 많이 설레었다. 그림과 내용이 기발하고
유쾌한 책들이 아이들을 기다리고 있으니 말이다. 영어 공부를 즐겁고
신나게 만들어 줄 좋은 영어 책을 아이들이 하루 빨리 만나길 진심으로
바란다.

영어 책 읽기는 엄마와 아이가 함께한다.

영어 책을 고를 때도 엄마와 아이는 이야기를 나눈다.

엄마는 아이의 취향과 의견을 반영한다.

엄마가 책을 읽어 줄 때도 아이의 반응을 보며 읽는다.

아이가 질문하면 엄마가 답해 준다.

책을 다 읽고 나서도 대화는 이어진다.

MOM's ENGLISH

Chapter **5**

엄마표
영어
Q & A

아이의 영어 발음은
어떻게 잡아 줘야 할까?

1

"Pronunciation is like a sign(영어 발음은 간판과도 같다)." 테솔 석사 공부를 하던 시절 '발음(Pronunciation)'에 관한 수업을 들은 적이 있다. 담당 교수는 늘 이 말을 입에 달고 다녔다. 영어 발음이 왜 간판 역할을 할까? 사람들은 상대방이 영어를 어떻게 하는지 말 몇 마디만 시켜 보고 금방 판단한다. 영어 발음이 좋네. 영어를 몇 마디 안 했는데도 발음 하나에 많은 기대를 갖기도 한다. 발음이 말의 내용물을 보장하지는 않지만 첫인상을 결정한다. 세련되고 예쁜 간판이 달린 카페나 가게를 보고 사람들이 기대감을 갖는 것과 비슷하다. 이런 점에서 발음이 좋으면 적어도 좋은 인상을 주므로 나쁠 것은 없다. 게다가 자신의 의사를 명확하게 전달할 수 있다. 발음에만 지나치게 집착하는 것이 아니라면, 알아듣기 좋게 발음을 다듬는 일은 필요한 부분이다. 그렇다면 전달력을 좋게 하는 영어 발음은 어떻게 배울 수 있을까?

우선, 발음에 대한 환상을 버려야 한다. '좋은' 발음이란 원이민의 발음을 말하는 걸까? 많은 사람이 이른바 '버터 발음'을 좋은 영어 발음이라고 생각한다. 하지만 생각해 보자. 우리말 발음이 좋다는 것의 기준은 무엇인가? 바로 '전달력'이다. 발음은 기본적으로 소통을 위한 것이다. 마찬가지로 영어도 잘 알아듣도록 발음하는 것이 중요하다. 예를 들어 보자. 미국 영어에서 'r'은 혀를 말아서 '아~알'이라고 발음해야 한다. 하지만 영국인은 'r' 발음을 혀를 말아서 하지 않는다. 그래도 의사소통에 전혀 문제가 되지 않는다. 버터 발음이 중요한 것이 아니다.

그런데 신경 써서 발음해야 명확하게 전달되는 경우도 있다. 또 하나 예를 들면, 'r'과 'l'은 확실히 구분해서 발음해야 한다. 'p'를 'f'로 발음해도 난처하다. play를 flay로 발음해 버리면 아무도 못 알아듣는다. 우리가 발음을 연습해야 하는 이유는 정확한 의사 전달에 있다는 사실을 명심하자.

엄마들은 어릴 때부터 영어 발음을 들려줘야 아이가 원어민 발음으로 말할 거라는 환상을 갖고 있다. 하지만 언제 들려주든 아이마다 발음이 발전하는 속도는 다르다. 괜히 기대감을 갖고 있어 쉽게 실망하기도 한다. 아이의 발음이 생각처럼 원어민 같지 않으면 언어의 소질을 운운하기도 한다. 하지만 아이들은 자라면서 근육의 쓰임을 배운다. 처음에는 젓가락질을 못해도 크면서 젓가락을 사용할 줄 알게 된다. 마찬가지로 영어 발음도 시간이 지나면서 차츰 좋아진다. 한 번에 잘될 것이라는 기대는 내려놓자.

자, 환상을 버렸다면 두 번째로 해야 할 일! 영어의 소리를 들려주자. 물론 아이가 어느 정도 소화할 수 있는 소리를 들려주어야 한다. 무작정 어려운 CNN이나 팟캐스트를 들려준다고 해서 아이의 발음이 좋아지지는 않는다. 어른도 자신의 레벨보다 높은 영어를 들으면 피곤하기만 하다. 물론 전반적인 인토네이션(말의 높낮이)을 듣고 익숙해지려는 것이라면 도움이 될지 모른다. 의미 단위를 어떻게 끊어 말하는지 들어보려고 시도해 볼 수도 있다. 하지만 굳이 이런 경우가 아니라면 잘 알아듣지 못하는 영어를 틀어 봐야 귀에 전혀 들어오지 않는다.

어린아이에게 너무 복잡하고 긴 영어는 시끄러운 소음에 불과하다. 그러므로 어느 정도 알아들을 수 있는 영어의 소리를 들려주자. 우선 엄마가 책을 소리 내어 읽어 주고, 그 책을 다시 CD로 들려주면 좋다. 이미 엄마와 재미있게 읽어 책에 익숙하다. 이 책을 오디오로 들려주면 소리가 귀에 들어온다. 그러면서 발음을 배우게 된다. 단, 아이에게 발음을 억지로 따라하게 하거나 아이의 발음을 지적하지는 말자.

셋째, 아이가 혼자서 영어로 발음하는 시기를 기다려 주자. 아이는 엄마가 영어 책 읽어 주는 소리에 친숙해진다. 오디오 CD나 다른 매체를 통해서도 영어 책을 듣는다. 이 모든 것이 아이의 발음에 효과가 있는지 알려면, 아이가 스스로 영어 발음을 해야 안다. 그 전까지는 아이가 발음을 어떻게 하는지 확인하기 어려울 수 있다. 혼자서 영어를 잘 읽지 못하는 시기에는 아마도 중얼중얼할 것이다. 또는 가끔씩 단어를 한두 마디씩 말할 때도 있다. 이때는 그냥 칭찬하면 된다. 그러면 용기를 얻어 영어 말하기를 더 시도한다.

아이가 너무 어리면 영어 발음을 판단하기 어렵다. 우리말 발음도 아직 자리 잡지 못했는데, 명확한 영어 발음을 기대할 수는 없지 않은가. 당연한 이야기지만, 너무 어려서 발음이 명확하지 않은 문제는 나이를 먹으면 대부분 해결된다.

넷째, 아이가 영어 책을 소리 내서 읽도록 해 주자. 어느덧 영어가 익숙해지고 영어 책을 더듬더듬 조금씩이라도 읽게 되었다면 소리 내서 읽기를 하자. 자신의 소리를 직접 자기 귀로 듣는 것은 발음을 바로잡아 주는 좋은 방법이다. 아이의 발음이 틀리면 당장이라도 고쳐 주고 싶을 것이다. 여기서 잠깐! 완전히 다른 발음으로 읽는 것이 아니라면, 영어 발음을 매번 고쳐주는 건 별로 효과가 없다. 아이가 책을 읽기 전후에 오디오 CD를 들려주거나, 유튜브를 틀어 주거나, 엄마가 읽어 주는 편이 더 낫다.

발음을 반복해서 들려주고 따라하면 고쳐질 것 같다. 하지만 그렇게 하지 말라는 이유가 있다. 아이가 잘 안 되는 부분을 지적받으면 신경을 쓰느라 잘 되고 있는 부분까지 놓친다. 피아노를 배울 때도 유독 연주가 잘 안 되는 부분이 있다. 그래서 그 부분만 열 번이고 스무 번이고 연습한다. 그런데 정작 다시 연주할 때 그 부분만 나오면 기다렸다는 듯이 꼭 틀린다. 하지만 곡 전체를 신경 쓰면서 피아노를 연주하면 어느 순간 잘 안 되던 부분도 정확하게 치게 된다. 잘해야 한다는 생각이 오히려 긴장하게 만든다. 영어 책을 소리 내서 즐겁게 읽게 하자. 이 방법이 발음 하나 하나를 고치려는 노력보다 훨씬 효과적이다.

다섯째, 아이가 영어 책을 소리 내어 읽는다면, 그 소리를 녹음해서 들려주자. 영어 책을 소리 내서 읽는 아이들은 자신의 소리를 귀로 듣게 된다. 이 과정에서 자연스럽게 발음을 교정하기도 한다. 하지만 때로는 읽는 데 신경 쓰느라 자신의 발음을 인지하지 못할 수도 있다. 이럴 때 좋은 방법이 아이의 소리를 녹음해서 들려주는 것이다. 단, 엄마가 평가하지는 말자. 이미 아이가 책을 읽을 정도라면 영어를 충분히 들었을 것이다. 아이 스스로 발음을 교정할 수 있는 단계다. 영어 책 읽기가 습관으로 자리 잡을수록 영어 발음도 향상된다. 처음에는 명확하게 구분되지 않던 발음도 반복해서 듣고 읽으면 더 명확해진다. 영어 실력이 올라가면서 아이의 발음도 계속 다듬어진다. 어차피 한 번에 해결되는 부분이 아니니 발음 자체만 공략하지 않길 바란다. 발음만 좋아지는 것이 목표는 아니다. 영어 실력이 향상되면 발음도 좋아진다.

내 아이에게 딱 맞는 책은
어떻게 고를까?

2

영어 책을 구할 영어 서점도 알아 놓았다. 영어 책을 대여할 곳도 알아 놓았다. 아이의 초등학교 도서관에서 영어 책을 빌릴 수 있다는 정보도 입수했다. 운 좋게도 동네 가까운 도서관에 영어 동화책이 한가득 있다는 사실도 알게 되었다. 영어 책 추천 리스트도 다 준비되었다. 아이와 영어 책 읽기를 시작하기로 맘먹고 온라인 영어 서점을 들어간다. 첫 화면부터 예쁜 책들이 보인다. 베스트셀러부터 구입한다. 많은 아이가 좋아하는 책이라고 하니 더 믿음이 간다. 수상작 중에서도 내 아이의 수준에 맞을 것 같은 책을 장바구니에 담는다.

드디어 책이 집으로 배송되던 날, 영어 책 읽기가 수월하게 진행되리라 기대했다. 허나 예상 밖이다. 정말 좋아할까 의심스러운 책을 아이가 반긴다. 베스트셀러는 뒷전이다. 정말 내 아이에게 딱 맞는 책을 어떻게 골라야 할까? 시행착오를 줄이고 싶다. 내 아이의 수준과 흥미, 개성에 맞는 책을 고르고 싶다. 엄마들의 공통된 바람이다. 그럼 지금부터 내 아이를 위해 영어 책 고르는 방법에는 무엇이 있는지 하나씩 살펴보자.

첫째, 아이에게 귀를 기울이면 딱 맞는 책을 찾을 수 있다. 영어 책을 읽어 줄 때 아이를 유심히 관찰하자. 주로 어떤 주제의 책을 읽을 때 신나게 듣는지 놓치지 말자. 매번 기억하기 힘들다면 적어 놓는 것도 좋은 방법이다. 아이를 세심하게 관찰해 보자. 어떤 캐릭터가 나올 때 마구 빠져드는지 살펴보자. 캐릭터가 어떤 행동을 보일 때 신나게 반응하는지 알아 두자. 관찰만 잘해도 아이의 취향을 쉽게 알 수 있다.

그리고 반드시 아이에게 물어보자. 다 읽은 영어 책들을 펼쳐 놓은 다음 어느 책이 가장 좋은지 선택하게 한다. 아이와 함께 좋아하는 책의 순위를 매겨 보는 것도 좋다. 이야기가 재미있었는지, 그림이 좋았는지 물어보자. 아이에게 좋아하는 책의 이유를 자세히 들어 놓으면 다음 책을 고를 때 도움이 된다. 이야기가 재미있다고 하면 어떤 점에서 그렇게 생각하는지 설명해 달라고 하자. 엄마도 그 책이 재미있다는 것은 알지만 아이의 입장에서 무엇이 흥미를 끌었는지를 아는 것이 중요하다. 아이가 좋아하는 캐릭터, 분야, 이야기, 배경을 하나씩 알아가자. 어른의 생각으로 짐작하지 말고 아이에게 직접 듣자. 엄마가 아이를 위해 책을 고를 때는 아이의 도움이 꼭 필요하다.

둘째, 아이가 좋아하는 한글 책을 살펴보자. 영어 책도 한글 책과 비슷한 특징을 가지고 있는 것을 좋아할 확률이 높다. 영어 책과 한글 책은 언어에서 차이가 있다. 하지만 아이의 취향은 달라지지 않는다. 우리말로 번역된 책을 좋아했다면 영어 원서로 만나도 반가워한다.

영어 책을 막 접하기 시작한 초등학교 2학년 여자아이가 있었다. 어떤 영어 책을 구매할지 리스트를 보다가, 데이비드 섀넌의 『A Bad Case of Stripes』를 알아보고는 뛸 듯이 기뻐했다. "아! 저 이거 한국어 책으로 있어요." 아이는 뛰어가서 얼른 들고 왔다. 영어로는 레벨이 좀 높아서 당장 시작할 수는 없었지만, 일단 아이가 그 책을 너무 갖고 싶어 해서 구입했다. 책이 도착한 날, 아이는 영어로 된 책이 신기한지 이리저리 펼쳐 보면서 좋아했다. 나는 이 과정에서 여자아이가 그림이 재미있고 우스꽝스럽거나 색깔이 다양한 그림책을 좋아한다는 사실을 알게 되었다.

이 책의 경우는 영어 책과 번역본이 함께 있는 '페어 북'이다. 물론 꼭 페어 북인 경우만 해당되지 않는다. 한글 책을 읽는 성향과 영어 책을 읽는 성향은 비슷하다. 한글 책에서 창작물을 좋아하면 영어 책에서도 비슷한 종류를 좋아한다. 한글 책에서 강아지가 나오는 걸 좋아하면 영어 책에서도 마찬가지다. 내 아이가 좋아하는 한글 책을 살펴보면 영어 책 고르기에 큰 도움이 된다.

셋째, 늘 변수가 있다는 것을 명심하자. 아이가 좋아하는 분야의 책을 알았다. 재미있어 하는 캐릭터가 있다는 것도 알았다. 아이가 특별히 좋아하는 작가도 발견했다. 엄마는 기쁜 마음에 인터넷 서점과 도서관에서 책을 구했다. 엄마에게 내 아이만을 위한 리스트가 생기기 시작했다. 여기저기 나와 있는 추천 책 리스트와는 다를 수 있다. 그래도 엄마의 마음은 뿌듯하다. 이제 아이와 즐겁게 책을 읽을 일만 남았다. 실제로 아이에게 맞는 책은 아이가 흥미로워할 확률이 높다. 그런데 생각지 못한 일이 생기기도 한다. 아이가 좋아하는 작가의 다른 시리즈 책을 구해 왔는데 그다지 관심을 보이지 않는 것이다. 아이가 좋아하는 캐릭터가 등장하는 책을 구해 왔는데도 아이의 표정이 시큰둥하다.

이럴 때는 차분히 점검해야 한다. 왜 예상 밖의 일이 생겼을까? 아이와 꼭 이야기를 나누자. 아이가 좋아하는 분야나 작가는 맞지만, 새로 구한 책이 어려우면 관심을 보이지 않을 수도 있다. 사실은 좋아하는 책이 아니었는데 엄마가 오해한 경우일 수도 있다. 심지어 아이는 이미 그 분야나 작가에 흥미를 잃었을지도 모른다. 어떤 이유든 충분히 일어날 수 있는 일이다. 책이 어렵다면 잘 보관했다가 나중에 읽히면 된다. 엄마가 오해하고 있는 사실이 있다면 대화를 통해 다시 바로잡으면 된다. 예상 밖의 상황이 오더라도 결코 실망하지 말자. 아이와 솔직한 대화를 통해 천천히 해법을 찾아가면 된다.

넷째, 영어 책을 미리미리 준비하자. 이건 또 무슨 말인가? 영어 책을 읽다 보면 아이가 어떤 책에 흥미를 보인다. 책에 빠져들면 하루 온종일도 읽으려 한다. 좋아하는 책을 만나면 아이들이 보이는 일반적인 반응이다. 그런데 얼마 가지 않고 흥미가 떨어지기도 한다. 당장 자신의 취향에 맞는 책을 더 읽고 싶은데 주변에 책이 없으면 관심이 시들해진다. 물론 아이에 따라서 다르기도 하다. 어떤 아이는 엄마에게 책을 구해 달라고 요청한다. 며칠이 걸리더라도 책이 오기만을 기다린다.

그러나 대부분은 아이가 흥미를 잃지 않도록 어른들이 도와줘야 한다. 아이는 좋아하는 책을 발견하면 그와 비슷한 책들에 높은 흥미를 보인다. 타이밍을 놓치지 말자. 아이가 다음 책을 읽고 싶을 때 바로 이어서 읽을 수 있도록 준비하자. 타이밍을 놓치지 않으면 어떤 일이 일어날까? 아이는 처음에는 좋아서 읽는다. 그다음 비슷한 종류의 책을 읽을 때는 이해가 더 깊어져서 재미를 느낀다. 어느덧 아이의 취향도 뚜렷해진다. 아이도 영어 책 보는 안목이 생겨난다.

다섯째, 아이가 읽는 한글 책 수준이 높으면 영어 책의 수준도 고려해야 한다. 아이가 어릴 때부터 한글 책을 많이 읽고 나이에 비해 수준 있는 책을 읽고 있다면, 그보다 수준이 낮은 영어 책을 시시하게 느낄 수 있다. 보통 영어 책 읽기는 처음에 낮은 수준부터 시작한다. 영어를 술술 읽지 못하니 낮은 레벨의 영어 책부터 보는 것이 당연하다. 하지만 아이는 한글 책과 영어 책의 수준 차이를 느낀다. 그래서 영어 책을 충분히 즐기지 못할 수 있다.

이 경우에는 작품성이 높은 영어 책을 찾아보자. 작품성이 높은 책은 작가의 깊이 있는 생각이 담긴 책을 말한다. 작가의 깊이 있는 생각이 담긴 책은 글이 짧고 쉬워도 생각할 거리를 제공한다. 그림이 훌륭하기만 해도 아이의 지적 호기심을 자극한다. 수준 높은 한글 책을 읽으면서 생각하고 느끼던 것을 작품성이 높은 영어 책에서도 생각하고 느낄 수 있다.

학습서 공부와 영어 책 읽기는 어떻게 다를까?

3

학생들을 지도하다 보면, 영어 책 읽기의 효과를 별로 보지 못했다고 하는 엄마들을 만난다. 무려 3년 동안 책을 읽혔지만 당장 보이는 결과가 없다고 한다. 차라리 학습서로 문제를 풀게 할걸 그랬나, 하고 고민하는 엄마도 있다. 하지만 생각해 보자. 아이가 무언가를 배울 때 눈에 보이는 결과를 빨리 만드는 것이 중요할까, 아니면 기초부터 차근차근 쌓는 것이 중요할까? 클래식 악기를 배울 때 스킬부터 배워 당장에 보이는 것을 만들어내는 게 중요할까, 아니면 악보 읽는 법, 손을 쓰는 법, 박자를 지키는 법을 시간이 걸리더라도 배우는 것이 중요할까? 영어 공부도 같은 질문을 던질 수 있다. 아이들에게 영어 책 읽어 주기를 하는 것이 좋을까, 아니면 학습서로 쭉쭉 문제 풀이를 하는 게 좋을까? 단도직입적으로 말하자면 영어 책 읽기가 더 좋다. 그러나 학습서도 장점이 없는 것은 아니니 경우에 따라서 활용할 필요도 있다.

그럼 학습서 공부와 영어 책 읽기가 어떻게 다른지 비교해 보자.

첫째, 영어 책은 '책'이고, 학습서는 '교재'다. 영어 책 읽기는 공부가 아니라 독서다. 독서의 이유는 여러 가지가 있겠지만, 주로 필요해서 책을 읽거나 재미있어서 읽는다. 엄마 입장에서는 아이가 책을 통해 영어를 자연스럽게 배우길 바랄 것이다. 엄마는 '필요'가 있어서 아이와 읽기를 시작할 수 있다. 하지만 아이 입장에서 영어 책을 읽는 이유는 보통의 '책'을 읽는 이유와 같다. 재미있어서 읽는 것이다. 아이는 흥미를 끄는 책을 즐겁게 읽는다. 즐거운 독서 시간은 휴식과도 같다. 책 속에 푹 빠져서 시간 가는 줄 모른다. 아이에게 독서는 공부처럼 느껴지지 않는다.

반면, 학습서는 '교재'다. '공부'를 위해 만들어진 책이다. 아이가 학습서를 보면서 재미를 느끼거나 즐거워하기는 쉽지 않다. 물론, 공부의 즐거움이라는 것이 있다. 학습서로 공부할 때 배움의 기쁨을 느낄 수도 있다. 그러나 영어 책이 주는 즐거움과는 전혀 다르다. 꼭 학습서로 공부해야 한다면 영어 책 읽기와는 목표가 달라야 한다. 둘 다 영어 실력 향상과 관련이 있지만 목표에는 차이가 있다. 당장 문제 풀기를 연습하고 점수를 내야 하는 경우에는 학습서가 필요하다. 이미 쌓은 영어 실력을 점검하기 위한 목적으로 학습서를 사용할 수 있다.

둘째, 어휘를 배우는 방식이 다르다. 영어 책 읽기는 독서를 즐기는 가운데 어휘를 자연스럽게 배운다. 책을 읽다가 새로운 단어가 나와도 문맥을 통해 의미를 유추한다. 책 한 권을 읽으면서 새로운 단어가 반복적으로 나오기 때문에 어느덧 어휘 실력이 향상된다. 아이는 자신이 생각하는 새로운 단어의 뜻이 맞는지 어떻게 알까? 책의 흐름과 단어가 서로 어울리는지 보면서 알게 된다. 처음에는 유추해서 단어의 뜻을 생각하지만 계속 책을 읽으면서 단어의 뜻을 재확인한다.

학습서는 어떨까? 읽기를 통해 어휘를 배우기에는 글이 너무 짧다. 학습서는 주로 문제 풀이 방식으로 구성되어 있다. 학습서는 빈 칸 채우기, 단어 퍼즐 풀기 등으로 단어 실력을 늘린다. 따로 단어 시험을 통해 어휘력을 향상시키기도 한다. 꼭 학습서를 활용하고 싶다면 아이의 레벨을 고려하자. 아이의 수준보다 약간 낮은 레벨의 학습서를 고르자. 무엇보다 영어 책을 통해 이미 배운 단어를 점검하는 용도로 사용하자. 시험을 준비하는 상황에서는 필요한 단어 학습서를 공부하면 된다. 하지만 굳이 이런 상황이 아니라면 아이 수준보다 높은 레벨의 학습서를 권장하고 싶지 않다. 잘 알지도 못하는 단어를 백날 암기해 봐야 소용 없다.

셋째, 글이 쓰인 목적이 다르다. 영어 책은 영어 단어를 외우기 위한 목적으로 쓰이지 않는다. 주제를 잘 찾아내게 하거나 독해력을 향상시키려고 쓴 것도 아니다. 영어 책은 작가가 자신의 생각을 오롯이 한 권의 책으로 담아낸 '작품'이다. 작가는 자신의 생각을 독자에게 잘 전달하기 위해 글을 다듬고 또 다듬는다. 독자는 책을 읽으면서 작가의 생각을 읽는다. 문장 하나하나, 단어 하나하나의 뜻에 집착하지 않는다. 책을 읽어 가면서 작가가 말하고자 하는 메시지를 알아 간다. 이 과정에서 스스로 질문도 던져 본다. 한 권의 영어 책은 얼마든지 스스로 생각할 여유를 준다. 영어 책을 읽는 동안 작가의 생각을 깊이 있게 고찰하는 법을 배운다. 더불어 스스로 질문하고 생각하는 힘도 기르게 된다.

학습서의 글은 어떤가? 학습서에 나오는 글은 출판사에서 쓰기도 하고 다른 원서의 일부를 발췌하기도 한다. 영어 책과 비교하면 호흡이 매우 짧은 편이다. 단지 글의 길이 문제가 아니다. 책 한 권 전체를 염두에 두고 쓴 글과, 학습서 한 페이지에 싣기 위해 쓴 글은 성격이 다르다. 오히려 학습서의 글이 완성도는 높을 수 있다. 한 페이지로 끝나야 하기 때문이다. 짧은 글을 읽는 사이에 깊이 생각하고 스스로 질문할 시간은 없다. 학습서의 목적 자체도 문제 풀기다. 학습서는 빠른 시간 안에 주어진 글의 주제를 파악하거나 세부적인 정보를 찾아내는 연습을 하는 데 목적이 있다. 그러므로 학습서는 활용하는 이유가 분명할 때 가치가 있다.

넷째, 엄마의 역할이 다르다. 영어 책 읽기는 엄마와 아이가 함께한다. 영어 책을 고를 때도 엄마와 아이는 이야기를 나눈다. 엄마는 아이의 취향과 의견을 반영한다. 엄마가 책을 읽어 줄 때도 아이의 반응을 보며 읽는다. 아이가 질문하면 엄마가 답해 준다. 책을 다 읽고 나서도 대화는 이어진다. 책을 읽은 뒤에 서로의 생각과 느낌을 대화를 통해 주고받는다. 다음 책의 내용이 어떻게 이어지면 좋을지 함께 상상의 나래를 펼치기도 한다. 영어 책 읽기에서는 엄마가 지도하는 역할이 아니라 함께하는 역할을 맡는다.

하지만 학습서를 공부할 때 엄마의 역할은 다르다. 일단 학습서를 선택하는 이유가 있다. 자연스럽게 영어를 배울 목적으로 학습서를 선택하지는 않는다. 학습서는 단기간에 실력을 향상시키는 것이 목적이다. 학습서를 공부할 때는 엄마가 가이드 역할을 할 수 있다. 오늘 몇 페이지를 풀지 정해 주거나 효과적인 문제 풀이법을 알려 줄 수 있다. 아이가 문제를 풀면 엄마가 채점을 하고 틀린 문제는 다시 풀게 한다. 아이가 혼자 풀 수 없는 문제는 엄마가 가르쳐 준다. 이 과정에서는 영어 책을 읽을 때처럼 생각과 느낌을 나눌 여유가 없다. 단지, 문제 풀이 연습만 이루어지고 엄마는 옆에서 그 과정을 도울 뿐이다.

영어 리스닝을 잘하려면?

4

성인이 되어 영어를 배울 때 가장 극복하기 힘든 영역은 무엇일까? 의외로 영어 리스닝에 애를 먹는 경우가 많다. 특히 급하게 토플이나 아이엘츠(IELTS) 시험 점수를 내야 하는 상황에서 리스닝 때문에 골머리를 앓는다. 성인이 시험을 보는 이유는 분명하다. 실력보다는 점수 자체가 필요하다. 급하면 몇 달 밤을 새워 암기를 해서라도 시험을 보면 된다. 하지만 영어 리스닝은 암기로 모든 게 해결되지 않는다. 그야말로 귀가 뚫려야 가능하다. 귀가 뚫린다는 것은 귀가 소리에 익숙해진다는 말이다. 오히려 어린아이는 리스닝 실력을 늘리는 것이 어렵지 않다. 우선 영어 소리 앞에 겁을 덜 먹기도 하고 급하게 공부하는 경우도 드물기 때문이다. 조금만 관심을 가지고 챙겨 주자. 아이의 영어 리스닝 실력은 놀랄 만큼 잘 키울 수 있다. 그럼 지금부터 영어 리스닝을 잘하려면 어떻게 해야 하는지 알아보자.

첫째, 영어를 들을 기회를 꾸준히 만들어 주자. 리스닝은 감각을 키워 주는 것이다. 물론, 듣기 감각을 타고난 아이도 있다. 음악에서도 귀가 예민한 아이는 음을 잘 잡아서 듣는다. 하지만 감각을 타고 났어도 연습을 통해 감각을 키워 주는 것이 필요하다. 이러한 과정이 없이는 탁월한 수준까지 올라가지 못한다. 처음에는 리스닝 능력을 타고난 아이가 두각을 드러낼 수 있다. 그러나 지속적으로 단계를 밟으며 리스닝 실력을 키운 아이가 높은 레벨까지 올라간다. 식사를 적절하게 꾸준히 하면 어느덧 아이는 건강하게 자라 있다. 리스닝도 적절하게 꾸준히 연습하자. 몰아서 할 수 있는 것이 아니다. 여유롭게 생각하면서 지속적으로 영어를 들려주자. 방법은 여러 가지가 있다. 아이가 식사할 때나 잠자기 전에 들려주어도 좋다. 한꺼번에 왕창 들려주는 것만 아니라면 언제든 괜찮다.

둘째, 영어 노래 듣기로 시작하자. 영어 노래 듣기를 하면 영어 리스닝 실력이 향상된다. 어떻게 영어 노래 듣기가 리스닝 실력을 올려 줄까? 영어 노래 듣기는 아이들에게 영어를 들어야 한다는 부담감을 덜 느끼게 한다. 스트레스 없이 노래를 듣는 사이 자연스럽게 영어 소리에 익숙해진다. 소리에 익숙해지는 과정에서 영어 발음, 높낮이, 의미 단위로 끊어 말하기 등을 자연스럽게 익힌다. 아이가 좋아하는 영어 노래를 찾아 들려주면 효과가 더 크다. 영어 노래 듣기가 영어 리스닝 실력 향상에 효과가 있다는 사실은 많은 연구 결과에서 찾아볼 수 있다. 한 가지 더! 영어 노래를 들려주면 노래 안에 있는 어휘와 표현도 익히게 된다. 리스닝 실력 향상과 더불어 어휘력 향상도 가져온다. 영어 노래는 가사가 영어로 된 문장이므로 영어 노래를 들으면 영어 실력이 전반적으로 올라간다. 영어 노래 듣기는 여러모로 장점이 많으니 꼭 시도해 보자.

셋째, 아이가 편한 마음으로 영어를 듣게 하자. 영어를 들을 때는 엄마도 아이도 마음이 편안할 때 들어야 한다. 아이가 몇 단어나 알아들었는지, 제대로 듣고 있는지 확인하지 말자. 마치 음악을 감상하듯 편하게 들어야 한다. 긴장하거나 걱정하면 영어가 잘 들리지 않는다. 잘들어야겠다는 부담감을 가지면 들을 수 있는 소리도 듣지 못한다. 영어 듣기는 순간의 집중이 요구된다. 글쓰기와 읽기는 순간을 놓쳐도 다시볼 수 있지만 듣기는 그 순간을 집중해야 한다. 그 순간이 지나가버리면 들어야 할 말을 놓친다. 마음속에 걱정의 소리, 부담의 소리가 있다면 정작 들어야 할 영어 소리는 놓치고 만다. 그러므로 아이가 편안한 마음으로 영어를 들을 수 있는 환경을 만들어 주자.

넷째, 영어를 들을 때 절대 우리말로 설명해 주지 말자. 가끔 엄마들이 이런 식으로 영어 듣기를 시키는 걸 본다. 영어를 들려주면서 중간중간 오디오를 멈추고 우리말로 설명한다. 영어를 다 알아듣게 만들고싶어 우리말로 자꾸 해석해 주는 것이다. 그렇게 하면 아이는 영어보다는 우리말에 집중하게 된다. 한국에 살고 있으므로 우리말을 많이 듣는다. 모국어도 한국어다. 그러므로 우리말 해석을 듣는 쪽으로 귀가 더커진다. 정작 들어야 할 영어 소리에는 흥미를 잃는다. 영어 소리에 익숙해질 기회를 놓치는 것이다. 당장 모두 알아들을 수 없어도 괜찮다. 영어 리스닝을 시작하는 목적은 소리에 익숙해지는 것이다.

다섯째, 적절한 레벨의 영어를 들려주자. CNN이나 팟캐스트에는 미련을 버리자. 물론 아이의 레벨이 그 정도라면 들려주는 게 아무 문제되지 않는다. 하지만 욕심이 앞서 아이가 알아듣기 어려운 영어를 들려준다면 어떤 일이 벌어질까? 영어 리스닝 실력 향상에 전혀 도움이 되지 않는다. 어른들도 마찬가지다. 갑자기 상식이 풍부해져야겠다는 마음에 자기 전공도 아닌 과학 관련 학회에 참석했다고 생각해 보자. 우리말로 진행하는 학회지만 무슨 내용인지 알아들을 수 있을까? 우리말인데도 못 알아들을 것이다. 하물며 외국어인 영어를 그것도 높은 레벨로 들려준다면? 알아듣지도 못할 뿐더러 그저 소음으로만 들릴 것이다. 아이가 어느 정도 알아들을 수 있는 레벨의 영어를 들려주자. 조급해할 필요 없다. 리스닝 실력을 쌓으려면 충분한 시간이 필요하다.

여섯째, 딕테이션(받아쓰기)에 집착하지 말자. 딕테이션을 시키면 리스닝 실력이 늘까? 아마도 소리 하나하나를 예민하게 듣는 연습은 될 수 있다. 그러나 단어 하나하나를 듣는다고 해서 문장을 이해하는 것은 아니다. 당연히 글이나 대화를 이해하는 것도 아니다. 우리말로 대화할 때를 생각해 보자. 대화할 때 상대방의 말을 어떻게 듣는가? 말을 들을 때는 핵심이 되는 '생각'을 듣는다. 상대방의 말을 한마디도 놓치지 않고 받아쓸 만큼 자세히 듣는 사람은 없다. 그런 식으로 말을 들으면 전체적인 이야기를 이해하기 어렵다. 오히려 상대방이 말하는 요점은 놓치게 된다.

영어 리스닝도 마찬가지다. 한 단어도 빼놓지 않고 듣는 건 중요하지 않다. 물론 세부적인 정보도 들을 줄 알아야 한다. 하지만 관사 하나, 전치사 하나, 단어 하나를 일일이 찾아 들으라는 말이 아니다. 영어를 들을 때도 전체적인 흐름을 들어야 한다. 중심이 되는 생각이나 핵심적인 내용을 들을 수 있는지가 더 중요하다.

일곱째, 영어 책 읽기와 영어 리스닝을 병행하면 시너지 효과가 있다. 영어 책을 읽은 양이 쌓이면 리스닝 실력도 함께 자란다. 영어로 아는 말이 많아지면 들리는 말도 많아진다. 반대로 들리는 말이 많아지면 영어 책 읽기 실력이 향상된다. 특히 이미 읽은 영어 책을 잘 활용하자. 그 책을 오디오 CD나 유튜브를 통해 다시 들려주자. 아이가 좋아하는 책이라면 반복해서 들으려 할 수도 있다. 이미 엄마와 읽은 책이라 전체 내용을 알고 있어서 듣기에 부담이 없다. 하나둘 알고 있는 이야기가 귀에 들리면 아이는 책을 덮고 이야기 듣기에 흥미를 보인다. 이야기를 귀로만 듣는 재미를 알게 되는 것이다. 다음에는 읽은 책을 영어로 틀어 달라고 아이가 먼저 말할 수도 있다.

아이가 잘 듣고 있는지 확인하고 싶어도 참자. 시간이 지나면 무엇을 듣고 이해했는지 아이 스스로 말할 것이다. 혹시 아이가 궁금해서 책을 다시 펼쳐 본다면 그렇게 하도록 내버려 두자. 억지로 그 책을 다시 보여 주며 들은 것을 확인시킬 필요는 없다.

영어 책을 읽다가
모르는 단어를 만나면?

5

'스포일러(Spoiler)'라는 말을 들어 봤을 것이다. 스포일러는 영화, 애니매이션, 소설 등의 줄거리를 예비 관객에게 미리 밝히는 행위 또는 사람을 말한다. 궁금해서 줄거리를 일부러 찾아보는 사람도 있다. 그러나 들뜬 마음으로 기다렸던 영화의 줄거리를 누군가 혹치고 들어와 이야기해 준다면 어떤가? 직접 영화를 보며 확인하고 싶은 사람에게는 꽤나 언짢은 일이다.

엄마가 영어 책을 읽어 준다. 아이가 처음에는 무슨 내용인지 잘 모른다. 읽어 가면서 이야기의 윤곽을 잡는다. 아이에게는 이 과정 자체가 흥미롭다. 그런데 엄마가 혹 끼어들어 우리말로 하나하나 해석해 주기 시작한다. 스포일러가 독자나 관객을 실망시키는 일과 다르지 않아 보인다. 엄마는 아이의 이해를 도우려고 해석해 준다고 말할지도 모른다. 하지만 영어 책을 읽는 동안 우리말로 해석하는 건 영어 습득에 큰 도움이 되지 않는다. 그렇다면 우리말 해석 없이 영어를 읽으면 어떤 점이 좋을까? 그리고 어떻게 읽어야 해석 없이도 영어 책을 이해할 수 있을까?

첫째, 우리말 해석이 없어야 영어가 익숙해진다. 한국어를 모국어로 쓰는 아이에게 익숙한 언어는 한국어다. 당연히 영어 어순보다 우리말 어순이 쏙쏙 들어온다. 이런 상황에서 엄마가 영어 책을 읽어 주다가 아이에게 우리말로 해석해 주면 어떻게 될까? 아이는 해석을 통해 내용을 들었으니 영어 책의 내용은 이해한다. 그러나 영어 책 읽기의 목적과는 전혀 맞지 않다. 애초에 아이가 자연스럽게 영어에 익숙해지도록 돕고 싶어서 영어 책 읽기를 시작했다. 그런데 우리말로 해석해 주면 익숙한 한국어가 더 크게 들린다.

영어 책은 영어로 익숙해져야 한다. 영어의 어순에 편해지고 영어로 생각하는 것에 익숙해져야 한다. 그러려면 시간을 두고 아이에게 영어 책을 해석 없이 읽어 주는 과정이 필요하다. 어린아이는 영어 책에 익숙해지면 영어를 해석 없이 받아들인다. 어린 시절 영어 책 읽기가 놀라운 결과를 가져오는 이유가 있다. 기회를 놓치지 말자.

둘째, 영어 책을 해석 없이 읽어 주면 추론하는 힘이 자란다. 영어 책을 해석 없이 읽어 주면 얻을 수 있는 또 하나의 선물이다. 아이는 유추하는 힘이 커진다. 영어 책을 읽다 보면 당연히 모르는 단어나 표현이 등장한다. 분명히 지난번 책에서 등장한 단어인데 이번에는 다른 의미로 쓰이기도 한다. 꼭 영어 책을 읽을 때만 일어나는 일은 아니다. 독서의 과정에서 일반적으로 일어나는 일이다. 그래서 어른들도 문장 실력이나 언어 감각을 늘리고 싶을 때 잘 쓰인 책을 읽는다. 일반적인 독서에서도 새로운 단어나 다른 의미로 쓰인 단어는 앞뒤 문맥을 통해서 의미를 파악한다. 영어 책을 읽는 과정도 마찬가지다. 그리고 사건의 전개, 주인공의 감정 변화 등을 통해 다음 이야기를 예측한다. 주어진 정황이나 배경을 가지고서 이야기의 결말을 추론해 보기도 한다. 해석 없이 책을 읽을 때 자연스럽게 영어로 사고하면서 생각하는 힘이 커진다.

셋째, 쉬운 책부터 시작하자. 영어 책을 해석 없이 편하게 읽어 주려면 우선 쉬운 책부터 시작해야 한다. 초반에는 아이의 수준보다 약간 낮은 레벨부터 시작하자. 아이가 재미를 붙이려면 내용을 이해할 수 있는 수준이 되어야 한다. 모르는 단어가 수두룩하면 금세 흥미를 잃고 싫증을 낸다. 그렇다면 아이에게 적절한 레벨의 책을 고르는 기준은? 한 페이지에 모르는 단어가 다섯 개 이하인 책을 선택하자. 모르는 단어가 나온다고 해도 걱정할 필요가 없다. 충분히 앞뒤 문맥을 따라 의미를 추측할 수 있기 때문이다. 일일이 단어를 찾아가면서 한국어로 뜻을 찾아야 하는 수고도 필요 없다. 아이가 자연스럽게 책의 내용을 이해하는 것이 보인다. 영어 책은 쉬운 레벨로 시작하자. 영어만으로도 충분히 책을 이해할 수 있다.

넷째, 책 속 그림을 최대한 활용하자. 영어 그림책은 그림이 글의 내용을 설명해 준다. 그림책 속의 그림을 내용과 연결시켜 보자. 아동서의 그림은 글의 내용을 세심하게 파악하고 그린 것이다. 영어 책을 읽기 전에 그림의 어떤 부분이 글과 연관되어 있는지 미리 살펴보자. 엄마가 조금만 관심을 기울이면 그림을 어떻게 활용할 수 있는지가 보인다. 단, 그림의 종류가 생각보다 다양해 어떻게 활용할지 고민이 되기도 한다. 특히 추상적인 그림이나 구체적으로 글과 연결하기 모호한 그림이 그렇다. 이러한 그림책은 쉬운 레벨이라면 그대로 읽어 주자. 그림의 도움 없이 내용을 이해할 수 없는 단계라면 나중에 읽어 주면 된다. 일단은 그림과 내용의 연결이 명확하고 쉬운 책부터 시작하자. 아이가 영어에 익숙해지면 차츰 다양한 그림이 들어간 그림책을 읽어 주어도 좋다.

다섯째, 아이가 영어 책의 내용을 물으면 전체적인 내용을 이야기해 주자. 간혹 영어 책을 읽다가 내용을 모르면 답답해하는 아이들이 있다. 이런 아이는 질문을 계속한다. 겉표지에 쓰인 말은 뭐지? 지금 책에서 뭐라고 말하는 거지? 방금 읽은 문장은 무슨 뜻이지? 질문을 계속해 내용을 확인하고 싶어 하는 아이들이 있다. 그렇다고 우리말로 일일이 단어의 뜻을 알려 주면, 영어를 배우는 게 아니라 익숙한 우리말로 책을 이해하게 된다. 이러한 경우에는 전체적인 내용을 이야기해 주자. 일단 영어 책을 읽을 때 겉표지를 보면서 아이와 책 내용을 상상해 본다. 책을 읽기 전에는 대략 어떤 주제를 가지고 이야기를 펼쳐 나가는지 말해 주자. 그래도 아이가 중간 중간 무슨 말인지 묻는다면, 앞에서 말한 것처럼 그림과 연결시켜 알려 주자. 우리말로 일대일 해석을 하지 말아야 하는 이유는 영어보다 우리말 표현이 머리에 남기 때문이다.

여섯째, 한글로 읽은 책을 시도해 보자. 앞서 이야기했듯이 우리말로 단어와 문장을 해석하는 것을 피하는 게 좋다. 그런데 아이가 영어 책의 내용을 모르면 힘들어하는 경우가 있다. 답답해서 영어 책을 끝까지 못 읽는 아이도 있다. 그렇다고 모두 해석해 가며 읽어 줄 수는 없는 노릇이다. 영어 책 읽어 주기는 영어와 익숙해지게 하려고 시작한다. 게다가 책의 내용을 영어로 받아들이는 것이 습관이 되어야 영어 사용이 편해진다. 이런 경우에는 한글 책으로 번역된 영어 책을 활용하자. 이미 국내에 많은 책이 번역되어 있다. 이렇게 한글 책 번역본과 영어 책으로 이루어진 페어 북을 활용하면 문제를 해결할 수 있다. 아이가 좋아하는 번역서를 영어 책으로 읽어 주자. 좋아하는 책은 내용을 기억하고 있다. 영어 책을 읽어도 이미 내용을 알고 있어서 편하게 받아들일 수 있다.

아이가 레벨이 맞지 않는 책을
읽어 달라고 한다면?

6

영어 책을 읽어 주면서 생기는 예상치 못한 상황이 하나 있다. 생각처럼 아이의 영어 레벨이 올라가지 않는다. 이유는 여러 가지일 수 있다. 실제로 레벨이 제자리걸음인 경우도 있다. 이때는 시간을 더 투자해서 실력을 쌓아야 한다. 아니면 레벨이 조금씩 올라가고 있지만 느끼지 못하는 경우도 있다.

아이에게 책 레벨을 잘 맞추면서 적절한 시기에 레벨을 올리는 것도 중요하다. 엄마는 어떻게 레벨을 올릴지 고민하며 영어 책을 골라서 읽어 준다. 그런데 아이가 레벨이 맞지 않는 책을 들고 와 읽어 달라 한다. 레벨이 너무 낮을 때도 있고 내용이 어려운 경우도 있다. 물론 그만 읽자고 하는 것보다는 낫다. 그렇지만 엄마 입장에서 아이에게 어떻게 해주어야 할까? 들고 온 책을 그냥 읽어 주면 될까? 만약 읽어 준다면 어떤 식으로 해야 할까?

첫째, 아이가 레벨이 너무 낮은 책을 읽어 달라고 하면 일단 친절하게 읽어 주자. 읽어 주면서 상황을 판단하자. 아이가 쉬운 책이라도 읽어 달라고 했다. 영어 책을 그냥 덮어 버리는 것보다는 개선의 여지가 있다. 여기서 한번 생각해 보자. 아이가 쉬운 책을 자꾸 들고 와 읽어 달라고 하는 게 더 문제일까, 아니면 어려운 책을 들고 와 읽어 달라고 하는 게 더 문제일까? 아마 아이가 다음 단계로 가지 않고 쉬운 책만 고르는 게 더 문제로 느껴질 것이다. 하지만 앞서 말한 것처럼 더 문제될 건 없다. 다만, 아이가 왜 그렇게 하는지 한 가지씩 확인해 볼 필요는 있다.

엄마의 생각과는 다르게 아이에게 책이 쉽지 않을 수도 있다. 아이에게 정말 적절한 레벨인지 살펴보자. 같은 레벨의 책, 또는 아이의 레벨보다 약간 쉬운 책을 얼마만큼 읽으면 좋다고 생각하는가? 50권 내지 100권 정도 읽으면 다음 레벨로 가기 충분하다고 생각할 수 있다. 하지만 아이들마다 천차만별이다. 조금만 읽혀도 다음 레벨 책을 쉽게 소화하는 아이들이 있다. 그런가 하면 평균적으로 읽는 권수보다 훨씬 더 많이 읽어야 다음 레벨로 가는 아이들도 있다. 오해하지 말자. 이런 차이를 보이는 건 아이들의 능력이 달라서만은 아니다. 배우는 스타일에 영향을 미치는 건 지능만이 아니다. 다양한 요소가 영향을 미친다. 그러므로 내 아이가 뭐가 모자라지? 이런 생각은 하지 말자. 본론으로 다시 돌아오면, 아이에게 쉬운 레벨인지 아닌지 다시 점검해야 한다. 어쩌면 아이에게 쉽지 않고 수준이 딱 맞을 수도 있다.

정말 아이에게 쉬운 레벨인데 읽어 달라고 하면? 아마도 이유가 있을 것이다. 아이가 그 책을 너무 좋아하는 것이라면 그냥 읽어 주자. 이 기회를 통해 영어 책 읽기를 이어 나갈 수 있다. 일단 좋아하는 책은 레벨이 낮더라도 읽어 주고 비슷한 종류의 책을 찾아보자. 비슷한 종류이면서 쉬운 레벨의 책을 읽어 주며 관심의 폭을 넓히자. 아이가 다른 책에 관심을 옮길 수 있도록 안내하는 것이 성공한다면? 레벨을 슬쩍 올리면 된다. 단계를 한꺼번에 너무 높이지는 말자. 모르는 단어가 몇 개 더 추가되는 정도로만 레벨을 올리자. 자연스럽게 다양한 주제의 책으로 약간 레벨을 높이면서 읽어 주자.

아이가 쉬운 레벨을 고집하는 이유는 다른 곳에서도 찾을 수 있다. 아이가 알고 있는 영어 책만 보고 싶은 것은 아닌지 살펴보자. 왜 이미 내용을 아는 책만 보려고 할까? 좋은 욕심에서 그럴 수 있다. 아이가 한두 단어라도 더 아는 책을 본다면, 아이는 엄마 앞에서 자랑할 거리가 있다. 아이는 엄마에게 한 단어라도 더 읽어 보일 수 있다. 아직 단어를 못 읽는다면 그림을 보면서 생각나는 영어 단어를 하나라도 더 말할 수 있다. 엄마에게 자랑할 만큼 자신 있는 책이면 쉬운 레벨을 읽자고 할 수 있다. 이런 경우라면 실컷 자랑하게 해 주자. 다음 레벨로 올라가도 자랑하고 싶어서 열심히 읽자고 할 것이다.

둘째, 아이에게 너무 어려운 책인데 읽어 달라고 한다면? 이때도 마찬가지다. 일단 읽어 주면서 관찰해야 한다. 아이가 어떤 행동을 할 때는 그냥 할 때도 있다. 하지만 어려운 책인데 가지고 와서 읽어 달라고 할 때는 분명 이유가 있다. 쉬운 책은 익숙해지도록 더 읽어 주고 다음 레벨로 가면 된다. 오히려 어려운 레벨의 책을 가지고 올 때는 좀 더 고민해야 한다. 아이가 어떤 이유에서 어려운 레벨의 책을 읽어 달라고 하는지 살펴보자.

아이가 어려운 레벨인지 잘 모르고 가져올 때도 있다. 책이 그저 흥미로워 보여 그럴지도 모른다. 단순히 책이 예뻐 보여서 좋아할 수도 있다. 그림이 재미있거나 웃겨서 책을 가져올지도 모른다. 아이가 좋아해서 가져온 책을 레벨이 맞지 않다는 이유로 거절하지는 말자. 책의 레벨이 높을 때 활용할 만한 좋은 팁이 있다. 글이 너무 길고 많을 때는 책의 내용을 이해하기에 좋은 중요한 문장만 읽어 주면 된다. 그림이 있다면 적극 활용하자. 아이가 알 만한 단어는 꼭 읽어 주어서 내용을 이해하는 데 도움을 주자. 레벨에 맞지 않는 책도 조금만 고민하면 활용할 방법이 있다.

아이는 친구 따라서 같은 레벨의 책을 읽고 싶어 할 때가 있다. 의외로 아이는 친구가 잘한다 싶으면 욕심이 생긴다. 어쩌면 자연스러운 일이다. 그런 욕심 때문에 단계적으로 열심히 하면 좋을 것 같다. 하지만 문제는 마음만 앞설 때다. 친구는 옆에서 자기가 읽고 있는 책보다 더 어려운 책을 읽는다. 급한 마음에 같은 책을 들고 와 엄마에게 읽어 달라고 할 수 있다. 이때도 읽어 주기는 해야 한다. 그리고 아이의 마음이 친구와 비교해 속상한 상태인지 의욕이 앞선 상태인지 살펴보자. 속상한 마음이라면 잘 들어주고 다독이자. 의욕이 앞선 상태라면 일단 그날은 책을 읽어 주자. 그리고 살짝 아이의 레벨과 맞는 책도 함께 읽어 주자. 좋은 욕심은 격려해도 좋다. 그러나 아이의 레벨에 맞는 책을 읽어 줄 방법도 찾아보아야 한다. 아이의 레벨에 맞는 책을 읽어 주는 것은 시간이 들더라도 탄탄하게 실력을 쌓는 길이다.

엄마는 모르지만 아이가 정말 실력이 자랐을 수도 있다. 정말 어떤 변화도 없는 것처럼 보이는 시기가 있다. 꾸준히 영어 책을 읽어 주지만 아이의 영어 실력이 오르고 있는지 아무것도 보이지 않을 때가 있다. 실력이 올라갈 때 당연히 겪는 시간이다. 엄마는 이 점을 잘 알면서도 조바심이 난다. 그런가 하면 예상치 못했을 때 아이의 실력이 한 계단 오르기도 한다. 어느 날 아이가 그동안의 레벨보다 높은 수준의 영어 책을 들고 온다. 알고 보니 그만큼 실력이 자란 거라면? 이때는 아낌없이 칭찬해 주고 기쁜 마음으로 책을 읽으면 된다.

셋째, 아이가 내용을 이해할 수준을 넘는 책이라면? 어린아이의 그림책 가운데 내용 자체를 이해하기 어려운 책은 드물다. 문제는 챕터북을 읽을 수준이 되었을 때다. 영어 레벨이 꽤 올라간 다음 접할 수 있는 책 가운데는 내용을 소화하기 어려운 책도 있다. 영어 레벨은 올라가 있는데 아이가 아직 초등학교 3, 4학년이다. 그런데 이즈음에는 사회나 역사 속의 어려운 이슈를 다룬 책은 소화하기 어렵다. 아이의 눈으로 재해석한 내용의 책이 아니면 나중에 읽어야 할 수도 있다. 특히 뉴베리 수상작 가운데는 이런 내용을 다룬 책이 많다. 아이의 연령에 적절한지 엄마가 미리 점검하자. 아직 아이가 소화하기 어려운 주제라면 나중에 읽도록 잘 지도해 주자.

아이가 영어 책을 싫어한다면?

7

"영어를 어떻게 하면 재미있게 배우나요?" "어떻게 하면 영어가 늘어요?" 정말 많이 받는 질문이다. 성인들에게는 이렇게 답하기도 한다. "미드(미국 드라마)를 보세요!" 그런데 나는 드라마를 안 좋아하는 사람이 있다는 것을 정말 몰랐다. 드라마가 재미없다며 다른 방법을 알려 달라고 하는 사람을 처음 만났을 때 무척 당황했다. 이제는 미드 이야기를 꺼내기 전에 상대방에게 먼저 묻는다. "혹시 미드 좋아하세요?" 대답에 따라 적절한 방법을 제시해 준다.

정말 영어 책을 싫어하는 아이가 있을까? 엄마가 고심해서 영어 책을 골라 주었는데 싫다고 하는 아이가 있을까? 그림도 예쁘고 이야기도 재미있는 책이 많은데 그래도 싫다고 할까? 영어 책을 싫어하는 아이는 실제로 있다. 참고 자료를 찾아서 고르고 유명하고 인기 있는 책을 골라도 싫어하는 아이가 있다. 엄마는 준비가 되어 있는데, 어디서부터 시작해야 할지 난감하다. 영어 책을 싫어하는 아이에게는 어떻게 책을 읽어 줄 수 있을까?

첫째, '영어 책'을 싫어하는지, '책' 자체를 싫어하는지 점검해 보자. 영어 책이 싫은 이유가 책을 좋아하지 않아서일 수 있다. 아이가 한글 책은 어떻게 대하는지 잘 관찰해 보자. 한글 책을 좋아하지 않는 아이가 영어 책을 좋아하기는 어렵다. 이런 경우는 아이가 아직 '책'이라는 매체와 친하지 않은 것이다. 아이가 책과 친해지도록 돕는 것이 먼저다. '책'이 낯선 아이에게 영어 책을 억지로 읽히는 건 영어 습득에 전혀 도움이 안 된다. 한글 책이라도 좋으니 아이가 좋아할 만한 책을 찾아보자. 엄마와 아이가 손잡고 책 구경을 하는 것도 좋다. 가까운 도서관이나 서점에 들러 보자. 아이와 꼭 책을 읽지 않더라도 어떤 책이 있는지 구경하자. 마음에 드는 책은 펼쳐서 어떻게 생겼는지도 살펴보자. 부담을 주지 않는 선에서 책을 접할 기회를 마련하면 아이가 책과 친해질 것이다. 그 기회를 이용해 천천히 영어 책도 읽어 주면 된다.

만약에 정말 영어 책이 싫다고 한다면? 한글 책은 잘 읽는데 영어 책이 싫다고 하면 다른 이유가 있을 것이다. 레벨이 맞지 않을 수도 있다. 책의 내용이 아이의 취향에 맞지 않을지도 모른다. 영어 책 읽기를 싫다고 하는 이유는 여러 가지가 있을 수 있다. 아이를 잘 관찰하면서 이유를 찾아보자. 아이와 솔직한 대화를 나누는 것도 이유를 알아내는 좋은 방법이다. 이유를 알면 해결 방법은 찾을 수 있다.

둘째, 엄마가 고른 책을 다시 살펴보자. '영어 책' 자체가 싫다고 했다면, 엄마가 어떤 책을 골라왔는지 점검해 보자. 처음에는 영어 책에 어떤 종류가 있는지, 아이가 어떤 종류의 책을 좋아하는지 잘 모를 수 있다. 이런 상황에서 그냥 영어로 쓰인 책을 사는 경우가 있다. 전집을 무턱대고 산다든지, 그냥 어린아이의 문자 습득을 겨냥해 급하게 만들어 낸 책 세트를 구입하기도 한다. 전집이 모두 재미없는 건 아니다. 하지만 시중에는 재미와 즐거움이라는 요소는 빠트린 채 영어 읽기에만 초점을 맞춰 만든 책도 많다. 이렇게 급하게 만든 책은 어른이 봐도 재미없고 지루하다. 현재 갖고 있는 책들이 어떤지 잘 분석하자. 아이는 정말 재미있는 영어 책을 본 적이 없어서 영어 책을 싫어할 수도 있다.

또 엄마가 고른 책이 아이의 레벨에 맞는지 꼭 살펴보자. 무리하게 레벨이 높은 책은 아닌가. 아니면 너무 쉬워서 시시한 영어 책은 아닌가. 아이에게 레벨이 적절해야 내용을 이해해 가는 재미가 있다. 지나친 욕심은 내려놓고 책을 선택하자. 아이의 취향에 맞는지도 함께 살피자. 생각보다 세심한 관찰이 필요한 경우도 있다. 모든 아이가 예쁜 책을 좋아하거나 유명한 책을 좋아하는 건 아니다. 내 아이는 전혀 다른 책을 좋아할 수도 있다. 그러므로 꼭 아이와 대화해 보자.

셋째, 새로운 형태의 책을 보여 주며 놀이처럼 접근하자. 레벨도 적절하고 취향도 고려해서 책을 골라 주었지만 아이가 여전히 흥미를 보이지 않는다. 이럴 때는 색다른 형태의 책을 읽어 주는 건 어떨까? '팝업북(Pop-up Book)'과 같이 그림이 입체적으로 튀어나오는 책을 활용해 보자. 이런 종류의 책은 '토이북(Toy Book)'이라고도 부른다. 책 안에서 그림이 튀어나오는 것만으로도 아이의 흥미를 자극할 수 있다. '플랩북(Flap Book)'도 기존의 책과는 다른 재미를 준다. 각 페이지마다 그림을 들추면 숨어 있는 다른 그림이 등장한다. 책장에 접힌 부분을 펼치면 해당 그림과 연결된 또 다른 그림이 등장하기도 한다. 아이는 플랩북을 보면서 상상의 나래를 펼친다. '촉감책'도 추천하고 싶다. 단어의 의미를 손으로 만져서 느낄 수 있도록 만든 책이다. 어린아이라면 충분히 좋아할 만한 형태의 책이다.

이처럼 새로운 형태의 책은 영어 전문 서점에서 손쉽게 구할 수 있다. 아이가 새로운 형태의 영어 책을 좋아한다면 그다음 과정은 쉽다. 이 책들로 시작해 조금씩 기존에 엄마가 구해 놓은 영어 책으로 옮겨 가면 된다. 단, 급히 서두르지는 말자. 영어 책 읽기를 숙제처럼 느껴지게 하지 말자. 조금만 기다리자. 아이가 정말 마음으로 책을 좋아하는 시점이 온다.

넷째, 영어 책 읽기에 좋은 분위기를 만들어 주자. 여기서 말하는 분위기는 여러 가지가 될 수 있다. 책을 읽는 것이 당연한 분위기를 만들자. 책을 읽으라고 잔소리하는 것을 멈추자. 종종 어른들이 책 읽는 모습을 보여 주는 것이 더 효과적이다. 아이는 보는 대로 따라한다. 어른들이 책 읽는 모습을 보고 자란 아이는 스스로 책을 읽을 확률이 더 높다.

'읽다'라는 단어를 쓰지 말아야 하는 경우도 있다. 아이가 '읽다'라는 표현 자체에 거부감이 있다면 말이다. 엄마가 궁금해서 영어 책을 보는데 재미있는 이야기가 있으니 한번 들어볼래? 라고 말하는 것이 낫다. 학생들을 가르치다가 '암기'라는 말을 무척 싫어하는 학생을 만난 적이 있다. 유독 '암기'라는 단어만 나오면 부정적인 반응을 보였다. 그래서 그 표현을 쓰지 않고, '퀴즈'를 낼 테니 필요한 부분을 읽어 오라고 했다. 생각해 보자. 퀴즈를 맞히려면 내용을 머릿속에 넣어야 한다. 말 그대로 '암기'가 필요하다. 결국 '암기'를 싫어하던 이 학생은 '암기'를 해

왔다. 다른 표현을 빌려 영어 책 읽기를 해 주는 것이 긍정적인 효과를 가져온다면 충분히 활용하자.

책에 집중할 수 있는 분위기도 만들어야 한다. 아이가 혼자서 책을 펼쳐 읽거나 관심을 보이면 책을 읽을 수 있게 도와주자. 꼭 보고 싶은 텔레비전 프로그램이 있어도 소리를 낮추거나 끄면 좋다. 아이가 관심을 보이는 바로 이때가 기회다. 영어 책에 집중할 수 있도록 주변 환경을 만들어 줄 때다.

다섯째, 영어 책 레벨이 올라가기 전에 있을 수 있는 일이다. 한참 영어 책을 잘 읽다가 어느 순간 아이가 영어 책을 쳐다보지 않는다면? 그냥 자연스러운 일이다. 우리 아이는 영어에 소질이 없나 봐, 하며 영어 책 읽기를 멈추어서는 안 된다. 실제로 그런 부모를 본 적이 있다. 절대 하지 말아야 할 일이다. 무엇을 배우더라도 단계마다 고비가 있게 마련이다. 이 고비를 넘기면 실력이 확 올라가기도 한다. 실력이 올라가지 않더라도 아이는 인내와 같은 배움의 자세를 배우게 된다.

물론 억지로 다그치라는 말은 아니다. 하지만 이런저런 방법을 찾아 지속시킬 필요가 있다. 그다음 단계의 영어 책을 소화하는 데 필요한 한글 책을 읽히는 것도 하나의 방법이다. 영어 책도 레벨이 올라가면 단어나 표현만 어려워지는 것이 아니다. 내용에 깊이가 생긴다. 다루는 내용도 더 넓어진다. 이때를 대비해 배경지식을 쌓아 주는 것이다. 아이에게 왜 이제 와서 영어 책이 싫어졌는지 캐묻기보다는, 지나가는 과정이라 생각하고 슬쩍 한글 책을 읽히며 다음 과정을 준비하게 하자.

아이가 영어를
늦게 시작했다면?

8

　『인생에서 너무 늦은 때란 없습니다』라는 책을 읽은 적이 있다. 저자 모지스 할머니는 76세에 화가로 데뷔해 세계적으로 사랑받는 그림 작가가 되었다. 미국의 국민 화가로 불리는 그녀는 이렇게 말한다. "People always say that it's too late, in fact now is the best opportunity time(사람들은 늘 너무 늦었다고 말하지만, 사실은 지금이 가장 좋은 기회의 시간이다)." 영어를 일찍 시작하면 좋은 점이 있다. 아이의 영어 학습 계획을 미리 세우면 시간을 더 효율적으로 사용할 수 있고, 이른 나이에 영어 실력도 올라갈 수 있다. 그런데 영어를 늦게 시작했다면 어떻게 해야 할까? 지나간 시간을 후회하며 지금의 기회를 놓칠 수는 없지 않은가. 늦게 영어를 시작해 마음이 조급한 엄마들은 어떻게 해야 할까?

　첫째, 엄마가 생각하는 늦었다는 기준을 확인하자. 엄마들이 늦었다고 생각하는 기준은 여러 가지다. '늦었다'라는 말은 모국어처럼 영어를 습득할 수 있는 나이가 지났음을 의미할 때도 있다. 이른바 골든타임이 지났다는 것이다. 흔히 0~3세를 말하는데, 5~6세 전후로 보기도 한다.

모국어처럼 영어를 습득시키고 싶은데 3세가 넘었다면 늦은 것인가? 엄마들마다 다르게 받아들일 것 같다. '역시 3세가 넘었더니 아이가 영어를 외국어로 받아들이는 것 같아'라고 생각하는 엄마가 있는가 하면, '아직 어리니 지금 시작해도 늦지 않았어'라고 생각하는 엄마도 있다. 7세 자녀를 둔 엄마들의 반응도 제각각이다. '더 어릴 때 영어를 접해야 했는데!'라고 마음 조급해하는 엄마도 있고, '아직 초등학교 입학 전이니 괜찮아' 하는 엄마도 있다. 각자의 기준을 확인하자. 왜 늦었다고 생각하는지 한번 확인해 보는 것이 필요하다.

엄마의 기준을 확인하면서 내 아이가 시기적으로 어떤 상황인지도 파악하자. 정말 시기적으로 늦었다면 그 상황에 맞게 계획을 세우면 된다. 그다지 늦지 않았다면 여유롭게 시작하자. 실제로 아이가 어느 시기에 있는지 잘 살피면 영어 책 읽기를 어디서부터 시작해야 할지 계획을 세울 수 있을 것이다.

어릴수록 책 읽기를 통해 영어를 자연스럽게 습득할 수 있는 확률은 높다. 하지만 시기가 지났다고 해서 가능성이 없는 건 절대 아니다. 초등학교 입학하기 전이라면 시도할 수 있는 것이 많다. 초등학교 저학년이라면 영어 책 읽기로 얼마든지 영어에 익숙해질 수 있다. 엄마가 생각하는 '영어를 시작해야 하는 나이'가 지나도 상관없다. 심지어 연구자들이 말하는 골든타임이 지났어도 상관없다. 모든 아이에게 적용되는 '골든타임'은 애초에 존재하지 않기 때문이다.

엄마표 영어 Q & A

둘째, 걱정을 버리자. 가끔 뒤늦게 영어를 공부하겠다고 찾아오는 학생들이 있다. 중학생이 되어서 처음으로 영어를 공부하겠다고 한다. 그것도 1학년 중반이 지나서 말이다. 정말 시기적으로 늦은 학생들이라 가르치면서도 긴장을 놓을 수 없다. 아이를 처음 만나 레벨 테스트를 하고 인터뷰하면서 하는 말이 있다. "지금 늦은 거 맞아. 그런데 걱정을 해야 할까, 하지 말아야 할까?" 아이들은 이 말에 선뜻 대답을 하지 못하고 물끄러미 쳐다본다. "답을 얘기해 줄게. 걱정할 필요 없어. 걱정하느라 시간 낭비하는 거 하지 않을 수 있겠어?" 아이들은 그제야 "네"라고 대답한다.

학생들에게 다짐을 받아 놓는 이유가 있다. 우리는 결과에 대해 어떤 것도 장담하지 못한다. 다만 주어진 상황에서 할 수 있는 것을 하면 된다. 이렇게 주어진 시간을 최대한 활용해도 부족하다. 그런데 '걱정'을 시작하면 시간만 흐른다. 결과도 이익도 없이 시간만 잡아먹는다. 게다가 마음도 움츠러들게 해 아는 것도 잊게 한다. 무얼 해야 할지 몰라 우왕좌왕하게 만든다. 늦었다고 걱정하는 데 시간과 마음을 허비하지 말자. 그런 마음으로는 영어 책을 읽으면 기억에 남는 것도 없다. 엄마와 아이가 마음을 쏟을 곳은 '걱정'이 아니다. 마음을 편하게 먹자. 그리고 지금 해야 하는 것과 할 수 있는 것을 찾아 실천하자.

셋째, 급할수록 한글 책을 챙겨서 읽어 주자. 마음이 급하다고 읽던 한글 책을 모조리 멈추고 영어 책에만 매진하면 안 된다. 영어 책에 급하게 뛰어든다고 갑자기 영어 실력이 오르는 것도 아니다. 알다시피 영어 실력이 오르는 데는 충분한 시간이 필요하다. 그러니 오히려 한글 책을 다양하게 챙겨서 읽히자. 책을 많이 읽은 아이가 마침내 공부에서도 두각을 드러내는 시기가 온다. 영어 책 읽기를 이제 막 시작했다면 낮은 레벨부터 읽어 주자. 동시에 한글 책도 아이의 레벨에 맞게 읽히자. 한글 책으로 읽어야 하는 독서량을 채워 주자.

한글 책을 꾸준히 다양하게 읽히면 어떤 일이 일어날까? 결론부터 말하면 영어 책 읽기에 긍정적인 영향을 미친다. 엄마가 아이에게 한글 그림책, 장편 소설 등 다양한 책을 읽어 준다. 한글 신문을 스크랩하고 읽은 내용으로 아이와 이야기를 나눈다. 그러면 아이가 한글에 익숙해지는 시기가 온다. 글을 읽고 이해하는 폭이 넓어지고 독서를 즐기게 된다. 배경지식도 늘어난다. 그러면 영어 책을 읽을 때도 이해의 폭이 커진다. 한글 책을 풍부하게 읽어 놓으면 영어 책 읽기가 수월해진다. 한글 책도 멈추지 말고 풍부하게 읽어 주자.

넷째, 챙겨야 할 것을 꼭 챙기자. 늦게 시작했다고 해서 해야 할 일을 빠뜨리지 말자. 주변 아이들의 레벨이 꽤 높으니 마음이 다급해진다. 늦게 시작했지만 내 아이도 억지로 그 아이들의 레벨에 맞춰 영어 책을 읽힌다. 하다 보면 따라가겠지 하는 기대로 레벨을 건너뛴다. 조급한 마음은 이해한다. 주변 아이들과 비교되는 것도 이해할 수 있다.

그런데 아직 기초를 쌓아야 하는 상황에 레벨을 막 건너뛰면 어떤 일이 일어날까? 레벨을 건너뛰어도 책 내용의 일부는 이해할 수 있다. 그렇다고 계속 레벨을 건너뛰면서 영어 책을 읽어 주면 단어나 문장에 익숙해지지 않은 채로 레벨만 올라간다. 전 단계 레벨에서 정리되었어야 하는 어휘, 문장, 표현에 구멍이 나기 시작한다. 시간이 지나서 레벨은 높아져 있을지 모른다. 그러나 기초 단계에서 배워야 할 영어 표현을 모르는 상태로 레벨만 높을 수 있다. 마음이 급하더라도 단계별로 올라가야 한다. 아이에 따라 단계별로 읽는 책의 권수를 줄일 수 있다. 쉬운 책은 여러 권 몰아서 읽는 방법도 있다. 하지만 레벨을 너무 심하게 건너뛰는 일은 삼가야 한다. 기본적이면서도 중요한 것을 놓칠 수 있기 때문이다.

아이가 우리말 책을 많이 읽었고 잘 읽을 수 있다고 해도, 영어 레벨이 낮으면 단계별로 올라가야 한다. 아이가 우리말 실력에 도움을 받아 영어 책 읽기에 속도가 붙을 수도 있다. 그러니 챙겨야 할 것은 챙기면서 영어 책 읽기의 단계를 높여 가자. 급하다고 해서 꼭 챙겨야 할 것을 건너뛸 수는 없다. 오히려 시간이 걸려도 기초를 잘 다져 놓으면 나중에 레벨이 쭉쭉 잘 올라갈 수 있다.

책 읽을 시간이
부족하다면?

9

시간을 어떻게 경영하면 효율적일까? 많은 사람이 고민하는 문제다. 무엇을 하든지 '시간'이 필요한데 이 자원은 제한적이기 때문이다. 일주일은 168시간이다. 시간은 모두에게 공평하게 주어진다. 하지만 시간 활용은 각자의 시간 경영 능력에 따라 달라진다. 시간을 고무줄처럼 늘려서 쓸 수 있고 줄여서 쓸 수도 있다. 『나는 그녀가 어떻게 했는지 알고 있다(I Know How She Does it)』의 저자 로라 밴더캠은 이렇게 말한다. "We don't build the lives we want by saving time. We build the lives we want, and then time saves itself(우리가 시간을 절약해 원하는 인생을 만드는 것이 아니다. 우리가 원하는 인생을 만들어 나가면 시간은 저절로 절약된다)." 그녀의 말은 나름대로 일리가 있다. 그렇다면 우리는 책 읽을 시간이 부족할 때 어떻게 해야 할까?

첫째, 영어 책 읽기를 정말 중요한 일이라고 생각하는지 돌아보자. 가끔 정말 기적과 같은 일을 목격하게 된다. 월드컵처럼 '중요하다고'

생각되는 경기가 열린다. 월드컵 경기가 열리는 기간에 모든 사람이 휴가를 내는 것도 아니다. 갑자기 하던 일이 줄어들지도 않는다. 모든 회사, 기업, 가게가 그 기간을 배려해 하던 일을 멈추는 것도 아니다. 그런데도 축구를 좋아하는 사람은 무슨 수를 써서라도 월드컵 경기를 본다. 사람들은 자신에게 의미 있고 중요한 일을 위해 시간을 만들어 낸다. 중요한 일을 하는 데는 앞뒤를 재거나 계산하지 않는다. 일단 중요한 일이 먼저고 그다음에 나머지를 배치한다. 의식적이든 무의식적이든 그렇게 한다. 그래서 평소처럼 해야 할 일이 많은데도 월드컵 경기를 볼 수 있는 것이다.

영어 책 읽어 주기가 엄마에게 어떤 의미가 있는지 생각해 보자. 꼭 축구팬이 월드컵 경기를 열광하는 정도는 아니어도 좋다. 그렇지만 적어도 영어 책 읽기가 의미 있고 중요하다고 생각하는지 스스로 점검해 보자. 마음만 확실하다면 해 볼 만한 일이다. 남들이 하는 일이 아니라 우리 집에서도 충분히 해낼 수 있는 일이다.

둘째, 시간을 꼭 내자. 그런데 좀 여유롭게 시간을 내자. 시간을 어디서 떼어낼지 계획을 짜려고 하면 잘 안 될 때가 있다. 오전 스케줄은 오전대로 차 있고, 오후 스케줄은 오후대로 꽉 차 있다. 시간을 처음부터 떼어낼 수 있다면 그렇게 해도 좋다. 그런데 이 과정이 더 골치 아프다면 하루에서 사흘 정도 관찰해 보자. 책을 근처에 놓고 틈나는 시간에 읽어 주는 것이다. 사흘 정도 지나면 하루 중 언제 시간이 나는지 보일 것이다. 그 시간을 활용해 책을 읽어 주면 된다.

아이가 아직 시작 단계라 책 한 권 읽는 데 3~5분 정도 걸릴 수 있다. 그렇다 하더라도 10~15분 정도의 여유가 필요하다. 딱 3~5분 정도만 예상해 책을 읽고 덮어 버리면, 아이와 함께 책의 내용을 생각할 시간이 부족하다. 아이의 생각과 감정을 들어줄 시간도 없다. 책 표지나 책 속의 그림을 보면서 이야기할 기회도 놓친다. 잠시 책을 읽어 주더라도 엄마와 아이가 함께 말을 주고받을 시간을 고려해 시간을 여유롭게 내자.

셋째, 작게 시작하자. 실천 가능한 시간부터 시작하면 된다. 위에서 말했듯이 10~15분으로 시작할 수 있다. 마음의 부담이 너무 많으면 영어 책 읽기를 시작하기도 전에 지친다. 물론 기준이 높으면 어떤 일이든 그만큼 완성도를 높일 수 있다. 영어 책 읽기도 기대치가 높으면 해내고자 하는 마음 때문에 좋은 결과를 얻을 수도 있다. 하지만 높은 기준 탓에 실제로 실천이 어려워지기도 한다. 당장 기대치만큼 해내기 어렵기 때문이다. 높은 기준에 맞추려면 시간과 노력이 상당히 요구된다. 이럴 때는 오히려 기준을 낮추어야 한다. 결국 기대하는 만큼 이루어질 것이니 엄마 자신을 믿어야 한다. 그리고 당장 실천할 수 있는 시간부터 마련하자.

짧은 시간도 습관이 되면 중요한 역할을 감당한다. 잠자기 전 아이와 하는 짧은 인사, 아침에 일어나서 묻는 짧은 안부, 바쁜 하루에 잠시 갖는 차 마시는 여유……. 모두 짧은 시간이지만 우리의 삶을 의미 있게 만들고 쉼과 힘을 준다. 영어 책 읽기, 일단은 짧은 시간을 생각하고 시작하자. 이 시간에 영어에 익숙해지고 재미있게 책을 읽는 데 주력하자. 그러다 보면 다음에 어떻게 해야 할지 떠오를 것이다. 시간 활용에 관해, 영어 책 읽기에 관해 새로운 아이디어가 생각날 것이다.

넷째, 하루 중 너무 피곤한 시간은 피하자. 피곤한 시간에는 쉬어야 한다. 아이에게도 엄마에게도 영어 책 읽기가 피곤한 일로 여겨지면 오래 지속할 수 없다. 피곤한 시간에 영어 책을 읽어 주면 아이도 엄마도 쉽게 지친다. 어느 정도 지속적으로 할 수 있는 시간을 찾자. 영어 책 읽기는 엄마가 일방적으로 읽고 덮는 것이 아니다. 아이와 함께 시간을 보내야 한다. 쫓기듯이 하거나 피곤한데 억지로 하게 되면 오히려 다시는 하고 싶지 않은 일이 될 수 있다. 짧은 식사 시간도 즐거워야 기다려진다. 영어 책 읽기도 길지 않더라도 휴식 같은 시간이 되어야 기다려진다. 아이와 엄마가 편한 시간을 찾아보자. 영어 책 읽기가 한결 수월해질 것이다.

다섯째, 정해진 시간을 마련할 수 없다면, 영어 책을 눈에 보이는 곳에 놓고 틈날 때 읽어 주자. 오늘 읽을 영어 책을 미리 정해 가까운 곳에 두자. 아이 침대 옆, 식탁 옆, 화장실 옆 등 자주 가는 곳에 놓아두자. 오늘 읽기로 정한 책은 꼭 읽어 주되, 시간에 구애는 받지 말자. 어떻게 해서든 읽어 주었다면 오늘은 성공!

만약 이렇게도 힘들다면 주말을 이용하자. 꼭 주말이 아니더라도 하루 이틀 여유가 있는 날을 찾아보자. 매일 영어 책을 읽어 주는 것이 가장 좋지만 그것이 힘들면 요일을 정해 읽어 주면 된다. 조금이라도 여유로운 날 아이와 영어 책을 읽자. 사람마다 시간표는 다르다. 하지만 꾸준히 즐겁게 영어 책을 읽자.

여섯째, 책의 일부를 벽에 붙여 주는 방법도 있다. 물론 이 방법이 모두에게 효과적이지 않을 수도 있다. 벽에 영어 책의 글귀를 붙여 주면 유독 자주 들여다보던 학생이 있었다. 심지어 나중에는 외우다시피 했다. 사실은 아이가 영어 책과 잘 친해지지 못해서 생각해낸 방법이었다. 책의 일부 내용을 쓰고 그림도 그리고 색칠도 해서 방문에 붙여 주었다. 꼭 읽지 않더라도 글과 익숙해지길 바랐다. 평소 책은 좋아하지 않았지만 문에 붙여 놓은 책에는 관심을 보였다. 나중에 들으니 오가다가 엄마에게 붙여진 영어 책에 대해 질문을 했다고 한다. 어떻게 읽는지 읽어 달라고도 했다. 그러다가 익숙해진 단어는 혼자 읽어 보았다.

처음 시작하는 단계에서 책 읽기 시간을 확보하기 어렵다면 시도해 볼만 하다. 읽어 줄 책의 내용을 써서 눈에 띄는 곳에 붙여 주자. 오가면서 잠시 틈을 내 아이에게 읽어 주면 된다. 시간이 없을 때 한두 권 정도는 이렇게 할 수 있다. 그림책은 A4 용지로 서너 장 정도에 글을 다 옮겨 적을 수 있다. 시간이 너무 없을 때 할 수 있는 요긴한 방법이다.

일곱째, 어쩌면 시간이 아니라 체력이 문제일 수도 있다. 주어진 시간도 같고 하는 일이 많은 것도 아니다. 그런데 영어 책 읽기 시간을 확보하는 게 어렵게 느껴진다. 혹시 엄마나 아이의 체력에 문제가 있는 것은 아닌지 살펴보자. 영어 책 읽기는 체력 소모가 별로 없을 거라고 생각하기 쉽다. 하지만 상황과 사람에 따라 다르다. 체력이 부족한 경우에는 체력을 잘 관리하면서 시간 계획을 짜야 한다. 엄마가 아이를 돌보는 데는 굉장한 체력이 요구된다. 그런데 영어 책 읽기까지 하려면 더 많은 에너지가 필요하다. 영어 책 읽기가 힘이 소모되는 시간이 아니라 아이와 함께 힘을 얻는 시간이 되도록 만들자. 그러려면 기초 체력이 필요하다.

아이가 영어 책 읽기를 꾸준히 지속하려면?

10

무슨 일이든 처음에 좋아서 시작하면 며칠 동안은 지속한다. 그런데 그 며칠이 몇 주가 되고, 몇 달이 되고, 몇 년이 되는 일은 쉽지 않다. 무슨 일이든 지속성을 띄기 시작하면 그때부터 성장이 일어난다. 영어를 배우는 과정도 다르지 않다. 우리는 영어 책 읽기의 장점을 충분히 알고 있다. 영어 책 읽어 주기는 다른 것으로는 대체할 수 없는 효과가 있다는 것도 안다. 다양한 매체가 발달해도 영어 책 읽기에 대한 관심은 사그라지지 않는다. 오히려 영어 책 읽기에 관한 연구들이 끊임없이 이어지고 있다.

문제는 우리가 영어 책을 왜 읽어야 하는가가 아니다. 영어 책 읽기를 어떻게 시작할까도 아니다. 영어 책 읽기를 어떻게 효과적으로 지속해 나가는지가 문제다. 영어 책 읽기를 지속적으로 해내야만 앞에서 말한 좋은 효과가 결과로 얻어진다. 아이에게 영어 책을 지속적으로 읽게 하려면 어떻게 해야 할까?

첫째, 엄마가 꼭 함께 읽어 주어야 한다. 어린아이라면 더더욱 엄마가 같이해야 한다. 어린아이들은 아직 혼자서 무엇을 해내지 못한다. 지금 막 초등학교에 입학한 1학년 아이도 혼자서 무엇을 하라고 하면 잘 못한다. 엄마들은 아이가 초등학교에 가면 숙제를 스스로 챙겨서 하길 바라는 것 같다. 학교에 가면 아이가 자신에게 주어진 일을 스스로 해내는 법을 배워 오길 바라는 것 같다. 하지만 학교에 다니기 시작했다고 해서 당장 아이가 알아서 시간을 분배해 사용하지는 않는다. 학교 선생님이 내 준 숙제를 집에 와서 혼자서 해내는 건 힘들다. 초등학교 저학년까지 엄마의 도움 없이는 쉽지 않다. 영어 책 읽기도 엄마가 함께해 주어야 한다.

엄마가 영어 책을 읽어 주어서 영어 실력이 빠른 속도로 늘지 않더라도 참고 기다리자. 그 과정에서 이미 얻는 것이 많다. 아이에게 영어 책을 읽어 줄 때 아이와 함께 웃은 기억이 있는가? 아이는 엄마와 감정을 나눌 때 친밀감을 느낀다. 친밀감은 아이에게 안정감을 준다. 이러한 선물이 있어야 아이는 영어 책 읽기를 지속할 수 있다.

아이에게 영어 책 좀 읽으라고 잔소리를 해서는 안 된다. 영어 책 읽기는 아이 혼자 해내야 하는 숙제가 아니다. 물론 엄마 혼자서 하는 숙제도 아니다. 잔소리로 잡혀야 할 습관도 아니다. 영어 책 읽기가 억지로 하는 일이 되면 아이가 자발적으로 영어 책을 읽는 일은 없을 것이다. 영어 책 읽는 시간을 아이에게 따뜻하고 즐거운 시간으로 만들어 주자. 그래야 아이는 영어 책 읽기를 계속하고 싶어진다.

둘째, 아이가 자극적인 매체에 노출되지 않도록 하자. 영어 책이 주는 재미는 영상물처럼 화려하고 강렬하지 않다. 책의 재미는 오랜 시간을 투자해 배우는 과정에서 얻어지는 선물이다. 처음에는 매력적이지 않더라도 한 권 두 권 읽다 보면 알게 된다. 책을 읽으면서 얻는 선물은 많다. 상상의 나래 펼치기, 이야기 속 주인공의 마음 이해하기, 작가의 견해에 대해 생각하기 등을 해 볼 수 있다. 창의력과 사고력 발달에도 긍정적인 영향을 준다. 이외에도 수많은 장점이 있다.

책은 친해지는 데 시간이 걸리는 반면, 영상물은 단번에 흥미를 일으킬 수 있다. 아이에게 스마트폰, 텔레비전, 동영상의 자극적인 재미가 책이 주는 즐거움보다 더 크게 느껴질 수 있다. 아이들은 여러모로 호기심도 많고 유연하기 때문에 다양한 매체에 큰 반응을 보인다. 영상물에 눈을 사로잡히면 힘들이지 않고 집중해서 본다. 굳이 머리로 생각하거나 스스로에게 되묻거나 하지 않아도 된다. 텔레비전을 틀어 놓고 하루 종일 보낼 수 있는 이유가 여기에 있다. 스마트폰도 아이 손에 쥐어 주면 시간이 어떻게 흘러가는지 모른다.

영어 책의 재미를 깨닫게 하고 싶은가? 게임이나 영상물처럼 자극적인 매체에 노출시키지 말자. 영상물도 잘 활용하면 좋은 교육 자료가 될 수 있다. 하지만 책의 재미를 알고 나서 필요할 때 보여 주어도 늦지 않다.

셋째, 실천 가능한 목표를 세우자. 아이와 함께 영어 책 읽기의 목표를 구체적으로 세워 보자. 단, 오늘부터 시작해 한 달이나 두 달 후에 이룰 수 있는 목표를 세워야 한다. 처음에는 목표를 이루는 지점을 너무 멀게 잡지 않는 것이 좋다. 1년, 2년은 영어 책 읽기를 시작한 초반에 너무 크게 느껴질 수 있다. 짧은 시간 안에 도달할 수 있는 목표를 세우자.

예를 들면, '한 달 동안 책 50권 읽기'와 같은 목표가 좋다. 물론 50권을 무턱대고 읽는 것은 그다지 효과가 없다. 권수 채우기에만 급급하지 않길 바란다. 급하게 읽지 않아도 한 달에 50권은 쉽게 이룰 수 있는 목표다. 사실 한 달 동안 100권도 가능하다. 처음에는 아이가 한 권이라도 꾸준히 읽는 것을 목표로 할 것이다. 시간이 지나면 자연스럽게 권수가 늘어난다. 짧은 책은 15분이면 세 권 정도도 읽을 수 있다. 조금만 익숙해져도 하루에 두세 권은 읽게 되고, 그러면 한 달에 50권 읽기는 거뜬히 해낼 수 있다.

혹시 아이가 읽었던 책을 다음 날 또 읽어 달라고 해서 읽었다면? 그것도 한 권 더 읽은 것으로 계산하자. 목표는 아이와 엄마가 영어 책 읽기를 꾸준히 해 나가는 것이다. 같은 책이어도 몇 번 더 읽으면 반복을 통해 배우는 것이다. '한 달 동안 책 50권 읽기'를 성공했다면, 그다음 한 달 더 같은 목표를 세우고 실천하는 것도 좋다. 50권을 성공했으니 100권에 도전해 보는 것도 좋다. 기간을 좀 더 길게 잡아 목표를 세우는 것도 괜찮다. 작은 목표를 세우고 성취하는 과정을 아이가 경험하게 하자. 영어 책 읽기를 지속할 수 있는 힘을 길러 준다.

넷째, 목표를 이루는 과정을 눈으로 확인하자. 한 달에 50권 책 읽기 목표를 세웠다. 아이가 이 목표를 이루는 과정을 볼 수 있도록 읽은 책 목록을 기록하자. 책 제목, 저자, 출판사, 읽은 날짜 등을 적으면 된다. 아이와 책을 읽고 나면 매번 함께 기록하도록 하자. 잘 보이는 곳에 읽은 책의 리스트를 붙이는 것이 좋다. 아이는 오갈 때마다 몇 번이고 들여다보면서 자기가 몇 권 읽었는지 세어 본다. 한 권 한 권 쌓여 갈 때마다 작은 성취감을 맛본다. 책 읽기를 힘들어하는 날도 다 읽고 나서는 리스트에는 스스로 적겠다고 나설 것이다. 아이도 무언가를 이루어 가고 있을 때 보람을 느낀다.

　칭찬 스티커를 주는 방법도 있다. 칭찬 스티커를 주는 기준을 먼저 세운다. 예를 들어, 영어 책 읽기 시간에 기꺼이 참여했을 때 스티커 주기. 재미있는 책을 골라 왔을 때 스티커 주기. 책장을 함께 넘겼을 때 스티커 주기. 이렇게 언제 스티커를 줄 것인지 정하고, 아이가 한 가지씩 지킬 때마다 스티커를 챙겨 준다. 스티커 100장을 모으면서 선물을 기다릴 수도 있다. 하지만 아이들은 예쁜 스티커를 받는 것만으로도 좋아한다. 자신이 목표하고 있는 일의 과정이 스티커를 통해 확인된다. 아이는 성취감을 얻고 동기가 부여된다.

어떻게 하면
영어로 실컷 떠들 수 있을까?

11

한국에서 태어나 영어를 배우고 어느덧 영어라는 언어에 익숙해지는 것이 가능할까? 정말 영어로 수다를 떨 수 있을까? 7세였던 학생이 커서 지금은 중학교 1학년이 되었다. 얼마 전에 SNS에 영어로 자신의 일상을 올린 것을 보았다. 근래에 재미있던 일을 신나게 영어로 이야기하는 모습을 동영상으로 촬영했다. 학생을 처음 만났을 때는 영어로 읽고 말하는 것을 힘들어했었다. 그래서 영어도 언어라는 사실을 인식시키려고 노력했다. 시험처럼 보이는 교재는 모두 사용하지 못하게 했다. 학습서 풀기 대신 영어 책 읽기를 시작했다. 영어 이야기만 잔뜩 모아 놓은 책을 교재처럼 사용하기도 했다. 이런 시간들이 켜켜이 쌓여 지금은 영어가 아주 자연스러워진 것이다. 누가 시킨 것도 아닌데 영어로 수다를 떨고 있다. 어떻게 하면 이 학생처럼 영어로 실컷 떠들 수 있을까?

첫째, 아이에게 동기와 이유가 있으면 영어로 떠들 수 있다. 영어로 말해야만 하는 상황이나 계기가 동기를 부여한다. 작은 계기부터 큰 계기까지 모두 포함한다. 대표적인 예는 영어권 나라에 이민을 가서 영어를 써야 하는 경우다. 꼭 이런 상황이 아니더라도 상관없다. 충분히 한국에서도 아이에게 영어로 말해야 하는 이유를 만들어 줄 수 있다. 어떻게 하면 아이에게 영어로 꼭 말해야 하는 이유를 만들어 줄 수 있을까?

우선 재미있는 영어 책을 찾아 주자. 아이는 영어 책이 재미있으면 자연스럽게 중얼중얼 따라한다. 일부러 외우려 하지 않아도 같은 표현이 반복되면 책을 읽다가 외워진다. 억지로 외우게 하지 않아도 자연스럽게 영어 표현을 기억한다. 영어 책 한 권 두 권 외우다 보면 영어에 익숙해진다. 익숙해지면 말하고 싶어진다. 책 속의 캐릭터를 좋아해서 흉내 낼 수도 있다.

아이의 영어 책에는 대화체가 많이 들어 있다. 엄마가 책 읽어 주는 소리를 들으면서 자연스럽게 대화체를 배우게 된다. 대화체 부분을 읽다가 같은 패턴으로 아이에게 말을 걸어 주는 것도 좋다. 새로운 표현을 생각할 필요 없이 그대로 아이에게 말을 걸어 보자. 아이가 꼭 문장으로 대답하지 못해도 괜찮다. 엄마가 영어로 한두 마디 건네는 것이 아이에게는 영어로 말해야 할 동기가 될 것이다.

아이가 단어 하나라도 영어로 말했다면 기뻐해 주자. 아이에게 영어로 말하도록 동기를 부여하는 좋은 방법이다. 한 단어라도 영어로 내뱉었다면 영어로 말한 것이 맞다. 긴 문장을 늘어놓는 것만이 영어로 말하는 것은 아니다. "Good!" "Hungry." 모두 영어 표현이다. 우리말을 처음 배울 때도 한 단어 말하기부터 시작한다. 아이가 한 단어로 말했을 때 주변 반응은 어떤가? 아이가 말을 시작했다고 엄마 아빠는 신이 난다. 영어도 마찬가지다. 짧은 단어 하나라도 표현했다면 영어로 말한 것이다. 마음껏 축하하고 기뻐해 주자. 영어로 말했을 때 주변에서 기뻐한다면 아이는 더 영어로 말하고 싶어질 것이다. 영어 말하기는 이렇게 단어 하나 말하는 것으로 시작된다. 작은 시도에 아이는 칭찬을 받고, 칭찬은 아이에게 영어로 말해야 하는 이유가 된다.

영어로 대화할 수 있는 친구 그룹을 만나게 하는 것도 좋은 방법이다. 앞서 소개한 학생의 이야기다. 학생은 집에서 영어로 말을 시키면 쑥스러워했다. 정말 얼마만큼 영어를 알고 있는지 확인하기 어려울 정도였다. 알고 있는데 안 하는 건지, 불편해서 안 하는 건지 확실히 구별하기 어려웠다. 다행히 이 학생은 친구들과는 이야기를 많이 하는 편이었다. 초등학교에 입학한 뒤 고학년이 되자 더 적극적으로 동아리에서 친구들을 사귀었다. 친구들과는 다들 영어로 말을 주고받았던 것 같다. 그래서 지금은 어른들이 영어로 말을 시켜도 어색해하지 않고 대화한다. 동아리 친구들을 만난 것이 큰 계기가 되었다. 영어로 말할 수 있는 친구들은 학교 모임에서 만나면 좋다. 학교생활도 함께하기 때문에 말할 거리도 많다.

둘째, 아이의 성격과 스타일을 배려해 영어 말하기 실력을 키워 주자. 아이는 성격과 스타일에 따라 영어로 말하는 과정이 다르다. 우리말을 하는 과정을 생각해 보면 쉽게 이해할 수 있다. 아이들마다 말하는 스타일이 다르다. 어떤 아이는 머릿속에서 생각이 잘 정리되어야 말로 옮긴다. 또 어떤 아이는 일단 즐겁게 말부터 꺼내고 본다.

생각이 정리되어야 말을 하는 아이에게는 좋은 영어 표현을 읽히자. 생각하느라 영어 한 문장 말하기에 시간이 걸리는 아이의 장점은 신중함이다. 신중한 아이는 영어 책을 읽을 때도 골똘히 생각하며 읽는다. 책에 나온 장면, 글, 표현, 단어, 사건의 진행 과정을 신중하게 생각하며 읽는다. 영어 표현들을 책 속에서 몇 번이고 확인한다. 이렇게 해서 많은 영어 표현을 머릿속에 기억해 놓는다.

신중한 아이는 말을 더 천천히 시작할지 모른다. 영어로 말하기를 시작하고서도 말하기 실력이 급히 올라가지 않을 수도 있다. 하지만 생각이 정리되고 나면 조리 있게 영어로 말할 수 있다. 머릿속에 기억하는 영어 표현과 자신의 생각을 잘 연결시켜 말하기 때문이다. 이런 스타일의 아이라면 절대로 다그치지 말자. 시간을 충분히 주고 말을 잘 들어주자. 다양한 영어 표현을 접할 수 있도록 좋은 영어 책을 골라 주자. 글로 쓴 영어를 보여 주는 것이 생각이 많은 아이에게는 효과가 있다. 시간이 지나면 더 정돈되고 조리 있게 영어로 말할 수 있을 것이다.

아이가 일단 영어로 말을 내뱉는 것을 좋아한다면? 맞고 틀리는 것에 초점을 맞추지 말고 그냥 실컷 말하게 해 주자. 이런 스타일의 아이는 말을 많이 사용하면서 언어를 배운다. 아이들을 가르치다 보면 개중에는 정말 이런 아이들이 있다. 틀리든 맞든 자신이 들은 것이나 읽은 것은 생각나는 대로 다 말한다. 이런 아이들에게 말을 시켜 보면 어떤 표현이 담긴 책을 읽었는지 금세 알 수 있다. 자기가 책에서 본 표현을 일단 말로 옮기고 보기 때문이다.

읽은 것을 그대로 복사해 말로 옮기므로 당장 쓸 수 있는 표현이 많은 책을 읽어 주면 좋다. 대화체가 많은 책을 읽어 주면 생활에서 사용할 수 있는 표현을 적극적으로 배울 것이다. 말을 좋아하는 아이는 들으면서도 표현을 빨리 익힌다. 들을 수 있는 영어 책을 오디오로 들려주자.

셋째, 영어 책을 낭독하고 녹음해 보자. 책을 소리 내어 읽는 것은 아이들의 읽기 실력을 단단하게 해 주기도 하지만 말하기 훈련도 시켜 준다. 방법은 매일 영어 책을 소리 내어 읽은 것을 녹음하는 것이다. 녹음이 끝나면 반드시 아이와 함께 듣는다. 처음부터 책을 다 읽기 힘들면 한두 쪽만 읽으면서 녹음하면 된다. 장담하건대, 아이가 녹음하고 듣는 과정을 아주 즐거워할 것이다. 눈으로 책을 읽고, 입으로 소리 내서 읽고, 녹음한 것을 귀로 듣는다. 이 과정에서는 정보의 인풋과 아웃풋이 동시에 일어난다. 낭독과 녹음, 그리고 녹음한 것 듣기를 반복하면 아이의 영어 발음과 유창함이 확 성장하는 것을 느낄 것이다.

낭독과 녹음에 적절한 책은 무엇일까? 우선 아이가 읽는 데 막힘이 없고 쉬운 책이어야 한다. 엄마가 읽어 줄 때는 조금 복잡한 문장이 있는 책도 괜찮다. 하지만 아이가 읽고 녹음할 때는 아이 혼자 읽기에 적절해야 한다. 그래서 그림책은 추천하지 않는다. 그러나 꼭 그림책을 읽히고 싶다면 단어와 문장이 반복되는 책을 선택하자. 내가 권하고 싶은 책은 리더스북이다. 낮은 단계의 리더스북부터 시작하자. 쉬운 책으로 시작해 단계를 천천히 올리면 된다. 아이가 부담을 느끼지 않고 즐거워야 지속할 수 있다. 시간이 지날수록 성취감도 늘고 말도 는다.

아이가 원어민을 보고
도망간다면?

12

어학원에서 근무하던 시절이었다. 학생들과 영어로 수업하고 영어로 말하는 것이 습관이 되어 있던 때였다. 퇴근길에 마주치는 동네아이들은 나에게 반갑게 인사를 건넸다. 우리는 짧은 대화를 주고받았다. "Where are you going?" 습관 탓인지 나는 영어로 말을 걸었다. 신기하게도 아이들도 그냥 영어로 대답했다. "Um, I'm going to the swimming class." 아이들은 대부분 거부감 없이 영어로 답하곤 했다. 전과는 다르게 요즘 아이들은 영어를 참 많이 듣고 자란다고 생각했다. 그럼에도 초등학생을 자녀로 둔 엄마들이 많이 하는 질문 중 하나는 '영어 말하기'다. 아이의 영어 말하기 실력을 늘릴 방법에 관해 고민을 많이 한다. 내 아이도 옆집 아이처럼 원어민 앞에서 겁 없이 영어를 잘하려면 어떻게 해야 할까?

첫째, 엄마가 꼭 해야 할 몇 가지가 있다. 먼저 옆집 아이는 포기하자.

매번 들을 때마다 신기한 엄마들의 이야기. "옆집 아이는 네 살인데 벌써 영어로 말을 한대요." 항상 이야기에 등장하는 '옆집 아이'는 영어 신동이다. 하지만 얼마만큼 영어를 잘하는지 수준은 정확히 모른다. 그리고 옆집 아이에 대한 이야기는 내 아이에 대한 걱정으로 끝을 맺는다. "우리 아이는 아무리 책을 읽어 줘도 영어로 말도 못하는데……." 그러나 옆집 아이는 내 아이와 전혀 상관없다. 내 아이를 옆집 아이와 비교할 필요가 없다. 아이들은 제각기 다르다. 영어를 배울 때도 실력이 향상되는 영역과 순서가 다르다. 어떤 아이는 말하기가 먼저 향상되고, 어떤 아이는 읽기가 먼저 향상된다. 모든 아이가 다 똑같을 수는 없다. 내 아이에게 적합한 방법은 따로 있다. 내 아이도 영어를 잘할 수 있는 방법이 있다는 것을 믿자.

엄마는 아이에게 절대 영어로 말해 보라고 강요해서는 안 된다. 다른 사람 앞에서 아이에게 이렇게 말하는 엄마들이 있다. "말해 봐. 어제 배운 표현 있잖아." 어른들도 영어를 배우고 나서 "영어로 말해 봐."라고 하면 얼마나 당황스러운가? 아이도 마찬가지다. 특히 해외여행에서 아이에게 영어로 물어보고 오라고 시키지 말자. 자연스럽게 아이가 영어로 말하고 싶은 상황에서 엄마가 격려해 주는 것은 좋다. 하지만 아이가 하고 싶지 않다면 영어로 말해 보라고 억지로 시키지 말자. 더 움츠러들고 더 하기 싫어서 오히려 역효과만 난다.

마지막으로 엄마가 꼭 해야 할 일이 있다. 영어 책 읽기가 영어 말하기 실력을 키워 준다는 믿음을 갖는 것이다. 엄마가 읽어 준 영어 책이 차곡차곡 쌓인다. 아이에게 들려준 영어 표현도 아이의 마음과 생각에 차곡차곡 담긴다. 건강한 음식을 해 준다고 당장에 변화가 보이는 건 아니다. 그런데 시간이 흐르면 아이는 몸도 건강해지고 키도 자라게 된다. 그동안 무엇을 먹었는지 확연히 드러나는 순간이 오게 마련이다.

영어 책 읽기도 마찬가지다. 오랜 시간 익숙해진 영어는 자연스럽게 말로 튀어나온다. 한순간에 영어가 말로 쏟아져 나오지는 않는다. 그렇다고 엄마가 읽어 준 수많은 영어 표현이 없어진 게 아니다. 그것을 잘 알기에 애써 좋은 영어 책을 고르는 것 아닌가? 성급한 마음은 내려놓자. 영어 책 읽기가 영어 말하기에 좋은 영향을 미친다는 사실을 믿자. 긍정적인 기대는 긍정적인 결과를 가져온다.

둘째, 아이가 영어로 말하기에 편안한 상황을 만들자. 어떤 아이는 원어민이 어색한 상대일 수 있다. 영어 유치원에서 근무하던 시절에 있었던 일이다. 영어 유치원에서 반 개설을 더 이상 하지 않기로 결정했다. 그래서 아이들은 다른 유치원으로 가야 했다. 우리 반 학생 몇 명도 다음 학기를 위해 다른 유치원에 시험을 보러 갔다. 아이들은 6세였는데 이미 영어 실력이 아주 좋았다. 어디를 가서 시험을 봐도 레벨이 높게 나올 아이들이었다. 아니나 다를까 가는 곳마다 레벨을 잘 받아서 영어 유치원을 골라서 갈 수 있었다.

그런데 유독 한 아이가 높은 레벨을 받지 못했다. 이유인즉슨, 낯선 원어민 선생님과 단둘이 앉아 인터뷰를 시작하면 울음보가 터졌던 것이다. 그 아이는 인터뷰 통과가 어려워 애를 먹었다. 우리 반에서는 어떤 시험을 봐도 늘 백점을 맞는 아이였다. 우리 반에 들어올 때는 영어 인터뷰 성적도 가장 좋았다. 하지만 아이는 낯을 많이 가렸다. 낯가리는 아이에게 처음 보는 원어민 선생님과 단둘이 교실에 앉아 인터뷰를 하는 건 곤욕이었을 것이다. 아이는 말 한마디도 꺼내지 못했다고 한다.

원어민과 영어로 말하기가 불편하다면 우선 편안한 상대를 찾아 말하기 연습을 하면 된다. 엄마도 좋고 아빠도 좋다. 집 안에 있는 형제들과 말을 주고받아도 된다. 꼭 원어민과 연습해야 영어 실력이 좋아지는 건 아니다. 원어민과 영어를 주고받았다고 당장 고급 영어를 배우는 것도 아니다. 아이가 편안한 마음으로 자신의 생각을 영어로 말할 수 있게 하자.

가끔은 엄마가 용기를 내야 할 때도 있다. 내 아이에게 원어민과 말하는 연습을 시키고 싶다면 엄마가 먼저 원어민과 대화를 시도해 보자. 요즘은 거리에서 영어권 사람들을 만나기가 쉽다. 그들이 먼저 길을 묻는 경우도 많다. 해외여행을 할 때도 원어민을 만날 기회는 많다. 이런 상황이 오면 엄마가 먼저 말을 건네자. 간단한 단어도 좋고 문장도 좋다. 엄마가 원어민과 말하려고 시도하는 모습을 아이가 보면 어떨까? 원어민에 대한 낯선 마음이 눈 녹듯이 사라질 수 있다. '아, 그냥 편하게 말해도 되는구나.'라고 생각한다. 아이가 원어민을 좀 더 편하게 느끼기 시작한다. 아이의 마음만 편안해져도 영어로 말하기가 훨씬 쉬워진다.

셋째, 쉐도잉(shadowing)을 시도해 보자. 쉐도잉은 영어를 귀로 들으면서 동시에 입으로 말하는 것으로, 영어 말하기 연습법 중 하나다. 우선 쉐도잉이 가능하려면 듣기가 편해야 한다. 그래야 들으면서 동시에 말하기가 가능하다. 쉐도잉은 말하기에 속도감을 키우고 말을 유창하게 만드는 좋은 방법이다. 주로 동시 통역사들이 훈련하는 방법이기도 하다. 그럼 아이들은 어떻게 쉐도잉을 통해 말하기 연습을 할 수 있을까?

쉐도잉을 시킬 때는 무조건 이미 읽은 책 중에 쉬운 것을 고르자. 처음부터 속도가 빠른 책은 피해야 한다. CNN 뉴스처럼 영어 뉴스를 가지고 쉐도잉을 하도록 소개하는 책들도 있다. 하지만 꼭 뉴스로 하지 않아도 된다. 내 아이의 레벨에 맞춰야 효과가 있다. 읽은 책 가운데 가장 기억에 남는 책을 고르자. 가장 재미있거나 반복 표현이 많거나 대화문이 많은 책을 골라도 좋다. 그래야 쉐도잉을 어렵지 않게 시도할 수 있다. 일단 수고스럽더라도 엄마가 먼저 연습해야 한다. 그런 다음 아이에게 시범을 보여 주자. 쉬운 책은 엄마도 연습하기 어렵지 않다. 쉐도잉을 하면 말에 익숙해진다. 아이가 쉐도잉 훈련을 잘 따르거나 좋아한다면 지속할 수 있다. 영어 말하기 연습은 원어민 선생님과의 수업보다 쉐도잉이 더 효과적이다.

레벨에 따라 아이들을 위한 팟캐스트를 활용하는 것도 도움이 된다. 물론 시작 단계라면 욕심을 부리지 않길 바란다. 적절한 레벨에 올라갈 때까지 기다렸다가 들려줘도 늦지 않다. 커먼센스미디어(commonsensemdeia)에서 소개하고 있는 아이들을 위한 가장 좋은 20편의 팟캐스트를 참고해 보자. https://www.commonsensemedia.org/blog/20-best-podcasts-for-kids에 들어가면 볼 수 있다. 비영리 조직인 커먼센스미디어는 전 세계 아이들을 위해 양질의 미디어를 선별해 소개하고 있다.

아이가 같은 책만
자꾸 고집한다면?

13

"자, 오늘은 어떤 책을 읽을까?"

여덟 살 아이에게 수업을 시작하면서 묻는다.

"『The Rabbit's Tale』이요."

몇 달이 지나도 대답은 똑같다. 영어가 싫다고 힘들어하던 아이였다. 어떤 책을 읽어 줘도 흥미를 보이지 않았다. 이 아이에게 과연 어떤 책이 흥미를 일으킬 수 있을지 늘 고민이었다. 그러다가 이 책을 만난 것이다. 이 책은 Usborne First Reading이라는 리더스북의 Level 1에 있는 책이었다. 이 책에는 아주 짧은 스토리가 들어 있다. 처음에 이 책을 들고 왔을 때는 한두 번 정도 읽게 될 거라고 생각했다. 이렇게 오랫동안 반복해서 읽고 싶어 할 거라고는 상상도 못했다. 아마 어른인 내가 미처 알지 못하는 매력이 있는 건 아닐까 싶다. 나는 아름다운 그림책이나 감동적인 수상작 가운데 아이가 좋아하는 책이 있을 거라 짐작했다. 그러나 아이는 예상외의 책을 고집스럽게 반복해서 읽었다. 그런데 같은 책만 자꾸 고집하는 건 괜찮을까? 이런 상황에서 어떻게 다양한 책을 읽게 할 수 있을까?

첫째, 우선 아이가 고집하는 책은 지속적으로 읽어 주자. 그러면서 몇 가지를 짚어 봐야 한다. 일단 아이가 고집스럽게 읽는 책이 생겼다는 건 좋은 일이다. 어떤 점에서 그럴까? 아이는 반복을 통해서 배운다. 물론 엄마가 책을 정해서 아이에게 반복시키는 건 금물이다. 아이 스스로 반복해서 읽을 만큼 좋아하는 영어 책이 생기는 것이 가장 좋다. 반복해서 읽으면 아이는 이야기 속의 언어 구조, 어휘, 표현 등을 자연스럽게 익힌다. 얼마나 좋은 기회인지 모른다.

반복해서 같은 책 읽기가 주는 유익은 2011년 영국에서 '아동의 언어 습득에 관한 연구'를 통해 밝힌 바 있다. 연구 결과에 따르면, 같은 책을 반복해서 읽는 것이 다른 여러 책을 읽는 것보다 단어를 배우는 데 더 효과적이다. 반복해서 읽은 책 안에 나오는 어휘는 익숙하고 편하다. 처음에는 그냥 지나치거나 이해되지 않던 부분도 반복 읽기를 통해 더 깊이 이해하게 된다. 나중에는 책을 거의 통째로 외우게 된다. 마침내 단어뿐 아니라 책의 중심 생각, 세부적인 내용, 문장의 구조까지 완벽하게 파악한다.

아이가 같은 책을 여러 번 읽으면 뇌세포의 움직임이 활발해진다는 것이 또 다른 이점이다. 심리 치료사인 헤더 트루젠은 아이들이 같은 책을 반복해서 읽는 데는 과학적인 이유가 있다고 밝혔다. 첫 번째 이유는 아이들이 반복 읽기를 통해 배우는 과정과 기술에 익숙해진다는 것이다. 같은 단어나 표현을 연습할 때 신경 화학 물질이 나오는데, 이 물질이 뇌세포 사이의 경로를 강화시킨다. 그래서 뇌가 활발하게 활동하는 것이다. 엄마는 아이가 좋아하는 같은 영어 책을 반복해서 읽어 준다. 아이는 이 시간을 통해 배움의 기술을 익히는 것이다.

　두 번째 이유는 아이들은 같은 책을 읽으면서 마음의 안정감을 느끼고 위안을 얻는다는 것이다. 헤더 트루젠은 이렇게 설명한다. "아이들은 일상에서 반복과 패턴을 찾는다. 이것을 통해 세상이 어떻게 돌아가는지 이해한다." 이 점은 어른도 마찬가지다. 좋아하는 책을 다시 찾아서 읽거나 감동적인 부분을 반복해서 읽는다. 마음으로 거듭 음미하거나 그 안에서 쉼을 얻고자 하는 것이다. 마치 좋아하는 음악을 반복적으로 들으며 마음의 위안을 얻는 것과 비슷한 원리다.

　지금까지 반복적으로 같은 책을 읽었을 때 얻을 수 있는 유익을 살펴보았다. 아이가 원하는 책을 실컷 반복해서 읽어 주어도 좋다. 책 한 권을 깊이 이해하면 다음 책도 그렇게 이해할 가능성이 커진다.

　둘째, 아이가 같은 책을 고집하는 이유가 주제나 레벨 때문인지 살펴보자. 이유가 주제라면 비슷한 주제로 책을 구하면 된다. 한번 좋아하는 책은 내려놓기가 쉽지 않다. 다른 책을 좋아하게 되더라도 기존의 책을 함께 읽어 줘야 할 수도 있다. 적절하게 섞어 가며 읽어 주면 된다. 주제별로 읽어 줄 수 있는 책을 229~235쪽에 예로 들어 보았다. 이외에도 영어 서점에 가면 다양한 책을 만날 수 있으니 참고하자.

1. 동물

제목: **Elmer** (그림책, 시리즈)
레벨: 미국 초등학교 2학년
작가 & 일러스트레이터: David McKee

제목: **Brown Bear, Brown Bear, What Do You See?**
(그림책, 시리즈)
레벨: 미국 초등학교 1학년
작가: Bill Martin Jr.
일러스트레이터: Eric Carle

제목: **The Tiger Who Came to Tea** (그림책)
레벨: 미국 초등학교 2학년
작가: Judith Kerr

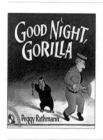

제목: **Good Night, Gorilla** (그림책)
레벨: 미국 초등학교 입학 전
작가: Peggy Rathmann

제목: **Wibbly Pig** (그림책, 시리즈)
레벨: 미국 초등학교 입학 전
작가 & 일러스트레이터: Mick Inkpen

2. 코믹, 유머

제목: **The Napping House** (그림책)
레벨: 미국 초등학교 2학년
작가: Audrey Wood
일러스트레이터: Don Wood

제목: **Seriously Silly Colour** (챕터북, 시리즈)
레벨: 미국 초등학교 2학년
작가: Laurence Anholt

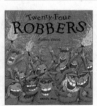

제목: **Twenty-Four Robbers** (그림책)
레벨: 미국 초등학교 입학 전
작가 & 일러스트레이터: Audrey Wood

제목: **No, David!** (그림책, 시리즈)
레벨: 미국 초등학교 입학 전
작가 & 일러스트레이터: David Shannon

3. 일상, 학교생활

제목: **Froggy** (리더스북, 시리즈)

레벨: 미국 초등학교 1학년

작가: Johnathan London

일러스트레이터: Frank Remkiewicz

제목: **Little Critter** (리더스북, 시리즈)

레벨: 미국 초등학교 1학년

작가 & 일러스트레이터: Mercer Mayer

제목: **Mr. Putter & Tabby** (챕터북, 시리즈)

레벨: 미국 초등학교 1학년

작가 & 일러스트레이터: Cynthia Rylant

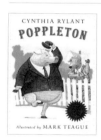

제목: **Poppleton** (리더스북, 시리즈)

레벨: 미국 초등학교 1학년

작가 & 일러스트레이터: Cynthia Rylant

제목: **A Little Princess Story** (리더스북, 시리즈)

레벨: 미국 초등학교 1학년

작가 & 일러스트레이터 : Tony Ross

4. 발레

제목: **Ballerina** (그림책)
레벨: 미국 초등학교 1학년
작가 & 일러스트레이터: Peter Sis

제목: **Tutu Tilly** (그림책, 시리즈)
레벨: 미국초등학교 2학년
작가: Adele Geras
일러스트레이터: Shelegh McNicholas

제목: **Angelina Ballerina** (리더스북, 시리즈)
레벨: 미국 초등학교 1학년
작가: Katharine Holabird
일러스트레이터: Helen Craig

제목: **What Shall We Play?** (그림책)
레벨: 미국 초등학교 1학년
작가 & 일러스트레이터: Sue Heap

제목: **Nina, Nina Ballerina** (리더스북, 시리즈)
레벨: 미국 초등학교 1학년
작가: Jane O'Connor
일러스트레이터: DyAnne Disalvo

5. 판타지

제목: **George Shrinks** (그림책)
레벨: 미국 초등학교 1학년
작가 & 일러스트레이터: William Joyce

제목: **Balloonia** (그림책)
레벨: 미국 초등학교 1학년
작가 & 일러스트레이터: Audrey Wood

제목: **In the Night Kitchen** (그림책)
레벨: 미국 초등학교 2학년
작가 & 일러스트레이터: Maurice Sendak

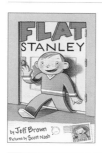

제목: **Flat Stanley** (챕터북, 시리즈)
레벨: 미국 초등학교 2학년
작가: Jeff Brown
일러스트레이터: Macky Pamintuan

제목: **Black Lagoon Adventures** (챕터북, 시리즈)
레벨: 미국 초등학교 2학년
작가: Mike Thaler
일러스트레이터: Jared Lee

6. 요리

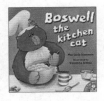

제목: **Boswell the Kitchen Cat** (그림책)

레벨: 미국 초등학교 2학년

작가: Marjorie Newman

일러스트레이터: Suzanne Watts

제목: **Mr. Cookie Baker** (그림책)

레벨: 미국 초등학교 1학년

작가 & 일러스트레이터: Monica Wellington

제목: **Zed's Bread** (그림책)

레벨: 미국 초등학교 1학년

작가: Mick Manning

일러스트레이터: Brita Granstrom

제목: **Two Eggs, Please** (그림책)

레벨: 미국 초등학교 1학년

작가: Sarah Weeks

일러스트레이터: Betsy Lewin

제목: **Five Little Monkeys Bake a Birthday Cake** (그림책)

레벨: 미국 초등학교 1학년

작가 & 일러스트레이터: Eileen Christelow

7. 몬스터

제목: **Go Away, Big Green Monster!** (그림책)
레벨: 미국 초등학교 입학 전
작가 & 일러스트레이터: Ed Emberley

제목: **Monster, Monster** (그림책)
레벨: 미국 초등학교 입학 전
작가 & 일러스트레이터: Melanie Walsh

제목: **Glad Monster, Sad Monster** (그림책)
레벨: 미국 초등학교 1학년
작가 & 일러스트레이터: Ed Emberly

제목: **Inside Mary Elizabeth's House** (그림책)
레벨: 미국 초등학교 1학년
작가 & 일러스트레이터: Pamela Allen

제목: **Monster and Frog** (리더스북, 시리즈)
레벨: 미국 초등학교 1학년
작가: Rose Impey
일러스트레이터: Russell Ayto

셋째, 아이가 같은 책을 고집하는 이유는 작가의 스타일이나 책의 일러스트가 좋아서일 수도 있다. 실제 그런지 확인하기 위해 같은 작가 또는 일러스트레이터의 다른 책을 몇 권 읽혀 보자. 아이와 책에 대해 여러모로 대화도 나눠 보자. 여전히 흥미를 보인다면 같은 작가의 책이나 같은 일러스트레이터의 책을 더 찾아서 읽어 주면 된다. 일러스트도 언급하는 이유는 아동서에서는 에릭 칼과 같이 일러스트레이터가 유명한 책도 있기 때문이다. 아이는 내용에 흥미를 갖기도 하지만 그림 스타일 때문에 책을 읽기도 한다. 여기서는 일단 글을 쓴 저자와 일러스트레이터를 합쳐서 작가라고 부르겠다. 동일한 작가가 쓴 책을 찾는 방법은 여러 가지다. 온라인 서점에 들어가 검색창에 작가의 이름을 입력하면 그 작가가 쓴 다른 책을 찾을 수 있다. 작가의 인터넷 홈페이지에 들어가도 쉽게 확인할 수 있다.

다음은 유명 아동 작가들의 홈페이지 주소다. 홈페이지가 따로 없는 작가들은 출판사에서 작가의 책을 모아 놓은 사이트 주소를 적었다.

- 존 버닝햄(John Burningham): http://johnburningham.com/books/
- 토니 로스(Tony Ross): https://toppsta.com/authors/profile/tony-ross
- 로알드 달(Roald Dahl): https://www.roalddahl.com/
- 쉘 실버스타인(Shel Silverstein): http://www.shelsilverstein.com/
- 앤서니 브라운(Anthony Brown): http://www.anthonybrownebooks.com/
- 에릭 칼(Eric Carle): http://www.eric-carle.com/home.html
- 닥터 수스(Dr. Seuss): http://www.seussville.com/
- 주디 블룸(Judy Blume): http://www.judyblume.com/books.php
- 비버리 클리어리(Beverly Cleary): http://www.beverlycleary.com/books.aspx

◆ **토미 드 파올라**(Tomie dePaola): https://www.tomie.com/

◆ **패트리샤 폴라코**(Patricia Polacco): http://www.patriciapolacco.com/#books

◆ **마이클 로젠**(Michael Rosen): https://www.michaelrosen.co.uk/books/

◆ **데이빗 쉐논**(David Shannon): http://nodavidshannon.com/

◆ **제클린 윌슨**(Jacqueline Wilson): https://www.jacquelinewilson.co.uk/

◆ **에밀리 그레벳**(Emily Gravett): https://www.emilygravett.com/

같은 책을 계속 고집하며 읽어 달라는 아이, 괜찮은 걸까? 괜찮은 정도가 아니다. 드디어 영어 책을 재미있게 읽을 기회가 온 것이다. 이 기회를 통해 영어 책을 깊이 이해할 수 있다. 책의 핵심 주제부터 세세한 내용까지 파악하게 된다. 책 속의 어휘나 표현들도 자연스럽게 익히게 된다. 한 권을 여러 번 읽으면서 책이 무엇인지도 배운다. 게다가 배움의 과정에 대한 이해도 생긴다. 이러한 시간을 통해 안정감도 느낀다.

그렇다면 같은 책 반복 읽기에서 다양한 책 읽기로 확장시켜 줄 수 있을까? 좋아하는 책은 그대로 읽히면서 그 책을 좋아하는 이유가 내용인지, 주제인지, 그림인지 관찰하자. 그 이유에 따라 확장시켜 주면 된다. 이유가 주제라면 비슷한 주제를 찾아 주고, 내용과 그림이라면 같은 작가의 책을 찾아 주면 된다. 반복적으로 읽고 싶은 책을 만났다면 아이는 영어 책 읽기의 큰 전환점을 맞이한 것이다.

영어 문법도
공부해야 할까?

14

한번은 수업 전에 한 중학생에게 문자를 보내 놓았다. 학생이 좀 더 공부를 해 오고 수업시간에 공부한 내용을 확인하면 좋겠다는 생각이 들어서였다. '수업시간에 진도를 빨리 나갈 수 있게 몇 페이지 더 풀어 와' 이렇게 문자를 남기자 'ㄴㄴ'이라고 답장이 왔다. 아하, '네네'라는 표현을 이렇게 하는구나, 하고는 마음을 놓았다. 그런데 그날 의외의 상황이 벌어졌다. 더 풀어 오겠다고 대답한 학생이 문제를 안 풀어 온 것이다. 알고 보니 'ㄴㄴ'은 '네네'가 아니라 '노노'였다. 요즘 십대들 사이에서 사용하는 말은 때로 이해하기 쉽지 않다. 인터넷에서 검색하고 나서야 겨우 그 뜻을 이해하는 경우도 있다. 시대가 바뀌면서 새로운 대화 표현이 출현한다. 영어권에서도 마찬가지다. 말은 시대에 따라 바뀐다. 일상 대화에서는 문법과 전혀 상관없는 말들이 오간다. 그래서 하나로 정해 놓은 영어 문법이라는 것이 중요한가, 하는 생각도 든다. 과연 영어 문법은 여전히 공부해야 할까?

첫째, 먼저 엄마 스스로 질문해 보자. 영어 문법은 중요할까? 엄마들을 만나면 두 가지 극단적인 반응을 보인다. 하나는 문법 공부가 필요 없다는 반응이다. 학창 시절 영어 공부를 그렇게 많이 하고도 말 한마디 못하는 건 문법에 치중해 공부한 탓이라고 생각하는 것 같다. "어차피 문법은 필요 없지 않아요? 그냥 영어로 말하고 쓸 줄 알면 되는 거 아닌가요?" 이런 이야기를 하는 분도 있다. 반대로, 문법이 너무 중요한데 초등학교 1학년 아이가 이해하지 못한다며 걱정하는 분도 있다. 문법을 모르면서 어떻게 영어로 책을 이해하겠느냐는 것이다. 이런 분은 읽기도 사실은 문법이 기초가 되어야 한다고 보는 입장에 있다. 영어에서 문법은 무엇일까? 문법은 중·고등학교 교과서에만 나오는 걸까? 그저 시험만을 위해 공부해야 하는 것일까? 아니면, 영어의 기초 단계에서 완벽하게 알아야만 하는 것일까?

결론부터 말하자면, 영어에서 문법은 중요하다! 문법은 쉽게 말하면 말의 어순이다. 꼭 시험을 위해서만 문법이 있는 건 아니다. 영어로 말할 때도 영어 문법은 중요하다. "I like books."라는 말을 "like books I."라고 하면 알아들을 수 없다. 단어의 순서를 제멋대로 해 버리면 소통 자체가 불가능하다. 단어의 순서를 뒤바꾸어 말하면 말을 전달하는 사람의 의도를 파악하기 힘들다. 문법은 영어 말하기에서도 대단히 중요한 부분을 차지한다. 의사소통을 명확하게 하려면 특히 영어에서는 정확한 어순이 필요하다. 문법은 말의 순서에 관한 '원칙'과 같은 것이다.

문법에 의한 어순은 논리적 사고를 반영하기도 한다. 문법이 완벽하지는 않더라도 문법의 큰 틀을 벗어나지 않아야 조리 있게 말할 수 있다. 말을 잘하는 사람을 생각해 보자. 자신의 생각을 적절한 순서에 따라 알아듣기 쉽게 말로 옮긴다. 이 과정은 생각을 얼마나 명확하게 하고 논리적으로 하느냐와 관련 있다. 무언가를 배우거나 사회 활동을 할 때 꼭 갖추어야 할 능력이기도 하다.

영어에서 문법은 중요하다. 하지만 문법을 가르치는 것은 또 다른 문제다. 어린아이에게 문법 학습서로 가르치면 문법을 이해할까? 문법 문제집을 풀게 하고 문법 용어를 외우게 하는 것은 중학생 이전에는 큰 의미가 없다. 중학교 과정을 미리 준비하려고 해도 초등학교 5, 6학년은 되어야 내용을 이해할 수 있다. 문장의 구조를 분석하거나 이해하는 일은 어린아이에게 쉽지 않다. 초등학교 저학년 시기에는 굳이 필요 없는 일이다. 문법을 하나의 원칙으로 받아들이고 이해하려면 최소한 초등학교 3학년 이상은 되어야 한다. 영어 문법은 중요하다. 하지만 초등학교 때 문법 문제집을 푸는 것은 문법 공부에 그다지 효과적이지 않다.

둘째, 그렇다면 중요한 문법을 아이들은 어떻게 배워야 할까? 아이들은 영어 책을 읽으면서 문법에 자연스럽게 익숙해진다. 여기서 문법에 익숙해진다는 것은 문법의 용어를 알게 된다는 말이 아니다. 말의 어순에 감각이 생긴다는 뜻이다. 모국어를 배울 때를 생각해 보면 이해하기 쉽다. 우리말을 배울 때 어떻게 문법을 배웠나? 말을 많이 접하다 보면 말이 어떠한 순서로 배치되어야 자연스러운지 감을 익힌다. 어른들이 하는 말을 많이 듣는다. 엄마가 한글 책도 읽어 준다. 아이 스스로도 한글 책을 많이 읽는다. 친구들과 우리말을 주고받는다. 그림일기도 쓴다. 이 모든 과정을 통해 우리말을 적절하게 쓰는 '법'을 배운다. 표현도 배우지만 문법도 자연스럽게 터득하게 된다.

영어 책을 읽는 과정에서 문법을 배우는 일도 비슷하게 일어난다. 리더스북은 문장의 구조가 레벨별로 정해져 있다. 리더스북을 읽으면 쉬운 문장 구조부터 단계별로 복잡한 문장 구조까지 배우게 된다. 문장의 구조가 복잡해진다는 것은 문법의 단계도 올라간다는 것을 의미한다. 책을 읽으면 단순한 문장부터 시작해 어려운 문장까지 배울 수 있다. 물론 아이는 그냥 책을 읽는 과정을 즐긴다. 무엇이 주어고, 무엇이 동사인지 분석하면서 읽지 않는다. 혹시 엄마가 욕심이 나더라도 설명해서는 안 된다. 여기서 꼭 배워야 할 것은 문법 용어가 아니다. 다양한 문장을 많이 접해서 감각을 익히는 것이 목표다.

특히 그림책을 읽으면 어려운 문법도 쉽게 배운다. 사실상 그림책에는 단계가 없다. 그림책을 읽으면 다양한 구조의 문장을 만난다. 문법이 단계별로 등장하지 않는다. 단문부터 복문까지 모두 나온다. 아동서인데도 가정법, 수동태, to부정사 할 것 없이 모두 등장한다. 이처럼 까다롭고 복잡한 문법을 아이들이 이해할 수 있을까? 걱정할 필요 없다. 아이들은 어려운 문법인지 쉬운 문법인지 모른다. 중·고등학교 몇 학년 몇 학기에 배우게 될 문법인지 인식하지 않는다. 책이 재미있으면 복잡한 문법도 이야기와 섞여 잘 받아들인다. 신기하게도 노래처럼 문장을 흡수해 어느덧 자기 것으로 사용한다. 이것이 그림책을 읽을 때 얻는 장점이기도 하다. 영어 책으로 언어에 익숙해지면 문법에도 익숙해진다.

셋째, 그렇다면 내신 시험을 위한 문법은 어떻게 공부해야 하나? 내신 시험을 위한 문법은 뒤로 미루자. 초등학교 입학 전 아이와 초등학생에게는 영어 책을 읽어 주는 것만으로도 시간이 넉넉지 않다. 이 시기에는 아이의 창의력을 키워 줄 재미있는 책을 실컷 읽히면 된다. 충분히 글에 익숙해지게 하자. 문법은 나중에 '정리'하면 된다. 어차피 문법 용어는 너무 어린 나이에 설명해 줄 필요도 없다. 용어 자체가 이해하기 힘들기 때문이다. 말에 어순이나 원칙이 있다는 개념을 아무리 설명해도 이해하는 데 한계가 있다. 영어 문장을 많이 접해서 감각으로 익숙해지면 된다.

정작 중·고등학생들을 가르치면서 안타까울 때는 문법 용어를 가르칠 때가 아니다. 문법 용어는 중학생 정도 되면 대부분 알아듣는다. 하지만 어린 시절 영어를 많이 접하지 못한 학생들을 만나면 안타깝다. 쉬운 문장 몇 개를 보여 주고 그중 어색한 문장을 고르라고 하면 애를 먹는다. 모든 문장을 문법으로 분석하며 공부하면 재미가 없다. 그런데 영어 책을 많이 읽지 않은 아이는 결국 그렇게 영어 문장들을 배워야 한다. 이러면 문법과 문장이 잘 연결되지 않는다. 말 그대로 문법은 그저 시험을 위한 공부로만 여겨진다.

반면, 영어 책을 많이 읽은 학생은 영어 문장에 익숙하다. 문법의 용어만 정리해 주면 끝난다. 이미 알고 있는 문장들의 패턴을 확인하기만 하면 된다. 이런 학생들이 문법을 더 잘 이해한다. 이미 익숙한 문장을 가지고서 문법을 공부하기 때문이다. 이들에게는 영어 문법이 시험만을 위한 것이 아니라 실제 영어를 구사하는 데 활용된다. 따라서 어릴 때 영어 책을 읽은 아이는 적절한 시기에 문법을 정리해 주면 영어 실력 향상에 더 유익하다.

자유롭게 영어로
글을 쓰려면?

15

자신의 생각을 글로 잘 옮길 수 있는 능력은 참 근사하다. 탁월한 글쓰기 능력은 많은 이점을 준다. 우선 자신의 생각을 효과적으로 다른 사람에게 전달할 수 있다. 이메일을 쓰거나 학교에 과제물을 제출하거나 아이디어를 정리할 때도 능력을 발휘할 수 있다. 아이가 영어로 글을 잘 쓴다면 앞으로 자라면서 활동할 수 있는 영역이 넓어질 것이다. 어른이 되어서 세계를 무대로 삼아 일할 수도 있다.

처음 만나자마자 글쓰기를 잘 지도해 달라고 부탁한 학부모가 있었다. 아직 아이는 영어 한 줄도 제대로 읽지 못하는 상태였다. 처음에는 의아했다. 알고 보니 나중에 아이를 해외 패션스쿨에 보내고 싶어 했다. 설사 그렇게 되지 않더라도 한국을 넘어 해외로 활동 무대를 넓히는 아이가 되길 바랐다. 글쓰기가 다 그렇듯, 하루 이틀 사이에 영어 글쓰기 실력이 늘지는 않는다. 그래서 그 학부모는 처음부터 아이의 글쓰기를 강조했던 것일까? 아무튼 아이가 영어로 자유롭게 글을 쓰게 하려면 어떻게 해 주는 것이 좋을까?

첫째, 영어 그림일기를 쓰자. 영어 그림일기를 언급하기 전에 꼭 되짚을 것이 있다. 영어 책 읽기는 기본적으로 해야 한다. 아이의 글에 등장하는 단어나 문장은 모두 책에서 읽거나 들은 것에서 나온다. 꼭 잊지 말고 영어 책 읽기는 고수하자!

그림일기는 어떻게 시작해야 할까? 나는 아이들과 보통 8절지 정도의 스케치북에 그림일기를 썼다. 예쁜 펜과 크레용도 준비했다. 처음에는 글쓰기 칸을 2~3줄 정도 선으로 그어 주고 그림 그리는 공간은 많이 남겨 놓았다. 처음 글을 써 보는 아이에게 많은 것을 기대하지는 말자. 그림일기 쓰기도 즐거운 시간으로 만들자. 아이가 좋아하는 스케치북을 사 주고 겉표지도 엄마와 함께 꾸미면 좋다. 그렇게 하면 아이가 자기 일기장이라고 생각해 소중하게 여긴다. 나만의 일기장이 생기면 일기 쓰는 시간도 특별하게 생각한다.

엄마와 아이가 함께 오늘 있었던 일을 이야기해 보자. 아이가 단번에 쓰고 싶은 주제를 찾을 수도 있다. "오늘 친구 생일 파티에 간 거 쓰고 싶어요." "학교에서 재미있게 친구랑 놀았던 거 쓸래요." 반대로 무엇을 쓸지 한참 이야기해야 하는 날도 있다. 바로 생각나지 않으면 아이는 금세 의기소침해질지도 모른다. 따라서 아이와 일기에 무엇을 쓸지를 놓고 대화하는 시간이 무척 중요하다. 일단 무엇을 쓰고 싶은지 묻고, 생각이 나지 않는다고 하면 하나씩 찾아가자. 낮에 있었던 일을 이야기해도 좋다. 그날 기억에 남는 것은 무엇이든 주제가 될 수 있다. 엄마와 책 읽은 시간, 맛있게 식사를 한 시간, 음악을 감상한 시간, 친구들과 놀았던 시간 등등, 아이에게 인상적이었을 시간에 관해 충분한 대화를 나누어 보자.

그림일기를 쓰는 시간은 아이가 하루를 되돌아보기에 좋다. 하루 중 기억에 남는 일을 좋은 감정을 실어 그림을 그리고 글을 쓴다. 속상했던 일도 당시의 감정을 그림과 글에 담는다. 그림을 그리면 아이는 마음속 이야기를 시각적으로 확인하게 된다. 그냥 하루의 일을 묻거나 생각을 물으면 대답을 잘 못하다가도, 그림을 먼저 그리게 하면 아이디어가 정리된다. 그림 속에서 표정과 색깔로 드러난다. 그림을 보고서 아이와 함께 영어로 문장을 만들 수 있다. 처음에는 단순한 문장을 두세 개 만들어 보자.

아이가 그림일기를 쓰고 싶은 날과 쓰고 싶지 않은 날이 있을 것이다. 그렇더라도 최대한 꾸준히 쓰도록 하자. 나는 수업 때 만나는 학생들에게 무조건 영어로 그림일기를 쓰게 한다. 한 달 정도 지나면 시키지 않아도 알아서 자신이 쓴 글을 펼쳐서 읽는다. 어떤 학생은 자기 그림일기장은 가방에 꼭 넣고 다녔다. 그러고는 수업 시간이 시작될 때마다 읽어 주었다. 그림일기는 쓰면서도 글이 늘지만, 자기 글을 두고두고 읽으면서도 글쓰기 실력이 자란다.

둘째, 베껴 쓰기를 해 보자. 아이가 마음에 와닿은 영어 책이나 영어 동시, 영어 노래 등 무엇이든 베껴 써 볼 수 있다. 베껴 쓰기는 새롭게 아이디어를 꺼내 문장을 만들어야 하는 부담이 없다. 또 좋은 문장을 따라 쓰면서 글쓰기를 배울 수 있다는 장점이 있다. 엄마가 잘 지도해 주면 아직 자신의 이야기를 혼자 영어로 쓸 수 없는 아이들도 시도해 볼 수 있다. 그렇다면 베껴 쓰기는 어떻게 하면 될까? 아이마다 베껴 쓰기를 시작하는 방법은 다를 것 같다. 어떤 아이는 범위를 정해 주면 알아서 베껴 쓰기를 한다. 하지만 그렇지 않은 경우도 있다.

정말 영어로 글쓰기를 싫어하는 아이가 있었다. 혼자서 어느 정도 영어로 글을 쓸 줄 아는 학생이었다. 이 아이는 초등학교 1학년이었는데 틀리는 것을 무지 싫어하는 친구였다. 가르치면서 한 번도 지적한 적이 없는데도, 스스로 틀릴까 봐 글을 쓰려 하지 않았다. 이때 생각해낸 아이디어는 이 아이가 유독 좋아하는 책 한 권을 쓰게 하는 것이었다. 그냥 써 보라고 했더니 한숨만 푹푹 내쉬었다. 그래서 일단 첫 페이지는 내가 아이 앞에서 그림을 그리면서 글을 베껴 썼다. 그림을 내 마음대로 해석하고 여러 가지 색깔로 글을 썼다. 완성된 첫 페이지를 아이에게 보여 주었다. 아이가 좋아하는 책이어서 반응도 좋았다. 소리 내어 웃으면서 그 페이지를 읽었다. 내가 그린 그림을 손가락으로 짚기도 하고, 글씨에 색깔을 입힌 것을 좋아했다.

그다음 페이지는 아이에게 도움을 요청했다. 같이 벽에 붙이는 책을 만들자고 제안했다. 말이 벽에 붙이는 책이지 실제 의도는 아이에게 그 책의 문장들을 베껴 쓰게 하는 것이었다. 아이는 흔쾌히 내 제안을 받아들였다. 그날 아이는 책의 나머지 부분을 모두 베껴 썼다. 구석구석에 그림도 그렸다. 혼자 들여다보며 소리 내어 읽기도 했다.

영어 동시나 영어 노래를 베껴 쓰게 하고 싶다면 카드를 쓰는 것도 좋다. 그래서 영어 동시나 노래를 베껴 쓰기에 가장 좋은 시기는 어버이날, 크리스마스, 새해다. 이때는 누구나 카드를 주고받아도 어색하지 않다. 카드를 만들어야 하니 아이가 좋아하는 색지를 준비하자. 물감, 크레용, 색연필 등 다양한 재료를 준비하는 것도 카드를 꾸밀 때 도움이 된다. 간단한 영어 동시나 노래를 카드에 쓰게 하자. 각각의 날에 알맞은 시나 노래를 쓰면 된다. 단, 쓰기 전에 엄마가 먼저 읽어 주고 전반적인 내용을 이야기해 주자. 군이 어려운 시를 고를 필요는 없다.

 https://www.kidsparkz.com/lets-sing.html는 매우 쉬운 영어 노래들이 있는 사이트다. 이곳에 들어가 주제별로 노래를 찾으면 된다. 이 사이트에 실린 노래들은 배우기 쉽고 아이들이 좋아할 만하다.

 아이가 베껴 쓰기에 적절한 영어 동시를 찾는다면, **https://www.glowwordbooks.com/kids/poems/**를 방문해 보자. 어느 부부가 운영하는 사이트인데, 올라온 시들이 쉬운 편이다. 엄마와 아이의 취향에 맞는 시를 선택해서 베껴 쓰면 된다.

셋째, 영어로 독후감을 써 보자. 영어 독후감은 어렵게 들릴지도 모른다. 독후감은 단순히 책을 읽고 난 뒤에 감상을 쓰는 것이다. 쉽게 접근하면 누구나 할 수 있다. 영어 책을 읽다가 독후감을 쓰면 좋겠다는 생각이 들 때 시작하면 된다. 독후감을 쓰는 방법은 많지만, 처음에는 내용 요약에 너무 비중을 두지 말자. 처음 쓸 때는 책의 제목(Title), 저자(Author), 등장인물(Characters), 배경(Setting) 등을 적는다. 그리고 중요한 부분은 책에서 가장 인상에 남은 이야기를 적는 것이다. 가장 좋았던 부분(My favorite part)을 적고 그 이유를 쓴다. 어떤 책을 읽더라도 적어도 책의 내용과 마음에 와닿는 부분 두 가지는 남아야 한다.

독후감을 쓸 때는 아이의 현재 실력을 배려하자. 한두 문장을 써도 좋다. 아이가 쓴 글은 짧은 글이라도 다 모아 두자. 독후감을 쓰는 노트나 독후감을 모아 놓는 파일을 만드는 것도 의미가 있다. 아이의 생각이 담긴 글을 모아 두면 아이 스스로 글을 쓸 이유가 생긴다. 아이도 자신의 글에는 애정과 관심을 보인다.

다음에 소개하는 사이트는 독후감을 기록할 수 있는 기본 틀을 제공한다. 아이에게 적절하다고 생각하는 것을 프린트해서 사용해 보자.

 http://templatelab.com/book-report-templates/#Why_Provide_
A_Book_Report_Form

 http://englishlinx.com/book_report/

아이가 독후감 쓰기에 익숙해지면 더 자유로운 틀에서 써도 된다. 사이트는 필요할 때만 참고하면 좋을 것 같다.

문제는 우리가 영어 책을 왜 읽어야 하는가가 아니다.
영어 책 읽기를 어떻게 시작할까도 아니다.
영어 책 읽기를 어떻게 효과적으로 지속해 나가는지가 문제다.
영어 책 읽기를 지속적으로 해내야만 앞에서 말한
좋은 효과가 결과로 얻어진다.

아이와 영어로 대화하는 것은 하나의 연습 과정이다.

아이와 우리말로 대화하는 연습을 해 본 엄마라면 누구나 시도할 수 있다.

당장 길고 복잡한 문장을 말하는 게 목표가 아니다.

실제 상황 속에서 자주 사용하는 표현부터 시도하자.

Chapter
6

엄마표
영어에
유용한
자료들

파닉스 공부에
필요한 자료

1

단 한 번도 한국어를 접해 본 적이 없는 영어권의 외국인이 있다. 한국어를 배우고 싶은 마음에 한국어를 가르치는 기관을 찾았다. 우리말을 배우고 싶다고 하면서 '한글 읽기'부터 가르쳐 달라고 한다. 이 사람은 우리말로 사람이나 사물, 장소 등을 어떻게 부르는지도 모른다. 그런데 무턱대고 한국어 읽는 법부터 알려 달란다. 물론 알려 줄 수는 있지만, 그렇게 되면 무슨 일이 일어날까?

'사과'라는 글자를 우리말로 읽기는 하는데, 그 단어가 정작 자신이 알고 있는 'Apple'과는 연결되지 않을 것이다. '나는 책을 읽는다.'라는 말을 우리말로 읽으면서도 그 뜻이 'I am reading a book.'과 연결되지는 않는다. 글자만 읽을 뿐 의미가 무엇인지 전혀 알 수 없다. 우리말을 접하고 나서야 서서히 뜻과 글이 연결되기 시작한다. 따라서 초반에 '문자 읽기'만 연습하는 시간은 그다지 의미가 없다. 영어를 배울 때도 마찬가지다. 영어로 아는 말이 없는 상태에서 영어 글자 읽기만 가르치는 건 힘만 들지 의미는 없다. 그렇다면 영어 글자 읽기는 어떻게 가르치는 게 좋을까?

'영어 글자' 읽기를 이야기하면서 '파닉스(phonics)'를 따로 떼어 놓을 수는 없다. 대체 파닉스가 무엇이기에 그럴까? 많은 영어 교육 기관에서 파닉스를 영어 공부의 기초 단계로 여긴다. 엄마들은 왜 처음 영어를 시작하는 아이에게 파닉스를 꼭 가르쳐야 한다고 생각할까?

파닉스는 단어나 글자의 소리와 발음을 다루는 교수법이다. 원래 영어권 학생들에게 영어 읽는 법을 가르치려고 만들었다. 알파벳은 총 26개로 이루어져 있다. 단어는 이 26개의 알파벳을 배치해서 만든다. 그런데 단어는 알파벳이 갖는 소리로 읽지 않는다. 같은 'a'라도 어느 단어에 들어가 있느냐에 따라 '애' '에이' '아' 등으로 소리가 달라진다. 파닉스에서는 이처럼 달라지는 소리를 단어를 통해 알려 준다. 파닉스의 목적은 알파벳 발음의 규칙을 가르쳐서 글자를 읽을 수 있게 만드는 것이다.

파닉스를 배우면 영어 단어를 모두 읽을 수 있을까? 문제는 영어의 60~70퍼센트만 파닉스의 규칙을 따른다는 것이다. 따라서 파닉스를 완전히 마스터해도 영어 단어를 완벽하게 읽을 수는 없다. 나머지 30~40퍼센트의 단어는 영어 문장을 많이 접하면서 익히는 수밖에는 없다.

또 비영어권 학생들에게 처음부터 파닉스를 가르치는 건 무리가 있다. 영어를 접한 적이 없는 아이에게 영어 문자 읽기부터 가르치면 어떻게 될까? 몇 개월 집중해서 파닉스를 배우면 영어를 어느 정도 읽을 수는 있다. 파닉스의 규칙을 적용해서 읽으면 된다. 그런데 소리는 낼 줄 아는데 의미는 모르는 상황이 발생한다. 한글은 다 읽는데 의미를 모르면 어떤가? 언어는 말과 글로 의미를 주고받는 것이다. 의미를 모르면 언어의 기능을 제대로 발휘할 수 없다. 영어를 충분히 접하지 않은 채 파닉스부터 시작하면 겪는 일이다. 파닉스가 불필요한 건 아니다. 영어 문자 습득을 위해 도움이 될 수 있다. 하지만 그 전에 먼저 엄마와 영어 책 읽기를 많이 하자. 영어를 충분히 접해야 파닉스도 더 쉽게 배울 수 있다.

여기서는 파닉스의 기본 원칙만 소개해 본다. 먼저 자음 글자의 소리가 있다. 우리는 보통 하나의 글자가 하나의 소리를 낸다고 생각하기 쉽다. 하지만, 'x'는 [크스]라는 소리가 난다. 'q'는 혼자 쓰이기보다는 'u'와 함께 만나 소리를 낸다. 'c'와 'g'도 상황에 따라 소리가 달라진다. 자음은 유성음(목에서 울리는 소리), 무성음(목을 울리지 않는 소리), 비음(코에서 울리는 소리) 등이 있다. 가장 기본적인 자음의 소리를 중심으로 다음과 같이 정리했다.

b [브]	k [크]	s [스]
입술을 붙였다 떼면서 내는 소리(유성음) 예) bed, bird, boat, box, book	크크크 웃듯이 내는 소리(무성음) 예) kit, kiz, kind, kick, king	윗니와 아랫니를 살짝 대고 내는 소리(무성음) 예) sun, sit, soup, sink, seal
c [크]	l [르]	t [트]
'k'처럼 크크크 하고 웃듯이 내는 소리(무성음) 예) car, corn, cow, cake, cup	혀끝을 윗니 뒤에 댔다가 떼면서 내는 소리 예) lamb, lid, log, look, leg	혀끝을 윗니 안쪽에 붙였다 떼며 내는 소리(무성음) 예) top, tea, tub, table, tiger

d [드]	m [므]	v [브]
혀끝을 윗니 안쪽에 붙였다 떼며 내는 소리(유성음) 예) desk, doll, doctor, dot, duck	입술을 다물었다 떼며 코를 울려 내는 소리(비음) 예) mom, mop, me, moon, milk	아랫입술을 살짝 물고 목을 울려 내는 소리(유성음) 예) van, voice, vase, vet, van
f [프] 아랫입술을 살짝 물며 내는 소리(무성음) 예) fast, fan, foot, fox, fork	n [느] 입을 살짝 벌리고 혀끝을 앞 니의 뒤 잇몸에 댔다 떼며 코 를 울려 내는 소리(비음) 예) nose, nine, net, nail, nut	w [우] 입을 오므렸다가 제자리로 가며 내는 소리 예) wig, wet, worm, web, west
g [그] 목에서 울려 내는 소리 (유성음) 예) goat, gum, get, garden, girl	p [프] 입술을 다물었다 떼면서 내 는 소리(무성음) 예) pig, pen, pear, park, pool	x [크스] 목이 닫혔다가 열리며 내는 소리 예) box, fox, tax, six, ax
h [흐] 소리를 내지 않고 목으로 숨 을 내쉬며 내는 소리(무성음) 예) hut, hug, hat, hunt, hop	q [쿠이] 주로 'u'와 만나서 발음됨 예) quit, quite, queen, quick, que	y [야] 혀끝으로 아랫니를 밀어서 내는 소리 예) yell, year, yarn, yak, yawn
j [즈] 혀를 입천장에 붙였다 떼면 서 내는 소리 예) June, jug, jam, jar, jet	r [뤄] 입천장에 닿지 않게 혀를 안 쪽으로 말아 내는 소리 예) ring, rug, rain, rule, rat	z [즈] 윗니와 아랫니를 살짝 대고 내는 소리(유성음) 예) zoo, zero, zip, zipper, zebra

모음은 a, e, i, o, u로 총 다섯 개다. 모음은 단모음(short vowel)으로 소리가 날 때와 장모음 (long vowel)으로 소리가 날 때가 있다. 장모음으로 소리가 날 때는 원래 알파벳 소리대로 발음하는 경우가 대부분이다.

단모음	장모음	장모음	장모음
a [애] 입을 크게 옆으로 벌리며 발음 ant, bad, rat, can	a-e [에이] 'a'의 원래 알파벳 음대로 발음 bake, late, make	ai [에이] 'a'의 원래 알파벳 음대로 발음 rain, tail, chain	ay [에이] 'a'의 원래 알파벳 음대로 발음 tray, clay, pray
e [에] 입을 편하게 벌려서 발음 bed, egg, net, hen	e-e [아:] e의 원래 알파벳 음대로 조금 길게 발음 eve, cheese, these	ea [아:] e의 원래 알파벳 음대로 조금 길게 발음 tea, leaf, eat	ee [아:] e의 원래 알파벳 음대로 조금 길게 발음 see, tree, meet
i [이] 입을 작게 벌려서 발음 pig, pin, dish, wig	i-e [아이] 'i'의 원래 알파벳 음대로 발음 nine, kite, five	ie [아이] 'i'의 원래 알파벳 음대로 발음 pie, lie, tie	
o [아] '이'와 '오'의 중간 발음 box, pot, frog, top	o-e [오우] o의 원래 알파벳 음대로 발음 nose, cone, robe	oa [오우] o의 원래 알파벳 음대로 발음 boat, coat, toad	oe [오우] o의 원래 알파벳 음대로 발음 toe, doe, woe
u [어] 놀란 듯 '어' 하며 발음 hut, but, bus, up	u-e [유] u의 원래 알파벳 음대로 발음 cute, mute, use	ui [우] 입술을 동그랗게 모아 발음 suit, fruit, ruin	ue [우] 입술을 동그랗게 모아 발음 due, glue, blue

여기까지 가장 기본적인 소리들만 정리해 보았다. 이외에도 두 개의 모음이 나란히 올 때 나는 소리, 두 개의 자음이 나란히 올 때 나는 소리 등 파닉스의 규칙은 더 있다. 파닉스에 관한 더 많은 정보는 아래에 소개하는 책과 사이트를 통해 얻을 수 있다. 모두 이용할 필요는 없고 이 중에서 아이와 잘 맞는 자료를 선택해서 활용하면 된다. 앞서 언급했듯이 파닉스 자체에만 초점을 맞추는 건 추천하지 않는다. 파닉스를 정리하고 싶을 때 참고하면 좋을 만한 자료다.

먼저 파닉스를 공부할 때 이용할 만한 사이트를 소개하겠다.

◆ **Phonics Song** (https://www.youtube.com/watch?v=saF3-f0XWAY)

이 동영상은 아이들이 노래를 통해 알파벳의 기본 발음을 배울 수 있다. 실제로 이 노래를 가지고 수업했을 때 아이들은 빠른 시간 안에 기본 음가를 습득했다. 심지어 아이들은 노래를 좋아하기도 했다. 유튜브에서 'phonics song'이라고 검색해도 찾을 수 있다.

◆ **Kiz Club** (http://kizclub.com/)

이 사이트에 들어가면 파닉스와 관련된 워크시트가 잘 정리되어 있다. 간단하고 보기 좋게 정리되어 있어 사용하기 편하다. 파닉스 외에도 좋은 콘텐츠가 많다.

◆ **Kiddy House** (http://kiddyhouse.com/)

이 사이트의 장점은 파닉스를 연습하기 위한 짧은 글이 잘 정리되어 있다는 것이다. 처음 이 사이트를 이용한다면, 파닉스 자료를 찾을 때 조금 신경 써야 한다. 일단 사이트에 들어가서 'Teachers Resoucres' 안에 있는 'Free Printables'를 클릭하자. 그러면 파닉스 관련 자료들이 뜬다. 필요한 자료를 보려면 클릭하고 들어가면 된다.

◆ **Free Phonics Worksheets** (http://www.free-phonics-worksheets.com/)

　이 사이트는 파닉스 자료를 한눈에 찾을 수 있도록 잘 정리되어 있다. 필요한 자료를 다운 받아 프린트할 수 있다.

　파닉스를 공부할 때 주의할 점이 있다. 너무 파닉스의 원칙만 강조하지 말자. 언어의 기본 역할은 생각을 담아 소통하는 것이다. 원칙은 소통을 돕기 위한 수단일 뿐이다. 원칙만 강조하면 아이가 영어라는 언어를 오해할 수도 있다. 따라서 파닉스를 공부할 때는 영어 책 읽기도 소홀히 해서는 안 된다. 다음과 같이 파닉스의 원칙을 가르쳐 주는 영어 책도 있으니 참고하자.

◆ **I Can Read Phonics**

총 36권으로 구성된 시리즈 도서로 다양한 캐릭터가 등장한다. 책 표지에 연습할 파닉스 규칙과 관련된 단어들이 쓰여 있다는 것이 장점이다. 미리 단어 리스트를 읽어 본 다음에 책을 읽어도 좋다. 책을 다 읽은 뒤에는 점검하는 차원에서 표지의 단어를 읽는 것도 좋다. 단번에 글을 깨우치는 아이는 없으니 여러 번 반복할 생각으로 여유롭게 책을 읽어 주자.

● **Learn to Read**

레벨 1, 2 정도를 시도해 보자. 그림이 90퍼센트 정도를 차지하고 있어 아이에게 부담이 적다. 쉬운 구조의 문장이 반복된다. 그림을 보고 단어가 무슨 뜻인지 유추할 수 있도록 쓰인 책이다. 이 책을 읽으면 파닉스뿐 아니라 사이트 워드에도 익숙해진다.

◆ **Step into Reading**

총 34권으로 구성된 이 시리즈 가운데 스텝 1을 읽어 보자. 스텝 1에
는 알파벳으로 놀이를 하는 부분도 있어 파닉스를 쉽게 접할 수 있다.
재미있는 이야기로 구성되어 있고 문장도 쉽다.

◆ **Scholastic Hello Reader**

시리즈 중에 레벨 1을 읽어 주자. 레벨 1은 총 60권으로 이루어져 있
고 주로 창작 동화다. 짧은 문장이 반복되어 처음 글 읽기를 시작하는
아이에게 적합하다. 아이가 좋아할 만한 캐릭터들도 등장한다. 부담 없
이 즐기며 읽을 수 있는 책이다.

사이트 워드 공부에
필요한 자료

2

파닉스의 원칙을 배워 몇몇 어려운 단어를
읽을 줄 안다고 해서 영어 책을 술술 읽을 수 있을까? 반드시 그렇지
는 않다. 연습한 몇몇 단어만 읽을 수 있을 뿐이다. 오히려 기본적으로
꼭 알아야 하는 단어들이 있다. 이 단어들을 먼저 챙겨야 영어 책이 술
술 읽힌다. 이렇게 꼭 알아야 하는 기본적인 단어를 '사이트 워드(sight
word)'라고 한다. 그럼 사이트 워드가 정확히 무엇이고 어떻게 배울 수
있는 알아보자.

사이트 워드란 무엇일까? 사이트 워드 홈페이지(https://sightwords.
com/)에서는 사이트 워드를 외우면 읽기와 쓰기 능력을 향상시킬 수
있다고 소개하고 있다. 사이트 워드 배우기의 장점이다. 영어 책을 읽
을 때 단어를 보고 단번에 무엇인지 인식할 수 있다. 굳이 단어를 쪼개
어 발음하려고 노력할 필요가 없다. 영어 책에 자주 등장하는 단어를
미리 공부해 읽기가 쉽고 빨라진다. 단어를 통으로 알고 있어 책을 읽

다 말고 멈춰서 발음을 고민할 필요가 없다.

사이트 워드의 시작은 이렇다. 『Problem in Reading』의 저자인 미국의 에드워드 윌리엄 돌취 박사는 1930~1940년대에 방대한 양의 아동서를 조사했다. 그러고는 이아들이 영어 책을 유창하게 읽기 위해 필요한 것이 무엇인지 발견했다. 빈번하게 등장하는 단어들을 완벽하게 알아야 한다는 것이었다. 그는 미국 아동서를 분석해 50~70퍼센트를 차지하는 단어들을 정리했다. 이 가운데 220개의 단어를 선별했는데, 이것이 바로 사이트 워드이다. 돌취 박사는 '사이트 워드의 아버지'라 불리기도 한다.

사이트 워드는 파닉스 원칙으로는 배울 수 없다. 영어 책에 빈번하게 출현하는데도 그렇다. 전형적인 읽기 법칙을 따르고 있지 않는 단어가 대부분이다. 발음하는 방식이 불규칙적인 단어가 많다. 'have'를 예로 들어보자. 파닉스 원칙을 따르면, a-e를 적용해 '해이브'라고 읽어야 맞다. 하지만 'have'의 발음은 '헤브'이다. 원칙과는 전혀 무관한 소리가 난다. is, an, the, put, does, my, to, where 등이 모두 그렇다. 파닉스를 열심히 배운다고 읽을 수 있는 단어가 아니다.

파닉스의 원칙이 적용되는 단어는 영어 책을 많이 읽으면서 배우게 된다. 그 원리는 무엇인가? 영어 책을 많이 읽으면 반복적으로 단어를 접한다. 이 과정에서 단어와 발음 사이의 원칙을 자연스럽게 깨닫는다. 이 원칙을 다른 단어에 적용하면서 읽기를 깨우치게 된다. 하지만 사이트 워드는 그야말로 자주 보고 익숙해져서 알게 되는 단어다. 통으로 외우다시피 해서 배운다. 미국에서도 유치원부터 초등학교 3학년까지는 사이트 워드를 매우 강조한다. 단어를 하나의 이미지로 인식해, 카메라에 잔상이 찍히듯 보는 즉시 읽어내는 훈련을 한다. 이것으로 읽기와 쓰기의 기초를 닦는다. 사이트 워드는 무려 아동서의 50~70퍼센트 차지한다. 이런 단어들을 아는 것이 영어 읽기의 유창함과 직결된다는 점은 더 설명할 필요도 없다.

그렇다면 사이트 워드에는 무엇이 있을까?

다음은 https://sightwords.com/sight-words/dolch/#lists에 있는 자료를 정리한 것이다.

Dolch Sight Words

유치원 이전 (40 단어)	a, and, away, big, blue, can, come, down, find, for, funny, go, help, here, I, in, is, it, jump, little, look, make, me, my, not, one, play, red, run, said, see, the, three, to, two, up, we, where, yellow, you
유치원 (52 단어)	all, am, are, at, ate, be, black, brown, but, came, did, do, eat, four, get, good, have, he, into, like, must, new, no, now, on, our, out, please, pretty, ran, ride, saw, say, she, so, soon, that, there, they, this, too, under, want, was, well, went, what, white, who, will, with, yes
초등 1학년 (41 단어)	after, again, an, any, as, ask, by, could, every, fly, from, give, going, had, has, her, him, his, how, just, know, let, live, may, of, old, once, open, over, put, round, some, stop, take, thank, them, then, think, walk, were, when

초등 2학년 (46 단어)	always, around, because, been, before, best, both, buy, call, cold, does, don't, fast, first, five, found, gave, goes, green, its, made, many, off, or, pull, read, right, sing, sit, sleep, tell, their, these, those, upon, us, use, very, wash, which, why, wish, work, would, write, your
초등 3학년 (41 단어)	about, better, bring, carry, clean, cut, done, draw, drink, eight, fall, far, full, got, grow, hold, hot, hurt, if, keep, kind, laugh, light, long, much, myself, never, only, own, pick, seven, shall, show, six, small, start, ten, today, together, try, warm

그럼 사이트 워드를 어떻게 연습할 수 있을까? 우선, 사이트 워드를 공부할 수 있는 사이트를 소개하겠다. 사이트 워드 홈페이지(https://sightwords.com/)에 들어간다. 여기에 사이트 워드에 대한 설명과 자료가 잘 정리되어 있다. 홈페이지 첫 화면에 보면 영상 바로 아래 'Sight Words Flash Cards'라고 쓰인 곳이 있다. 클릭하고 들어가면 Sight Words를 프린트해서 카드를 만들 수 있도록 자료를 제공하고 있다. 플래시 카드를 만들면 자주 보고 소리 내어 읽으면서 숙지하기에 좋다.

슈퍼 티쳐 워크시트(https://www.superteacherworksheets.com/)라는 홈페이지에 들어가서 왼쪽에 있는 카테고리 박스를 보자. 셋째 박스에 'Phonics & Early Literacy'라고 적혀 있다. 거기서 'Sight Words Units'로 들어가자. 각 Unit마다 단어가 5개씩 정리되어 있다. 단어 읽기, 단어 쓰기, 배운 단어로 활동하기, 그 단어가 포함되어 있는 간단한 문장 읽기 등 활용할 수 있는 워크시트가 잘 정리되어 있다. 필요한 부분만 적절하게 활용하면 된다.

키즈클럽(http://kizclub.com/index.html)은 파닉스 자료뿐만 아니라 사이트 워드 자료도 보기 좋게 정리해 놓았다. 카테고리 박스에서 'Phonics'를 클릭하고 들어가자. 그리고 왼편 아래쪽에 'Sight Words & Grammar'라고 쓰여 있는 박스를 클릭하고 들어가면 Sight Words와 관련된 자료들이 올라와 있다. 특히 'Build a Sentence'는 아이의 레벨에 따라 이용해 보면 좋을 것 같다. 사이트 워드가 포함된 단어들을 순서대로 배치해 문장을 만드는 활동이다. 아이들이 단어 하나하나 보고 외우는 것보다 더 흥미로워할 수 있다.

사이트 워드 공부를 겨냥해서 만든 다음의 이야기책들도 활용하자. 그림과 스토리가 있는 책을 반복해 읽히는 것도 좋은 방법이다.

◆ Curious George Sight Words(Pre-K)

총 10개의 시리즈로 구성되어 있다. 처음 사이트 워드 읽기를 시작할 때 좋은 책이다. 아이가 Curious George라는 캐릭터를 좋아한다면, 더 효과적일 수 있다. 책 안에 사이트 워드는 굵은 글씨로 쓰여 있다. 책마다 배우게 될 사이트 워드가 표지에 적혀 있다.

◆ Scholastic Sight Word Readers

총 25권의 시리즈로 되어 있다. 페이지마다 90퍼센트 정도는 그림으로 채워져 있고 문장이 한 줄 정도 들어간다. 반복해서 읽기에 딱 좋

은 책이다. 워크북을 함께 파는 경우
도 있는데 아이들의 성향에 따라 적절
하게 활용하면 좋을 것 같다. 쓰기를
너무 싫어하면 억지로 시키지는 말자.
자주 읽어서 숙지하게 하는 것도 방법
이다.

◆ **Bob Books**

스콜라스틱 출판사에서 나
온 책이다. 사이트 워드 책이 유
치원(Kindergarten)과 초등학교
1학년(First Grade) 레벨만 있는
것이 아쉽다. 하지만 책 읽기를
시작할 때 꼭 알아야 할 기본적
인 사이트 워드는 공부할 수 있
다. 그림도 유쾌하고 아이들이
좋아할 표정들로 가득한 캐릭

터도 등장한다. 이 책의 저자 사이트(https://www.bobbooks.com/)에 들어
가서 'Activities'를 클릭해 보자. 'Game: Word Search'를 프린트해서 아
이와 재미로 한두 번 정도 해보면 재미있을 것이다.

　　사이트 워드는 생각보다 아이의 읽기 능력 향상에 좋은 영향을 준다.
물론 쓰기 능력도 좋아진다. 사이트 워드는 아동서에서 큰 부분을 차지
하고 있고, 실제로 글을 쓸 때도 자주 쓰는 어휘다. 사이트 워드를 배우

려면 외우는 방법밖에는 없다. 일반적인 읽기 규칙을 따르고 있지 않으니 별다른 방법이 없는 것이다. 외우더라도 과정이 즐거우면 아이에게도 할 만한 일이 된다. 몇십 번씩 써서 외우게 하는 억지스러운 방법은 사용하지 말자. 사이트 워드와 관련된 인터넷 사이트에서 자료를 받아 활용해도 좋다. 또는 사이트 워드를 가르쳐 주는 이야기책을 활용하자. 사이트 워드 리더스 시리즈는 모두 이를 고려해서 만든 책이다. 그림이 귀엽고 흥미를 끌기에 좋다. 책이 얇아 하루에 몇 권이라도 읽을 수 있다. 권수가 쌓일 때마다 칭찬과 격려를 아끼지 말자. 자주 반복해야 익혀지는 단어들이다. 사이트 워드 리더스와 함께 평소 읽던 영어 책도 함께 읽으면 시너지 효과가 있다. 아이의 책 읽기가 달라지는 게 보일 것이다.

알파벳 공부에
필요한 자료

3

 '알파벳 공부' 하면 5세 아이들을 처음 맡아서 가르칠 때가 생각난다. 만으로 3~4세인 이 아이들은 영어를 한 번도 배워 본 적이 없었다. 영어를 많이 들어 보지도 않았다. 동요부터 시작해 짧은 이야기책 읽기, 노래와 챈트, 미술 시간 등 모든 것을 동원해 가르쳤다. 다른 과목은 괜찮았는데, 유독 알파벳을 가르칠 때 고민이 많았다. 유치원에서는 교재가 나왔고, 어떻게든 알파벳을 가르쳐야 하는 상황이었다. 그렇다고 다섯 살밖에 되지 않은 아이들에게 많이 쓰게 할 수도 없는 노릇이었다. 물론 글씨를 쓸 수 있는 아이도 있었지만, 여러 번 써서 외우게 할 나이는 아니었다. 오랜 고민 끝에 아이들이 알파벳을 가지고 놀게 해야겠다고 생각했다. 초등학교 이전 아이들에게 알파벳을 가르치는 방법은 누구나 고민한다. 과연 알파벳은 어떻게 가르치면 좋을까?
 초등학생과 초등학생 이전의 아이에게 각각 알파벳을 처음 가르치는 것은 많이 다르다. 이미 초등학생이라면 몇 번만 써 봐도 금세 배운다. 물론 초등학생인데도 알파벳 배우는 걸 어려워하는 경우도 있다. 사람마다 차이가 있다는 점은 감안하자. 나이와 성향도 잘 살피자. 가르치는 방식을 조금만 바꿔도 배우는 과정이 즐거울 수 있다.

알파벳을 처음 가르칠 때는 각 글자가 갖는 특징을 살리는 것이 좋다. 5세 아이를 가르칠 때는 알파벳 생김새의 특징과 이름을 가르치는 것에 중점을 두자. 처음에 쓰기는 가볍게 한 번 정도 시키는 것이 좋다. 길게 보고 반복시킬 생각으로 가르치는 것이 효과적이다. 당장 알파벳 하나하나는 몰라도 영어 책 읽기가 가능하다. 그러므로 초등학교 진학 전인 아이에게는 몇 번씩 반복해서 알파벳을 가르칠 생각으로 접근하자. 한 번에 다 외우도록 강요할 필요가 없다. 반복해서 알파벳을 가지고 놀다 보면 자연스럽게 익힌다. 시간이 걸려도 상관없으니 천천히 반복하자.

초등학생에게 알파벳을 가르칠 때는 어떻게 하면 좋을까? 워크시트를 이용해 여러 번 써서 한 번에 외우게 하는 방법도 있다. 이 방법이 가능하려면 적어도 '알파벳 노래' 정도는 명확히 알고 있어야 아이가 부담을 덜 느낀다. 시간을 두고 영어 책 읽기를 하면서 틈틈이 가르치는 방법도 있다. 하루에 5분 정도 시간을 내서 조금씩 가르쳐도 된다. 한 번에 다 외우게 하든, 매번 조금씩 나눠서 가르치고 전체를 반복하든, 아이에게 적절한 방법을 선택하자. 나는 초등학생에게 알파벳을 가르칠 때 두 가지 방법 모두 사용해 보았다. 손으로 글씨 쓰기를 싫어하는 학생은 한 번에 모두 쓰게 하지 않고 시간을 두고 조금씩 나누어 쓰게 했다. 외워야 한다는 생각에 시작하기도 전에 부담을 느끼는 아이도 있었다. 이런 경우는 아이에게 꼭 외우지 않아도 된다고 이야기해 주었다. 어차피 반복하면서 외워지기 때문이다. 반면, 욕심을 내서 몰아서 쓰고 싶어 하는 학생은 많이 써서 외우게 했다.

알파벳을 배우는 방법을 정리해 보자. 1. 알파벳 노래 배우기, 2. 인터넷 사이트에서 워크시트를 프린트해 알파벳 쓰기, 3. 알파벳 글자를 예쁘게 만들어서 벽에 붙이기, 4. 아이와 알파벳 관련 활동하기(알파벳 색칠, 워드서치에서 해당 알파벳 찾기 등), 5. 알파벳 책 읽기. 지금부터는 이 다섯 가지 방법에 활용할 자료를 소개하겠다.

알파벳 노래

1. Alphabet Song for Kids | Pancake Manor

(https://www.youtube.com/watch?v=Q8JmK5z6QD4)

알파벳 노래가 담겨 있는 동영상이다. 기본적인 알파벳 노래를 가르쳐 주고, 각 글자의 기본 음가(소리)도 노래를 통해 알려 준다.

2. ABC Song—ABCD 2 Songs | Alphabet Song

(https://www.youtube.com/watch?v=y0txBum55Y0)

알파벳을 풍선 하나하나에 써서 가르쳐 준다. 한 글자씩 배울 수 있도록 앞부분은 속도를 느리게 만들었다. 한 글자씩 소개한 다음에는 노래를 가르쳐 준다.

알파벳 워크시트를 이용할 수 있는 사이트

1. DLTK(http://www.dltk-teach.com/)

초등학교 입학 전 아이에게 알파벳을 가르칠 때 많이 이용했던 사이트다. 여기에는 Word Search 자료가 올라와 있다. 알파벳을 처음 배우는 아이가 쉽게 해당 알파벳을 찾을 수 있다. 아이들이 알파벳 글자에 익숙해지도록 각 알파벳에 캐릭터를 붙여 주었다. 알파벳 모양을 프린트해서 색칠할 수 있는 워크시트도 있다. 벽에 붙여서 사용하면 좋다.

2. ABC Teach(https://www.abcteach.com/)

초록색 박스의 'Highlighted Categories'를 보면 첫째 줄에 'ABC Activities'가 있다. 여기를 클릭해 들어가서 워크시트를 다운 받으면 된다. 'Dot-to-dot'이라는 워크시트는 A부터 Z까지 점을 순서대로 연결하면 비행기 그림이 되기도 하고 꽃 그림이 되기도 한다.

알파벳 북

1. 『Alphabatics』 (글·그림: Suse Macdonald)

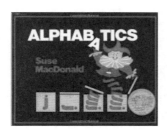

칼데콧 명예상을 받은 책이다. 각 알파벳 글자로 시작되는 단어와 그림이 가득한 책이다. 그림이 단순하고 기발하며 예술적이다. 아이들과 함께 읽으면 그림 읽는 재미에 푹 빠질 수 있다. 알파벳 모양도 잘 익힐 수 있도록 그려져 있다. 미

국 도서관 협회 추천 어린이 도서(ALA notable Children's book)이며, 국제 독서 협회 교사 추천 도서(IRA Teacher's Choice)이기도 하다.

2. 『Dr. Seuss's ABC』 (글·그림: Dr. Seuss)

닥터 수스의 알파벳 책을 모르는 사람은 없을 것이다. 워낙 캐릭터가 유명하다. 닥터 수스는 처음 독서를 시작하는 아이를 위해 많은 책을 쓴 작가이기도 하다. 캐릭터가 독특할 뿐만 아니라 위트와 유머가 넘친다. 책에는 각 알파벳과 그림, 문장이 나온다. 알파벳은 대문자와 소문자를 모두 알려 준다. 아이에게 읽어 줄 때는 엄마가 활용하기 나름이다. 다 읽기에 내용이 많다면 처음에는 알파벳의 대문자와 그림만 읽어 주어도 된다. 그런 다음 소문자와 그림까지 연결시켜 보자. 나중에는 문장까지 모두 연결시킬 수 있다.

3. 『Alphabet City』 (글·그림: Stephan T. Johnson)

글자가 없는 책이다. 그러면 알파벳은 어떻게 배우냐고? 이 책에 있는 그림을 자세히 보자. 주로 도시 풍경을 그린 그림들인데, 자세히 들여다보면 알파벳이 보인다. 무심코 지나칠 수 있는 도시의 풍경 속에

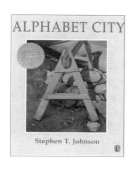

알파벳이 숨어 있다. 매우 흥미로운 발상이다. 정교하고 사실적이며 기발한 그림으로 극찬을 받은 이 책은 1996년 칼데콧 명예상을 수상했다. 도시 풍경도 감상하고 알파벳도 찾는 재미가 쏠쏠하다.

4. 『Chica Chica Boom Boom』 (글: Bill Martin Jr., John Archambault, 그림: Lois Ehlert)

노래가 아주 신나는 책이다. 아이들과 함께 들어 보길 추천한다. 이 책은 노래만이 아니라 그림과 구성도 유쾌하다. 알파벳들이 코코넛 나무 위에서 우르르 떨어진다. 알파벳들끼리 이야기를 주고받는다. 스토리를 좋아하는 아이라면 흥미를 보일 만한 이야기책이다.

5. 『Z is for Moose』 (글: Kelly Bingham, 그림: Paul O. Zelinsky)

엄마표 영어 관련 도서들에서 자주 추천하는 알파벳 책이다. Moose 가 Zebra의 알파벳 책에서 자신의 자리를 찾고 싶어 한다. 'C is for Cat.' 이렇게 알파벳 순서에 따라 동물들이 등장한다. Moose는 M is for Moose. 이 대목을 기다리고 있다. 너무 기다린 나머지 아무데나 툭 등장한다. 그러다가 정작 M이 나온 순간을 놓치고 만다. 마음이 무척 상한 Moose는 알파벳 책에서 어떻게 자기 자리를 찾아가게 될까? 아이들과 읽으며 가장 많이 웃은 책이다.

가족과 함께
시청하기 좋은 영상물

4

몇 번을 봐도 또 보고 싶은 영화가 있다. 좋은 기억으로 남은 영화는 어른이 되어서도 자꾸 찾아보게 된다. 어릴 적 가족들과 영화 〈사운드 오브 뮤직〉을 본 적이 있다. 당시 부모님은 어디서 비디오테이프를 구하셨는지 자막이 나오지 않았다. 처음부터 자막 없는 영화를 본 셈이다. 그래도 재미있게 보았다. 처음에는 노래가 너무 좋았다. 반복해서 보다가 영화의 내용이 파악되었다. 열 번도 넘게 돌려서 본 영화다. 나중에는 다음 장면이 무엇인지 알 수 있을 정도가 되었다. 그때는 정말 이 영화에 푹 빠졌던 것 같다. 이 영화 말고도 우리말 자막 없이도 재미있게 본 영화가 더 있다. 참 따뜻한 영화로 기억에 남는다. 그러고 보면 좋은 영상물은 아이에게도 보여줄 만한 가치가 있지 않을까?

먼저, 영어로 된 영상물을 보여 주는 것이 효과가 있는지 생각해 보

자. 영어 영상물은 아이에게 영어를 배우도록 동기를 부여하고 즐거움도 준다. 재미있는 영화나 TV쇼는 영어로 되어 있어도 보는 동안은 즐겁다. 내용이 너무 어렵지 않거나 거리감이 없으면 금세 집중하게 된다. 영상물이 주는 즐거움이 아이에게는 영어 공부를 해야 하는 동기를 부여한다. 영어로 된 영화나 TV쇼를 시청한다는 건 이미 무언가가 아이의 흥미를 끌었다는 의미다. 그것이 주인공일 수도 있고 이야기일 수도 있고 시각적인 장면일 수도 있다. 주인공을 좋아한다면 그의 말을 흉내 내고 싶어 한다. 아이들은 영어로 된 대사를 따라하면서 즐거워한다. 우리말로 된 영화를 보여 주었을 때도 그렇지 않은가.

영어 영상물을 보면 또 무엇이 좋을까? 생생한 표현을 보고 들을 수 있다. 여러 가지 언어 표현 방식도 접한다. 영어 영상물은 주로 영어권 사람들을 위해 만들어졌다. 영어를 가르치기 위해 만든 것이 아니다. 등장인물이 하는 말은 실제 대화 속에서 쓰이는 표현이다. 영화나 드라마 영상물을 통해 살아있는 표현을 익힐 수 있다. 자연스러운 대화의 흐름도 알 수 있다. 영어권에서 살고 있지 않은 아이들에게는 실생활의 표현을 배우는 좋은 교재가 될 수 있다.

영상물의 또 다른 장점은 시각적인 문맥을 제공해 준다는 것이다. 영상물을 보는 동안 영어를 다 못 알아들어도 괜찮다. 영상을 보고 있으면 어떤 상황인지 이해가 되기 때문이다. 영상물이 제공하는 문맥은 매우 섬세하다. 하나의 장면으로 모든 상황을 함축적으로 설명하지 않는다. 수많은 장면이 모여 일어나고 있는 일을 설명한다. 등장인물의 표정, 행동, 배경, 물건 등 모든 것이 통합되어 상황을 알려 준다. 이렇게 제공되는 문맥을 가지고 영어 대화 내용을 알아듣게 된다.

둘째, 그렇다면 아이들을 위해 어떤 영어 영상물은 고르는 것이 좋을

엄마표 영어에 유용한 자료들

까? 그리고 어떻게 보여 주는 것이 바람직할까? 앞에서 영상물의 긍정적인 효과를 말했다. 물론 잘 골라서 보여 주었을 때 이야기다. 다시 말해, 잘못 보여 주면 해가 되기도 한다. 아이에게 적절한 영상물로는 어떤 것이 있을까? 일단 아이를 대상으로 만들어진 영상은 괜찮다. 디즈니, 픽사, 드림웍스 등에서 만든 애니메이션이 대표적이다. 어린이를 위한 책이 영화나 애니메이션으로 만들어진 것도 좋다.

아이에게 적절한 영상물을 고르는 방법은 이 밖에도 여러 가지가 있을 것이다. 그중 하나는 영화 등급 표시를 보고 고르는 것이다. 한국에서는 연령별로 전체, 12세, 15세, 19세로 나뉜다. 미국은 G, PG, PG-13, R, NC-17로 구분된다. 같은 영화라도 한국과 미국에서 허용하는 연령의 기준이 약간씩 다르다. 아이에게 적절한 영상물을 찾으려면 미국의 영화 등급은 기본적으로 알고 있어야 한다. 우리가 접하는 영어권 영상물 가운데 미국에서 만든 것이 가장 많기 때문이다.

그럼 미국의 영화 등급 기준을 좀 더 자세히 살펴보자. 다음 자료는 미국의 MPAA(Motion Picture Association of America) 영화 등급을 근거로 한다. 연령은 미국 기준이다.

G	**General Audiences**	모든 연령층에 적합함.
PG	**Parental Guidance Suggested**	부모나 보호자의 지도가 필요함. 일부 소재가 어린이에게 부적합함.
PG-13	**Parents Strongly Cautioned**	부모의 주의가 필요함. 일부 소재가 13세 이하의 어린이에게 부적합함.

R	Restricted	17세 이하는 부모나 보호자 동반이 필요함.
NV-17	Adults Only	17세 이하는 절대 안 됨.

자, 이제 적절한 영화 혹은 애니메이션을 골랐다. 그러면 어떻게 보여 주는 것이 좋을지 생각해 보자.

첫째, 아이가 영상물을 볼 때는 항상 부모님이나 보호자가 옆에 있어야 한다. 가장 좋은 그림은 온 가족이 함께 보는 것이다. 온 가족이 함께 보면 좋은 점이 무엇일까? 아이가 영어 영상물을 즐겁게 시청할 확률이 높아진다. 안정감과 즐거움이 있기 때문이다. 엄마는 아이가 영어와 친해지기 바라는 마음에 영상물을 보여 준다. 그런데 아이 입장에서 잘 들리지도 않는 영상물을 홀로 공부하듯이 보고 있어야 한다면 기분이 어떨까? 참 어색한 일이 아닐 수 없다. 온 가족이 모여 앉아 안정되고 즐거운 분위기에서 영상을 본다면 아이도 그 시간을 즐기게 될 것이다.

엄마 아빠가 함께 있으면 아이를 보호할 수도 있다. 위에서 보았듯이 연령 제한은 없지만 부모나 보호자의 지도가 필요한 영상물도 있다. 이런 영상물은 부분적으로 건너뛰어야 할 수도 있고 어느 부분에서는 멈춰야 할 수도 있다. 혹은 설명이 필요할지도 모른다. 애니메이션이라고 해도 어떤 장면은 아이가 싫어할 수도 있고 소화하지 못할 수도 있다. 이때는 반드시 엄마나 아빠의 지도가 필요하다.

둘째, 시간이 여유로울 때 영상물을 시청하자. 영어로 된 영화나 애니메이션을 온 가족이 함께 본다면 진심으로 즐기자. 숙제하듯 다그치지 않기를 바란다. 자연스럽고 즐겁게 영어를 접하게 하는 것이 본래 목적이다. 계획대로 아이와 스크린 앞에 앉아 즐거운 시간을 보내자.

중간 중간 아이와 이야기도 하고 함께 웃기도 하면서 시청하자. 수업 시간이 아니라 신나고 재미있는 놀이 시간을 갖자. 그러려면 스케줄이 빡빡한 시간은 피해야 한다. 여유로운 주말에 가족들이 둘러앉아 한두 편씩 보면 좋을 것 같다.

셋째, 어떤 영어 영상물을 보면 좋을까? 몇 가지 카테고리를 나누어 추천해 본다. 영어 책을 영화로 만든 작품 가운데 좋은 것이 많다. 책을 읽은 뒤에는 영화로도 보는 걸 추천한다. 책을 무척 좋아하는 아이라면 영화를 먼저 봐도 무관하다. 영화를 보고 나서도 책으로 읽으려 할 것이다. 책으로도 읽고 영화로도 보고 난 다음 아이와 대화해 보자. 아이는 의외로 그 차이를 예민하게 느끼고 있을 것이다.

1. 영어 책을 영화로 만든 작품

❶ 〈Charlie and the Chocolate Factory〉(찰리와 초콜릿 공장), 2005.

❷ 〈Matilda〉(마틸다), 1996.

❸ 〈Charlotte's Web〉(샬롯의 거미줄), 2006.

❹ 〈Stuart Little〉(스튜어트 리틀), 2013.

❺ 〈Peter Pan〉(피터팬), 2003

어린이를 대상으로 만든 애니메이션도 추천한다. 〈Trolls〉(트롤)는 한국에서 흥행하지 못했지만 미국에서는 히트한 작품이다. 어른들도 노래가 좋아서 많이 들었다. 캐릭터 상품이 다량으로 만들어질 만큼 사랑받은 작품이다. 이외에도 즐겁고 무난하게 볼 수 있는 애니메이션 작품을 골라 보았다.

2. 어린이 대상의 애니메이션

❶ 〈Trolls〉(트롤), 2016.

❷ 〈Chicken Run〉(치킨 런), 2000.

❸ 〈Shrek〉(슈렉), 2001.

❹ 〈Bee Movie〉(꿀벌 대소동), 2007.

❺ 〈Shark Tale〉(샤크), 2004.

가족이 함께 시청하기에 좋은 영화는 최대한 전체 연령이 볼 수 있는 것으로 추천해 보았다. 주말에 마음 놓고 아이와 즐겁게 시청할 수 있을 것이다. 오래전에 만든 영화 가운데도 아이에게 보여 주었을 때 반응이 좋은 작품이 있다.

3. 가족이 함께 시청하기 좋은 영화

❶ 〈The Chronicles of Nania: The Lion, the Witch and the Wardrobe〉(나니아 연대기 — 사자, 마녀, 그리고 옷장), 2005.

❷ 〈Miracle on 34th Street〉(34번가의 기적), 1994.

❸ 〈Eight Below〉(에이트 빌로우), 2006.

❹ 〈Free Willy〉(프리 윌리), 1993.

❺ 〈Night at the Museum〉(박물관이 살아 있다), 2006.

마지막으로 커먼센스미디어(https://www.commonsensemedia.org/)를 활용해 적합한 영상물을 찾는 방법이 있다. 홈페이지에 들어가서 'Top Picks'를 클릭한다. 거기서 'Best Movies for Kids'를 클릭하면 추천 영상물을 볼 수 있다. 연령대별로 정리되어 있어 영상물을 찾기에 좋다.

단, 연령이 미국 기준인 것만 참고하자. 영화 제목을 클릭하고 들어가면 그 영화에 대한 리뷰와 평점이 나온다. 교육적인지, 긍정적 메시지가 있는지, 폭력적인지, 언어 레벨은 괜찮은지 등을 평가해 놓았다. 전문가의 평가는 아니지만 관심 있는 부모들의 평가라서 더 실제적일 수 있다.

아이와 영어로
대화하기 1
(시간대별)

5

요즘 '선생님'의 역할에 대한 질문이 많다. 모든 것을 가르쳐 주는 것이 선생님의 역할일까? 아니면 학생이 스스로 배우도록 돕는 것이 선생님의 역할일까? 수업은 탁월한 강의 실력을 갖춘 선생님이 중심이 되어야 할까? 시간이 걸리더라도 학생이 중심되어 각자에게 맞는 속도로 배워야 할까? 선생님이 무엇을 어떻게 해야 하는지 모두 알려 주어야 할까? 아니면 조언자로서 안내만 해야 할까?

가만히 보면, 엄마표 영어에서 생기는 고민이 위의 질문들과 비슷한 것 같다. 엄마가 탁월한 능력을 가지고 영어를 잘 가르쳐야 하는가? 아니면, 아이가 자신의 시간과 레벨에 맞춰 영어를 배우도록 도와야 하는가? 엄마가 아이와 일상 속에서 영어로 대화하고 싶으면 영어로 유창하게 말해야 할까? 아니면, 아이에게 동기를 부여하고 기회만 만들어 주면 될까? 아이와 생활 속에서 영어로 대화할 때 엄마는 어떤 마음을

엄마표 영어에 유용한 자료들

가져야 할까?

아이와 일상 속에서 영어로 대화하기를 시도하기 전에 이것을 기억하자. 아이와 영어로 대화하는 것은 하나의 연습 과정이다. 아이와 우리말로 대화하는 연습을 해 본 엄마라면 누구나 시도할 수 있다. 당장 길고 복잡한 문장을 말하는 게 목표가 아니다. 실제 상황 속에서 자주 사용하는 표현부터 시도하자. 간단하지만 많이 쓰이는 표현으로 연습하면 된다. 엄마가 실생활에서 아이에게 영어로 말을 걸어 주면 어떤 일이 일어날까? 아이에게 영어를 해야 할 이유가 생긴다. 동기가 부여된다. 그리고 쉬운 표현은 듣고 배우게 된다.

틀리는 것도 과정이다. 생활 영어를 완벽하게 구사하려고 미리 연습을 많이 할 필요는 없다. 엄마도 말을 하면서 자신의 말을 듣게 된다. 그러는 사이에 틀리게 말을 했는지 아닌지 구분한다. 이 모든 것이 말을 배우는 과정이다. 엄마가 미리 부담을 느낄 필요는 없다.

「아이와 영어로 대화하기 1」에서는 시간대별로 쓸 수 있는 표현을 정리했다. 아이와 생활 영어를 배울 때도 여러 가지를 시도해 볼 수 있다. 그중 하나가 시간대별로 영어를 쓰는 것이다. 평소 아이와 엄마가 꼭 만나는 시간에 사용하면 좋다. 아침과 저녁은 엄마와 아이가 꼭 만나는 시간이다. 오후 시간에 쓸 수 있는 표현도 정리했다. 여기 나온 표현을 모두 암기할 필요는 없다. 기억이 안 나면 벽에 써서 붙여 놓고 보면서 말해도 좋다. 딱 한 가지 방법만 있는 게 아니다. 노트를 이용해도 좋다. 자신에게 편한 방식을 활용하면 된다.

아침에 아이를 깨울 때

Mom Good morning, Sweetie! (좋은 아침!)

Time to wake up. (일어날 시간이야.)

Kid Okay. (네.)

Mom Are you awake? (일어났니?)

Are you still in your bed? (아직 침대 안에 있는 거야?)

Kid I'm so sleepy. (너무 졸려요.)

Mom Oh! You look sleepy. (오! 너무 졸려 보이네.)

Do you want to get some more sleep? (좀 더 자고 싶니?)

Kid Yes, please. Only 10 more minutes. (네, 10분만 더 잘게요.)

Mom It's already 8. But I will come back in 10 minutes.

(벌써 8시야. 그럼 10분 후 다시 올게.)

Kid Okay. (네.)

아침에 아이가 일어난 뒤

Mom Did you sleep well? (잘 잤니?)

Kid Yes, I slept well. (네, 잘 잤어요.)

Mom Brush your teeth and go get some water.

(양치질하고 물 좀 마시렴.)

Kid Can I get some water first? (물 먼저 마셔도 돼요?)

Mom Sweetie! Go to the bathroom and brush your teeth first.

(화장실 가서 양치질 먼저 하렴.)

엄마표 영어에 유용한 자료들

오전에 옷 입기

Mom Come here. Let's change clothes! (이리 오렴. 옷 갈아입자.)

Let me see what you can wear today. (자, 오늘은 뭘 입을까?)

Kid I want to wear the red T-shirts. (빨간 티셔츠 입고 싶어요.)

Mom Okay. Take off your pajamas. (좋아. 잠옷 벗자.)

Then give them to me. (잠옷은 엄마에게 주렴.)

Kid Here we go. (여기 있어요.)

Mom Sweetie! Put on red T-shirts and the jeans.

(빨간 티셔츠와 청바지를 입자.)

You look great! (멋지네!)

오후의 날씨를 보며

Mom Oh! It starts raining. (오! 비가 온다.)

It was sunny this morning. (아침에는 화창했는데.)

Kid Do we need an umbrella? (우산이 필요할까요?)

Mom Let me think. (글쎄.)

Let's stay at home this afternoon. What do you think?

(오늘 오후에는 집에 있자. 어떻게 생각하니?)

Kid Hmm. I want to go outside. (음. 저는 밖에 나가고 싶어요.)

잠잘 준비를 할 때

Mom   Are you ready to go to bed? (잠잘 준비 됐니?)

Kid   Not yet. (아직이요.)

Mom   It's getting late. (시간이 늦어지는구나.)

        Did you brush your teeth? (양치질은 했니?)

Kid   Oh! I will do now. (오! 지금 할게요.)

Mom   Okay. (그래.)

잠자기 전 스토리 타임

Mom   Let me read a bedtime story. (옛날이야기 들려줄게.)

Kid   Wow! I like a bedtime story. (와! 옛날이야기 좋아요.)

Mom   What do you want me to read? (어떤 거 읽어 줄까?)

        How about this? (이건 어때?)

Kid   It's my favorite! (제가 제일 좋아하는 이야기예요.)

Mom   Okay! Then I will read it. (좋아! 그럼 읽어 줄게.)

엄마표 영어에 유용한 자료들

잠자기 전 인사

Mom Time to go to bed. (이제 잠잘 시간이야.)

Let me tuck you in. (이불 덮어 줄게.)

Kid Good night, Mom. (안녕히 주무세요, 엄마.)

Mom Good night! I will turn off the light. (잘 자렴! 엄마가 불 끌게.)

Sleep tight! Sweetie. (푹 자렴.)

Sweet dream. (좋은 꿈 꾸고.)

지금까지 시간대별로 쓸 수 있는 표현을 정리했다. 이외에도 생활 속에서 쓸 수 있는 짧은 영어 표현은 많다. 처음부터 욕심 부리지 말고 하나씩 연습하면 좋다. 한두 마디지만 조금씩 쌓이면 생활 영어의 많은 부분이 해결된다. 지속적으로 사용해서 익숙해지면 다른 표현도 찾아서 공부하고 싶어진다. 엄마가 영어로 말을 시키면 아이에게는 영어로 말을 할 기회를 만들어 준다. 아이가 영어에 조금만 익숙해지면 발음에 예민하게 반응할 수도 있다. 그럴 때 당황하지 말고 기뻐해 주자. 아이가 거꾸로 엄마에게 발음의 차이를 알려 줄 기회를 주자. 아이 스스로 자랑스러워하면서 엄마 앞에서 더 영어로 말하려고 할 것이다.

아이와 영어로
대화하기 2
(장소별)

6

아이와 영어로 대화하기 두 번째는 반복적으로 가는 장소를 염두에 두고 시도해 보면 좋다. 시간별로만 계획하면 다른 일로 바쁜 날에는 아이와 영어로 대화하는 걸 놓칠 수도 있다. 아침에 영어로 대화하기로 했는데 갑자기 급한 일로 일찍 외출할 수도 있다. 오후에 계획하고 있는데 예상치 못한 일로 계속 미루어질 수도 있다. 하지만 장소를 정하면 아이와 영어로 대화하기가 더 잘 지켜진다. 아무리 바빠도 우리는 부엌, 아이 방, 화장실은 꼭 간다. 그 장소에서는 영어를 사용할 수밖에 없다. 물론 시간대별로 영어로 대화하는 것이 잘 지켜질 수도 있다. 밤에 아이와 인사하고 스토리 타임을 갖는 시간은 방해를 덜 받는다. 아무튼 시간대별로 영어를 사용하든, 장소별로 영어를 사용하든 상관없다. 무엇이든 가능성이 큰 쪽을 택하면 된다. 상황에 따라 적절하게 자주 사용할 수 있는 표현을 택해서 연습하면 된다. 장소별로

엄마표 영어에 유용한 자료들

활용할 수 있는 표현은 다음과 같다.

아이 방에서 1

Mom I'm looking for your backpack. Where is it?

(네 가방을 찾고 있는데. 어디 있니?)

Kid I think it's in the closet. (벽장에 있는 것 같아요.)

Mom Your back is not here. Where can I find it?

(여기 없는데. 어디에 있는 거지?)

Kid Maybe I left it in my classroom. (교실에 두고 왔나 봐요.)

Mom No way. Are you sure? (설마. 확실하니?)

Kid I don't remember. (기억이 안 나요.)

아이 방에서 2

Mom Let's clean up your room. (방 청소하자.)

Kid I will clean up my desk. (저는 책상 치울게요.)

Mom Good. Put away your books and notebooks.

(좋아. 책이랑 공책 제자리에 가져다 놓으렴.)

Kid What about trash? (쓰레기는요?)

Mom Put it in the trash can. (쓰레기통에 버려.)

Kid What about plastic bottles? (플라스틱 병은 어떻게 할까요?)

Mom Put them in the recycling bin. (재활용품 수거함에 버리렴.)

현관에서

Mom What are you going to wear? (어떤 신발 신을 거야?)

Kid My new white sneakers. (새로 산 하얀 운동화요.)

Mom Let me see. Where are they? (어디 보자. 그게 어딨지?)

Kid In the shoe box. (신발 상자 안에 있어요.)

Mom Okay. I will get them for you. (알았어. 가져다줄게.)

Put on your sneakers slowly. (천천히 신으렴.)

Kid I can't tie up shoelaces. (신발 끈을 못 묶겠어요.)

Mom Let me help you. (엄마가 도와줄게.)

부엌에서 1

Mom Are you ready to have lunch? (점심 먹을 준비 되었니?)

Kid Yes. I'm hungry. (네. 배고파요.)

Mom Wait a minute. Did you wash your hands?

(잠깐만. 손 씻었니?)

Kid Of course. (그럼요.)

Mom Good. We are going to have spaghetti today.

(좋아. 오늘은 스파게티 먹을 거야.)

Kid I love it. (너무 좋아요.)

Mom Enjoy your meal. (맛있게 먹으렴.)

부엌에서 2

Mom Are you finished? (다 먹었니?)

Kid Yes. (네.)

Mom Put your dish in the sink, please. (다 먹은 접시 싱크대에 넣으렴.)

Kid Okay. (알겠어요.)

Mom Thank you. Good boy! (고마워. 잘했어!)

Kid You are welcome. (아니에요.)

Mom Give me the cloth, please. (행주 좀 줄래?)

　　　I will wipe the table. (식탁 좀 닦게.)

Kid Here we go. (여기 있어요.)

화장실에서 1

Mom Let's brush teeth. (양치질하자.)

Kid How can I do that? (어떻게 하는 거예요?)

Mom You know how to brush your teeth. (어떻게 양치하는지 알잖아.)

Kid Can I skip it today? (오늘은 안 해도 돼요?)

Mom Oh, no. Then you'll have rotten teeth. (안 돼. 그럼 이가 썩을 텐데.)

Kid Really? (정말요?)

Mom Come here. Let me help you. (이리 와. 도와줄게.)

　　　Where is your toothbrush? (네 칫솔 어디 있니?)

화장실에서 2

Mom   Go and wash your face. (가서 세수하렴.)

Kid   Mom, is this soap in the tube?

         (엄마, 튜브 안에 있는 게 비누예요?)

Mom   No. That's toothpaste. (아니. 그건 치약이야.)

         You can find the soap on the basin. (비누는 세면대 위에 있어.)

Kid   I got it. (찾았어요.)

Mom   Are you done? (세수 다 했니?)

Kid   Almost. Give me the towel, please. (거의요. 수건 좀 주세요.)

Mom   Okay. Did you turn off the faucet? (알았어. 수돗물은 잠갔어?)

Kid   Yes. But I still have soap on my face.

         (네. 그런데 아직 얼굴에 비눗물이 남아 있어요.)

Mom   Oh! Rinse your face with water again.

         (오! 물로 다시 씻어내렴.)

거실에서

Mom   What are you doing? (뭐 하고 있니?)

Kid   I'm looking for a remote control. (리모콘 찾고 있어요.)

         Can I watch TV? (TV 봐도 돼요?)

Mom   What's on now? (지금 TV에서 뭐 하는데?)

Kid	I do not know. (모르겠어요.)
Mom	Hold on. Let me check the TV program.
	(잠깐만. TV 프로그램 확인해 볼게.)
	You can watch it only for 30 minutes. (30분만 봐야 한다.)
Kid	That's too short. (너무 짧아요.)
Mom	That is enough. Move back a little bit.
	(그거면 충분해. 뒤로 조금만 물러나렴.)
	Do not sit close to the TV, please. (TV 가까이에 앉으면 안 돼.)

　　여기서 소개한 표현을 한 번에 모두 연습할 생각은 하지 말자. 이 중 가장 많이 쓸 것 같은 표현을 고르자. 장소도 처음에는 한 곳이나 두 곳만 정하자. 표현이 익숙하게 들리는 것부터 적어서 그 장소에 붙여 놓자. 들고 다니면서 암기하는 사람도 있겠지만, 처음부터 부담을 갖지 않아도 된다. 생활 영어는 하루에 표현 3~5개씩만 익숙해져도 결코 적은 것이 아니다. 반복해서 쓰고 편해지면 또 다른 표현을 쓰면 된다. 그렇게 쌓이고 쌓이면 빈번하게 사용하는 표현은 금세 소화할 수 있다.

아이와 영어로
대화하기 3
(감정별)

7

감정에는 좋고 나쁜 것이 없다. 여러 가지 감정에 맞고 틀린 것도 없다. 감정은 주관적이다. 감정은 매우 다양하다. 기쁨이라는 감정도 정도에 따라 여러 가지가 있고, 슬픔도 정도나 상황에 따라 여러 감정으로 나타날 수 있다. 어릴 적부터 엄마가 아이와 감정에 대해 편하게 이야기를 나누면 무엇이 좋을까? 아이 안에서 일어나는 감정을 엄마가 잘 이해해 주면, 아이도 스스로 자신의 감정을 존중하게 된다. '내가 기쁘구나' '내가 슬프구나' '내가 화가 났구나' '내가 감동을 받았구나' 이렇게 스스로의 감정을 이해한다면 어른이 되어서도 마음을 잘 다스릴 수 있다. 따라서 아이와 감정에 대해 솔직하게 이야기하는 것이 중요하다. 다음에 정리하는 생활 영어는 일상에서 감정을 표현하는 대화다. 영어로도 아이와 감정을 잘 이야기해 보자.

행복

Mom	Wow! You look great in your new dress.
	(와! 새 드레스 입으니까 근사하다.)
	Do you like it? (맘에 드니?)
Kid	Yes, I really like this dress. (네, 이 드레스 너무 좋아요.)
Mom	So pretty. (진짜 예쁘다.)
Kid	I'm so happy. (너무 행복해요.)
Mom	I'm so happy, too. (엄마도 행복해.)
Kid	Wait! I want to take a selfie*. (잠간만요! 셀카 찍을래요.)
	*selfie (비격식: 스스로 찍는 자신의 사진)

기쁨

Mom	Did you make the card for Dad?
	(아빠를 위해 카드를 만든 거니?)
Kid	Yes. Do you like it? (네. 괜찮아요?)
Mom	Yeah. I like it. It's awesome. (그럼. 좋고말고. 멋진데.)
Kid	I will give it to Dad. (아빠에게 드릴 거예요.)
Mom	He will be delighted. (아빠도 기뻐하실 거야.)
Kid	Do you think so? (정말요?)
Mom	Of course. (당연하지.)

슬픔

Mom Are you okay? (괜찮니?)

Kid I'm not okay. (아니요.)

Mom why? (왜?)

Kid I lost my doll. (인형을 잃어버렸어요.)

Mom Are you sure? (정말이니?)

Kid Yes. I am really sad. (네. 너무 슬퍼요.)

분노

Kid I'm angry. (화가 나요.)

Mom What made you angry? (왜 화가 나니?)

Kid 현수 ate my pizza. (현수가 제 피자를 먹었어요.)

Mom Really? How did you know? (정말? 어떻게 알았어?)

Kid He told me he ate it. (걔가 먹었다고 말했어요.)

Mom Oh! You can be mad. (오! 정말 화나겠다.)

Wait a minute! (기다려 봐!)

I will check if we have more pizza. (피자가 더 있는지 볼게.)

신남

Mom We are going on a picnic today. (오늘 우리 소풍 갈 거야.)

Kid Where are we going? (어디로 가요?)

Mom We are going to the amusement park. (놀이공원에 갈 거야.)

Kid Yay! (야호!)

Mom Are you excited? (신나니?)

Kid Yes. I will have fun there. (네. 거기서 재미있게 놀 거예요.)

호감

Mom Who is that girl? (저 여자애 누구니?)

Kid My friend, 수진. (제 친구 수진이에요.)

Mom Is she your classmate? (같은 반 친구니?)

Kid No. I met her at the playground.

(아니요. 놀이터에서 만났어요.)

Mom Oh. Is she nice? (오. 좋은 친구니?)

Kid Yes. She is nice. I like her.

(네. 좋은 친구예요. 전 걔가 좋아요.)

실망

Kid   Mom! Tomorrow, we are not going on a field trip.

(엄마! 내일은 현장학습 안 간대요.)

Mom   Why? (왜?)

Kid   Because it will be rainy tomorrow. (내일 비가 와서요.)

Mom   I see. That's why you look down.

(그렇구나. 그래서 표정이 안 좋구나.)

Kid   I am disappointed. (실망했어요.)

Mom   Sorry about that. (참 안 됐네.)

흥미로움

Mom   Look at this! I bought some books for you.

(이것 봐! 엄마가 네 책을 좀 샀어.)

Kid   Thank you! Mom. (감사합니다! 엄마.)

Mom   My pleasure. (아니야.)

Kid   I'm interested in this book. (저 이 책에 관심 있어요.)

Mom   What is it? (어떤 책?)

Kid   *Amelia Bedelia*. It looks interesting.

(『아멜리아 베델리아』요. 재미있어 보여요.)

놀람

Mom What is this on the table? (탁자 위에 이건 뭐니?)

Kid Open it, please. (열어 보세요.)

Mom This is a great picture. (멋진 그림이네.)

Kid I drew it. (제가 그렸어요.)

Mom Did you? Brilliant! I am amazed. (네가? 굉장한데! 놀랍구나.)

Kid Thank you, Mom. (고마워요, 엄마.)

감동

Kid Mom! I wrote a poem. (엄마! 제가 시를 썼어요.)

Mom Great! Can you read it for me? (멋지다! 읽어 줄 수 있어?)

Kid Okay. (좋아요.)

[아이가 시를 읽는다.]

Mom It's touching. (감동적이구나.)

Kid I like my poem. I want to write more poems.

(저도 제 시가 좋아요. 시를 더 쓰고 싶어요.)

Mom What is your next poem about?

(다음 시는 무엇에 관한 거니?)

Kid I will think about it. (생각해 보려고요.)

감정을 표현하는 단어는 다양하다. 행복을 표현하는 단어도 'happy'
외에 어떻게 행복하냐에 따라 여러 가지가 있다. satisfied, content,
glad, joyful, blissful 등은 행복을 약간 다른 뉘앙스로 표현하는 단어들
이다. 이 단어들의 쓰임은 문맥을 통해 더 섬세하게 알 수 있다. 감정과
관련된 단어를 더 알고 싶다면, 단순히 우리말로 뜻을 적어서 외우기보
다 문장을 찾아보기를 권한다. 앞에 정리한 생활 영어는 일상에서 편하
게 자주 사용하는 단어를 중심으로 정리했다. 어린아이와 대화할 때는
단순하고 쉬운 단어를 쓰는 것이 좋다. 복잡한 감정을 나타내는 단어는
아직 아이들이 배우기 쉽지 않다. 쉬운 단어와 표현에 익숙해지는 것을
목표로 하자.

아이와 영어로 대화하기 4
(특정 시기별)

8

평소에 아이와 영어로 대화하는 것은 의식적으로 노력해야 가능하다. 그런데 일부로 노력하지 않아도 아이와 영어 표현을 자연스럽게 사용하게 되는 시기가 있다. 특히 크리스마스가 그렇고, 새해도 마찬가지다. "Merry Christmas!" "Happy Holidays!" "Happy New Year!"와 같은 말은 연말연시에 자주 쓰는 영어 표현이다. 이 시기에 시중에서 파는 카드에도 영어로 된 문구가 많이 적혀 있다. 이러한 영어 문구는 대부분 자연스럽게 받아들인다. 그만큼 자주 눈에 보이기 때문이다. 다음에 나오는 생활 영어는 특정한 시기에 오갈 수 있는 대화다. 알아 두면 쓸모 있는 좋은 표현을 정리해 보았다. 일상생활에서도 충분히 응용할 수 있도록 기본적이고도 쉬운 패턴으로 정리했다. 여러 번 읽고 연습해 보자.

크리스마스 1

Mom   Christmas is coming. (크리스마스가 다가오는구나.)

Kid   When is Christmas? (크리스마스는 언제예요?)

Mom   It's December 25th. (12월 25일이야.)

Kid   Do you think I can get a gift from Santa?

        (산타 할아버지가 선물을 주실까요?)

Mom   Of course. You are a good kid. (물론이지. 넌 착한 아이잖아.)

Kid   I hope he will give me something cool.

        (뭔가 멋진 걸 받고 싶어요.)

Mom   We will see. (지켜보자꾸나.)

크리스마스 2

Mom   Don't open the gift boxes until Christmas Eve.

        (크리스마스이브 전까지는 선물 상자를 열어 보면 안 돼.)

Kid   I can't wait to open them. (너무 열어 보고 싶어요.)

Mom   Let's wait a week more. (일주일만 더 기다리자.)

Kid   Can I just open one? (하나만 열어 봐도 돼요?)

Mom   Nope. (안 돼.)

Kid   I wonder what are in the boxes.

        (상자 속에 무엇이 있는지 궁금해요.)

Mom   Sweetie. It's worth waiting for. (한번 참고 기다려 보자.)

새해 1

Mom A new year starts from tomorrow.

(내일부터 새해가 시작된단다.)

Kid What are we going to do? (우린 뭘 할 거예요?)

Mom We are going to make New Year's resolutions.

(새해 결심을 세울 거야.)

Kid New Year's resolutions? (새해 결심이요?)

Mom Yes. We make a promise to do something good in new year.

(응. 새해에 뭔가 좋은 것을 하겠다고 약속하는 거란다.)

Kid Exercising everyday can be a resolution?

(매일 운동하기도 괜찮아요?)

Mom Of course. It can be a great resolution.

(그럼. 아주 좋은 결심이지.)

새해 2

Kid How old am I going to be next year?

(내년에 저는 몇 살이 되죠?)

Mom You will be 8. Then you will go to the elementary school.

(여덟 살이 될 거야. 그리고 초등학교에 갈 거야.)

Kid When is a real New Year's Day? (언제가 진짜 설날이에요?)

Mom What do you mean? (무슨 말이니?)

Kid   We have two New Year's Days. (설날이 두 개잖아요.)

Mom   You are right. We also have the lunar New Year's Day.
We call it Gujeong.

(맞네. 음력으로 설날도 있어. 구정이라고 부르지.)

추석

Mom   I bought something to eat on Chuseok.

(추석에 먹을 것 좀 사왔단다.)

Kid   What did you buy? (무엇을 샀어요?)

Mom   I bought some Songpyeon, apples, pears, and Japchae.

(송편, 사과, 배, 잡채를 좀 샀어.)

What's your favorite? (뭐가 제일 좋니?)

Kid   My favorite is Japchae. (잡채가 제일 좋아요.)

Mom   Do you remember we made it together last time?

(지난번에 엄마랑 잡채 만들었던 거 기억나?)

Kid   Yes, I do. It was fun. (네, 그럼요. 재밌었어요.)

추수감사절

Kid   Mom! What is Thanks Giving Day?

(엄마! 추수감사절이 뭐예요?)

Mom   It is a holiday celebrating harvest in America.

(추수한 것에 대해 감사하는 미국의 명절이야.)

It's similar to Chuseok in Korea. (한국의 추석과 비슷하지.)

Kid   Interesting! What do they eat on Thanks Giving Day?

(재밌네요. 추수감사절에는 무엇을 먹어요?)

Mom   They eat roast turkey, potatoes, baked carrot, pie and so on.

(구운 칠면조, 감자, 구운 당근, 파이 등을 먹어.)

Kid   Wow. They must have a big party. (와. 큰 파티를 하겠네요.)

Mom   Family and friends gather to celebrate the day.

(가족들과 친구들이 그날을 축하하기 위해 모인단다.)

부활절

Kid   Mom. My friend gave me an Ester egg.

(엄마. 제 친구가 부활절 달걀을 주었어요.)

Mom   Let me see. Oh! That's pretty. Did you say "Thank you."?

(어디 보자. 오! 예쁘구나. 고맙다고 이야기했니?)

Kid   Of course. But what is Easter?

(물론이죠. 그런데 부활절이 뭐예요?)

305

Mom	Easter is a Christian holiday.
	(부활절은 기독교의 기념일이야.)
Kid	It is new for me. (저는 생소해요.)
Mom	Some countries have a big celebration.
	(어떤 나라에서는 큰 축하 행사를 한단다.)

　영어 말하기는 평소 일상생활에서 조금씩 연습하는 것이 가장 이상적이다. 그런데 몇몇 정해진 공휴일에 영어로 대화하는 것도 새롭고 재미있는 일이 될 수 있다. 꼭 큰 파티가 아니어도 괜찮다. 아이와 크리스마스, 새해, 추수감사절 같은 날에 작은 파티를 해 보자. 평소 안 해 본 활동을 하면 기분이 새로울 것이다. 크리스마스트리 하나만 작게 만들어도, 부활절 달걀 하나만 예쁘게 만들어도 좋다. 금세 분위기가 달라진다. 또 영어권의 공휴일에 대해 알아보면서 대화를 나누어 보자. 평소보다 영어로 대화하기 더 좋은 날이 될 수도 있다.

아이와 영어로
대화하기 5
(활동별)

9

언어를 배우는 효과적인 방법 중 하나는 좋아하는 것과 연결시키는 것이다. 아이가 좋아하는 활동과 영어를 이어 주면 아이는 즐겁게 영어를 배운다. 이미 좋아하는 활동을 시작할 때부터 마음이 즐겁다. 동기 부여를 어떻게 할지 고민하지 않아도 이미 마음이 열려 있다. 이럴 때 영어 표현을 하나 둘 사용해 보자. 아이가 즐거운 활동과 함께 영어 표현을 기억할 것이다. 그림 그리기를 좋아한다면, 함께 그림을 그리면서 영어로 짧은 대화를 시도해 보자. 놀이터에서 노는 것을 좋아한다면, 놀이터에 가서 쉬운 영어 표현을 사용해 보자. 가만히 앉아서 영어를 배우는 시간보다 더 흥미로울 것이다. 그런 의미에서 이번에는 활동별로 사용할 수 있는 영어 표현을 정리해 보았다. 아이마다 좋아하는 활동이 다를 테니 각자 상황에 맞게 사용하면 된다.

노래를 들을 때

Kid   Mom! I want to listen to my favorite song.

(엄마! 제가 좋아하는 노래를 듣고 싶어요.)

Mom   What is your favorite song? (좋아하는 노래가 뭐니?)

Kid   I like *Open Shut Them* most.

(저는 〈Open Shut Them〉이 제일 좋아요.)

Mom   Isn't it what you learned when you were 3?

(세 살 때 배운 노래 아니니?)

Kid   Yes. It is a funny song. (맞아요. 재미있는 노래예요.)

Mom   I see. I will play the song. (알았어. 그 노래 틀어 줄게.)

장난감을 가지고 놀 때

Kid   I made a house with Lego. (레고로 집을 만들었어요.)

Mom   It looks great! What is this next to the house?

(멋지다! 집 옆에 이건 뭐니?)

Kid   I started to make a car. (차를 만들기 시작했어요.)

Mom   It seemed not to be done. (아직 완성되지 않은 것 같은데.)

Kid   It is not finished. It's so hard.

(완성되지 않았어요. 너무 어려워요.)

Mom   Do you need my help? (엄마가 도와줄까?)

도서관에 방문할 때 1

Mom   Look around the book shelves. (책장을 둘러보렴.)

Kid   There are a lot of books here. (책이 많네요.)

Mom   Are there any interesting books? (관심 있는 책이 있니?)

Kid   I already found some. (벌써 몇 권 찾았어요.)

Mom   Bring them to the desk. You can read them here.

    (책들을 들고 책상으로 오렴. 여기서 읽으면 돼.)

Kid   Okay, Mom. (네, 엄마.)

도서관에 방문할 때 2

Mom   Did you pick up books you want to borrow?

    (빌리고 싶은 책 골랐니?)

Kid   Not yet, Mom. (아직요, 엄마.)

Mom   We can borrow 7 books from this library.

    (이 도서관에서는 일곱 권까지 빌릴 수 있어.)

Kid   But I picked up 10 books. (근데 저는 10권 골랐어요.)

Mom   Chose 7 books among them. (그중에 7권만 선택하렴.)

Kid   Okay. I will do that. (네. 그럴게요.)

놀이터에서 놀 때 1

Kid Can I go to the playground? (놀이터에 놀러 가도 돼요?)

Mom Of course. Let's go together. (그럼. 엄마랑 같이 가자.)

Kid I will ride on the swing. (저는 그네를 탈 거예요.)

Mom Do you want me to push you on the swing?

(그네 밀어 줄까?)

Kid Yes, please. (네.)

Mom Okay. Hold on tightly. (알았어. 꽉 잡아.)

놀이터에서 놀 때 2

Kid I want to climb up the jungle gym.

(정글짐에 올라가고 싶어요.)

Mom Okay. You have to be careful. (알았어. 조심해야 한다.)

Kid I know. I will be careful. Don't worry.

(알아요. 조심할게요. 걱정 마세요.)

Mom Will you climb up to the top? (꼭대기까지 올라갈 거니?)

Kid No. I will go down soon. (아니요. 곧 내려갈 거예요.)

Mom Watch out. It looks slippery. (조심해. 미끄러워 보인다.)

엄마표 영어에 유용한 자료들

그림을 그릴 때

Kid   Where is my sketch book? I want to draw a picture.

(제 스케치북 어디 있어요? 그림 그리고 싶어요.)

Mom   It is in your desk drawer. (네 책상 서랍에 있어.)

What are you going to draw? (무엇을 그릴 거니?)

Kid   I'm going to draw a playground. (놀이터를 그릴 거예요.)

Mom   Sounds good. Do you need crayons?

(좋은 생각이야. 크레용 필요하니?)

Kid   Yes. I need crayons and water colors.

(네. 크레용과 수채 물감이 필요해요.)

Mom   Okay. I will bring water, too. (알겠어. 물도 가져다줄게.)

만들기 활동을 할 때

Mom   Let's make a mini-book. (미니북을 만들자.)

Kid   That's a good idea. (좋아요.)

Mom   What's your book about? (무엇에 관한 책이니?)

Kid   My book is about animals. (동물에 관한 거예요.)

Mom   Sounds interesting. (재밌겠구나.)

Kid   I will draw animals first. (먼저 동물들을 그릴 거예요.)

Mom   Will you write about them, too? (동물들에 대해 글도 쓸 거니?)

Kid   Yes. I will. (네, 그럴 거예요.)

책 읽을 때 쓸 수 있는
영어 표현 1
『Bear About Town』
10

아이에게 처음으로 영어 책을 읽어 준다면 어떤 책이 좋을까? 추상적인 그림보다 단어의 의미를 분명하게 보여 주는 그림이 있는 책이 좋다. 엄마가 추상적인 그림도 잘 설명할 수 있다면 상관없다. 그렇지 않다면 그림이 내용을 있는 그대로 설명하는 책이 읽어 주기 쉽다. 아이가 영어 단어를 모를 경우 그림으로 알려 주기가 좋기 때문이다. 그림책 안에 있는 모든 그림을 설명할 필요는 없지만, 가능하면 그림을 충분히 활용하자. 영어 단어의 뜻을 우리말로 모두 설명하지 않아도 아이는 책의 내용을 이해하게 된다.

다음에 소개하는 책들은 아이가 그림만 보고도 내용을 이해할 만큼 그림이 명확하고 쉽다. 처음 영어를 시작할 때도 잘 이해하며 들을 수 있는 책이다. 그럼 영어 책의 그림을 어떻게 하면 잘 활용할 수 있는지 살펴보자. 또 어떤 순서로, 어떤 방식으로 읽기를 진행할 것인지도 알아보자.

첫 번째로 소개할 책은 『Bear About Town』이다. 곰은 매일 걸어서 시내에 간다. 시내에 가서 어디를 들를까? 요일마다 다른 곳을 들른다. 이 책은 요일과 함께 시내에 있는 여러 장소의 이름을 배울 수 있다. 페이지마다 이해하기 쉽고 귀여운 그림으로 가득 채워져 있어 아이와 천천히 즐겁게 읽기에 좋다. 오디오 CD로 노래도 들을 수 있다. 아이가 좋아할 만한 노래라서 함께 듣는 것도 좋다. 아직 영어를 읽지 못하는 아이에게도 인기 있는 책이다.

영어 책 읽어 주기 과정은 다음과 같다. 먼저 표지를 읽은 다음, 본문을 마지막 장까지 읽어 준다. 혹시 면지나 책날개에도 읽을거리가 있다면 읽어 주자. 면지는 책 표지와 본문을 연결해 놓은 페이지이고, 책날개는 겉표지의 양쪽 끝 부분이 안으로 접히는 부분이다. 책을 읽어 줄 때는 아이에게 그림이 보일 수 있도록 하자. 처음 읽을 때는 글자를 짚지 않는 것을 권한다. 글자에 호기심이 생길 즈음부터 글자를 짚어 줘도 늦지 않다.

◆ 표지 읽기

책 표지에 있는 책 제목, 글쓴이의 이름, 그린이의 이름을 알려 주자. 그런 다음 책 표지에 있는 그림에 대해 함께 이야기를 나눠 보자.

Mom	Let me read this book for you. (엄마가 이 책을 읽어 줄게.)

Mom   Let me read this book for you. (엄마가 이 책을 읽어 줄게.)

Look at this.

([책 제목을 손가락을 짚으며] 여길 보자.)

The title is *Bear About Town*.

(제목은 『Bear About Town』이란다.)

Who wrote this book? (누가 이 책을 썼을까?)

Stella Balckstone wrote this book.

(스텔라 블랙스톤이 이 책을 썼어.)

Who drew pictures in this book?

(누가 이 책에 있는 그림을 그렸지?)

Debbie Harter drew pictures.

(데비 하터가 그림을 그렸어.)

Look! What is this? (여기 봐. 이게 뭐지?)

Kid   A bear? (곰이요?)

Mom   Yes. This is a bear. (맞아. 이건 곰이야.)

What else can you see? (또 뭐가 보이니?)

Kid   Flower. (꽃이요.)

What is this? (이건 뭐지?)

Mom   It is a basket. (바구니요.)

Does he look happy?

([표지에 있는 곰을 짚으며] 곰이 행복해 보이니?)

Kid   I don't know. (모르겠어요.)

Mom   Okay. We will see. (좋아. 그럼 한번 알아보자.)

엄마표 영어에 유용한 자료들

각 페이지의 그림을 가지고도 영어로 대화할 수 있다. 그림을 손가락으로 짚으며 영어로 단어를 알려 주어도 좋다. 그림은 충분히 활용하되 이야기의 흐름이 깨지지 않도록 주의하자. 읽기에 도움이 될 만한 영어 표현을 몇몇 페이지의 내용과 함께 정리해 보았다.

Mom	Let's turn the page. (페이지를 넘겨 보자.)
	Look at this! (여길 봐!)
	Where is the bear? (곰이 어디에 있니?)
Kid	Here. ([아이가 손으로 짚으며] 여기요.)
Mom	You are right. (맞아.)
	It's very sunny. (날씨가 정말 화창하네.)
	Whose house? ([곰의 집을 가리키며] 누구네 집이지?)
Kid	Bear? (곰이요?)
Mom	Maybe? (그런 것 같지?)
	'Bear goes to town every day.'
	([책을 읽으며] '곰은 매일 시내에 간다.')
Kid	Town? ([아이가 Town의 뜻을 모르는 경우] Town이요?)

Mom   Look at this! ([Town을 나타내는 그림을 가리키며] 여길 보자!)

This is a town. ([아이가 이해하는지 살피며] 여기가 타운이야.)

He is walking. (곰이 걸어가고 있어.)

Turn the page, please. (페이지를 넘겨 주렴.)

On Wednesday,
he watches a film.

Los miércoles,
mira una película.

Mom   Oh! Look at this picture. (오! 이 그림을 보자.)

Is it sunny? (날씨가 화창하니?)

Kid   No. Rainy! (아니요. 비가 와요.)

Mom   Right! It's rainy. (맞아! 비가 오지.)

Look at the bears. (곰들을 보자.)

What do they have?

([우산을 손가락으로 가리키며] 곰들이 뭘 가지고 있지?)

Kid   우산.

[아이가 영어로 우산이 무엇인지 모르면 우리말로 대답해도 괜찮다.]

Mom   Right! Umbrellas. (맞아! 우산이야.)

'On Wednesday, he watches a film.'

([책을 읽어 준다.] '수요일에 그는 영화를 보러 간다.')

Kid	What is a film? (film이 뭐예요?)
Mom	You watched *Shrek*. (《슈렉》 본 적 있지?)
	That is a film. (그게 film이야.)
Kid	*Inside Out* is a film? (《인사이드 아웃》도 film이에요?)
Mom	Right. That is a film, too. (맞아. 그것도 film이지.)
	Do you like a film? (film 좋아하니?)
Kid	Yes! I like a film. (네! film 좋아해요.)
Mom	I like it, too. (엄마도 좋아해.)

◆ **면지 읽기**

이 책의 면지는 시내를 한눈에 볼 수 있는 그림으로 되어 있다. 아이와 책을 다 읽고 나서 마지막 페이지를 보면서 확인하자. bakery는 어디에 있고, gym은 어디에 있고, cinema는 어디에 있는지 함께 찾아보자. 읽은 내용 가운데 기억나는 것이 있다면 함께 이야기해 보는 것도 좋다.

Mom	Wow. This is a big town. (와. 정말 큰 시내구나.)
	Can you find the gym? (gym을 찾을 수 있겠니?)
Kid	Here. (여기요.)
Mom	Right. (맞아.)
	Where is the cinema? (cinema는 어디 있지?)
Kid	Cinema? (cinema요?)
Mom	The bear watched film there. (곰이 film을 거기서 봤어.)
Kid	Ah! This one? (아! 이거요?)
Mom	You are right. (맞았어.)
	This is a cinema. (여기가 cinema야.)

이 책의 문장에는 부사구, 동사의 과거형, 전치사까지도 나온다. 하지만 문장을 분석하려 들지 말자. 아이에게 책을 읽어 줄 때는 전체적으로 듣고 내용을 이해하는 것에 집중하자. 모든 단어를 우리말로 뜻풀이하지 않아도 된다. 영어 단어를 그대로 읽어도 아이가 단어 뜻을 알게 된다. 한 번에 모든 단어의 뜻을 가르쳐야 한다는 부담감은 갖지 말자. 이 책이 아니더라도 다른 책에서 같은 단어를 만나면서 뜻을 알 수도 있다. 또는 한글 책을 읽다가 비슷한 상황을 만나면 배경지식이 늘어서 영어 단어를 이해하는 경우도 있다.

책 읽을 때 쓸 수 있는 영어 표현 2
『The Secret Birthday Message』

11

생일을 맞은 아이에게 무슨 책을 읽어 주면 좋을까? 책의 형식이 조금은 독특한 『The Secret Birthday Message』는 어떨까? 이 책은 내가 어른이 되어 생일 카드 대신 받은 책이기도 하다. 한 장 한 장 넘길 때마다 그다음 이야기가 궁금해 정신없이 읽었다. 처음 책을 받았을 때 각 페이지의 모양새가 달라 신기해하며 이리저리 들춰 보았다. 나온 지 오래된 책이기는 하지만 아이에게 호기심을 불러일으킬 만한 책이다. 문장도 15개 정도만 쓰여 있다. 도대체 어떤 비밀 메시지가 숨겨져 있는 것일까? 각 장마다 다음은 무엇을 해야 할지, 어디로 가야 할지 이야기해 준다. 그 이야기를 따라가면 어느덧 비밀 메시지에 도착한다.

토이북으로 장르가 구별되어 있는 책은 각 페이지가 다른 모양으로 생겼다. 구멍이 뚫려 있는 페이지도 있다. 미국 나이로 4~8세를 대상으로 쓰인 책이므로 참고하자. 이 책은 평소에 자주 쓰는 표현이 들어 있다. 걸어가고, 기어가고, 내려가고, 올라가는 동사 표현을 배울 수 있다. 똑바로, 위로, 아래로, 뒤로 등을 나타내는 전치사도 배울 수 있다. 이책도 표지 읽기부터 시작하자.

◆ 표지 읽기

표지는 그림부터 읽어도 좋고 제목부터 읽어도 괜찮다. 무엇부터 읽든지 아이가 관심을 갖도록 하면 된다. 제목부터 알고 싶어 하는 아이도 있고 그림부터 궁금해하는 아이도 있다. 상황마다 다르게 읽어 주면된다.

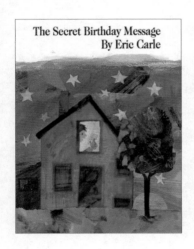

Mom   Time to read a book. (책 읽을 시간이야.)

Today, we are going to read this book.

(오늘은 이 책을 읽을 거야.)

Look at the book cover. (책 표지를 보자.)

What do you see? (뭐가 보이니?)

Kid   Star? (별?)

Mom   Okay. You can see stars. (그래, 별들이 보이네.)

How many stars can you see? (별들이 몇 개가 있지?)

Do you want to count? (한번 세어 볼래?)

Kid   One, two, three, four, five, six, seven, eight, nine.

(하나, 둘, 셋, 넷, 다섯, 여섯, 일곱, 여덟, 아홉.)

Nine stars? (아홉 개요?)

Mom   You are right. Nine stars. (맞아. 아홉 개야.)

What else can you see? (또 뭐가 보이니?)

Kid   A House. A Tree. (집이요. 나무도요.)

Mom   Right. A house and a tree. (맞아. 집과 나무야.)

Look at the boy in the house. (집에 있는 소년을 보렴.)

What is he doing? (뭘 하고 있니?)

Kid   I don't know. (모르겠어요.)

Mom   Okay. We can find out later. (그래. 나중에 알아보자.)

The title of this book is *The Secret Birthday Message*.

(책의 제목은 『The Secret Birthday Message』란다.)

Eric Carle wrote this book and drew pictures.

(에릭 칼이 이 책을 썼고 그림을 그렸어.)

◆ 본문 읽기

　이야기가 처음 시작하는 페이지의 문장을 보자. 문장을 천천히 읽고, 중요한 부분과 관련된 그림은 손으로 짚어 주자. 첫 페이지와 두 번째 페이지에 이 책에 등장하는 모든 문장이 나온다. 이 두 페이지로 모든 내용을 이해하기는 어렵다. 세 번째 페이지부터는 앞에 나온 문장들이 하나씩 이해되도록 구성되어 있다. 첫 페이지에서는 남자아이가 생일 전날 비밀 메시지를 받았다는 정도만 이해하면 된다. 영어로 책을 읽어 줄 때 아이가 우리말을 하더라도 그대로 들어 주자. 억지로 고치려 하지 않아도 된다. 자연스럽게 엄마가 영어로 답을 해도 좋고, 우리말로 답을 해도 좋다.

Mom　Look at him. (이 남자아이를 보자.)

　　　　What is he doing? (뭘 하고 있니?)

Kid　He looks at the paper? (종이를 보고 있나요?)

Mom　Let's see. (한번 보자.)

322

Let me read it for you. (엄마가 읽어 줄게.)

'On the night before his birthday ······

Inside was a Secret Message!'

([엄마가 책의 첫 페이지를 읽어 준다.] '생일 전날 밤 ······ 안에는 비밀 메시지가 들어 있었다.')

So he is reading a secret message!

(그러니까, 그는 비밀 메시지를 읽고 있네!)

Shh! No one knows. (쉿! 아무도 몰라.)

Kid   아무도 몰라요? [아이가 우리말을 한다.]

Mom   Right. 아무도 몰라. Secret! (응. 아무도 몰라. 비밀!)

Let's go to the next page. (다음 페이지로 넘어가자.)

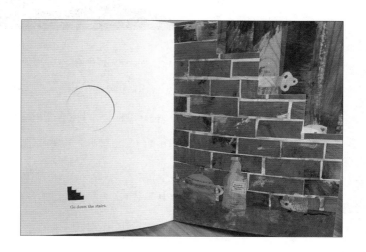

Mom   Look! What is this? (봐 봐! 이것은 뭐지?)

Kid   계단이요. [아이가 우리말을 한다.]

Mom   Right. They are stairs. (맞아. 계단이지.)

'Go down the stairs.' ([책의 본문을 읽어 준다.] '계단을 내려가라.')

So the boy goes down the stairs. (그래서 소년은 계단을 내려가.)

What's next? (다음은 뭐지?)

Mom   What is this? Wow! It's a big door. (이것은 뭐야? 와! 큰 문이네.)

         'Walk straight ahead to a door. Open it'

         ([책을 읽어 준다.] '똑바로 문을 향해 걸어라. 문을 열어라')

         Sweetie! Can you open it? (그것을 열 수 있겠니?)

Kid   Like this? (이렇게요?)

Mom   Good! Like that! (좋아! 그렇게!)

◆ 면지 읽기

이 책의 면지는 주인공인 소년이 비밀 메시지를 따라 움직인 경로를 보여 준다. 글자는 없고 그림만 있다. 앞에서 읽은 내용을 다시 되짚어 보며 영어 표현을 떠올릴 수 있다. 아이가 영어 문장으로 모두 답하지 못해도 괜찮다. 읽었던 내용을 확인해 보자. 잊어버린 부분은 앞 페이지로 다시 돌아가 확인하자. 완벽함에 초점을 맞추기보다 한 번 더 확인한다는 마음으로 아이와 이야기해 보자.

Mom	Look at this picture! (이 그림을 봐!)
	Where did he start?
	([시작한 부분이 아닌 곳을 손가락으로 짚으며 말한다.] 그는 어디서 시작했지?)
	From here? (여기서?)
Kid	No! From here.
	(아니요! 여기요.) [아이가 맞는 부분을 찾도록 지도한다.]
Mom	Right. From the sun. (맞아. 해가 있는 곳부터지.)
	Then, he looks for the smallest star?
	(그런 다음, 그는 가장 작은 별을 찾았니?)
Kid	No. The biggest star. (아니요. 가장 큰 별이요.)

Mom   And? (그리고?)

Kid   A rock? (바위요?)

Mom   Yes. He saw a rock. (맞아. 그는 바위를 보았어.)

아이가 영어 책을 다양하게 접하는 것이 좋다. 책의 형태가 기존과 조금만 달라도 아이는 흥미를 보인다. 그런 점에서 에릭 칼의 『The Secret Birthday Message』는 아이에게 새로운 경험을 선사할 수 있다. 해, 바위, 계단, 별 등을 단순화시킨 모양으로 책의 각 페이지가 만들어져 있다. 각각 다른 모양으로 만들어진 페이지는 문장의 내용과 잘 연결되어 있다. 다르게 생긴 각 페이지들이 책의 내용을 이해하도록 돕는다. 책이 다르게 생겼다는 이유만으로도 아이는 자주 이 책을 들춰 볼 것이다.

책 읽을 때 쓸 수 있는 영어 표현 3
『John Patrick Norman McHennessy, the Boy Who Was Always Late』

12

여섯 살 꼬마들에게 어떤 책을 읽어 줄까 고민하다가 집어든 책이 있다. 존 버닝햄의 『John Patrick Norman McHennessy, the Boy Who Was Always Late』이다. 항상 학교에 늦는 아이 존의 이야기다. 여섯 살 꼬마들은 이 책을 읽는 내내 화도 내고 웃기도 하며 푹 빠져들었다. 존에게는 매일 늦는 이유가 있다. 악어가 나타나 가방을 빼앗길 뻔도 하고 사자가 나타나 바지가 찢어지기도 한다. 하지만 학교 선생님은 존이 늦은 이유를 아무리 설명해도 믿어 주질 않는다. 선생님은 믿기는커녕 오히려 반성의 의미로 매번 같은 문장을 300~500번을 쓰거나 말하게 한다.

존 버닝햄의 책은 읽다 보면 자유롭고 회화적인 그림에 매료된다. 뿐만 아니라 상상을 뛰어넘는 기발한 생각이 아이의 마음을 사로잡는다.

이 책은 어떤 방식으로 읽어 주면 좋을까? 표지는 앞서 보여 준 예처럼 읽으면 된다. 이번에는 책을 읽을 때 꼭 생각해 보아야 할 사항을 먼저 적었다. 그리고 읽는 가운데 사용하게 될 표현도 정리해 보았다.

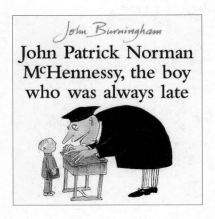

먼저 생각해 볼 점은 이 책의 대상 연령이다. 미국 나이로 4~7세를 대상으로 한다. 한국 나이로는 대략 6세부터 9세까지로 보면 된다. 그런데 이 나이 범위는 사실 너무 넓다. 그렇다면 정확하게 어느 연령대가 읽으면 좋을까? 내용은 6세 아이도 잘 설명하면 이해할 수 있다. 단지 사용하는 어휘가 쉽지 않다. 처음 영어를 접하는 아이에게 이 책을 꼭 읽어 주고 싶다면, 전체 스토리를 이해하는 것에 초점을 두면 된다. 개인적으로 나는 6세 아이들에게 책을 읽어 줄 때 단어를 전부 설명하지는 않았다. 내용을 이해하는 데 꼭 알아야 하는 단어와 그림을 연결시켜 읽어 주었다.

예를 들어 다음 문장을 읽어 준다. On the way a crocodile came out of a drain and got hold of his satchel. 여기서 중요한 사실은 악어(crocodile)가 나타나 그 소년의 가방을 잡은 것이다. 그래서 읽고 나서

다시 "A crocodile came and hold his satchel."이라고 설명하며 악어가 아이의 가방을 잡는 그림을 손가락으로 가리켜 주었다. 그리고 가방을 잡는 시늉을 했다. 아이의 레벨이 이 책을 소화하기 힘들어도 한 번쯤 시도해 보자. 아이들이 책의 내용을 너무 좋아하기 때문에 추천한다.

둘째, 수준 높은 문법이 사용된 것이 보인다. 이 책에는 관계대명사, be to 용법, to 부정사 등 어려운 문법이 등장한다. 엄마의 눈에 이러한 문법 구조가 눈에 띄더라도 문법적으로 접근하지는 말자. 일단 읽으면서 재미있어야 하고, 내용을 이해하는 것이 가장 중요하다. 읽다 보면 문법 구조에 자연스럽게 익숙해진다.

셋째, 반복되는 표현을 유심히 살펴야 한다. I must not tell a lie about ~(나는 ~에 대해 거짓말을 하면 안 된다), set off along the road(길을 따라서 출발하다), hurried off along the road(길을 따라 서둘러 가다) 등의 표현이 여러 번 나온다.

마지막으로 그림이다. 존의 표정을 보면 생각이 많고 골똘한 아이처럼 보인다. 반면, 학교 선생님은 차분히 아이의 말을 들어 주지 못하고 일단 천장까지 펄쩍 뛴다. 화가 난 선생님의 표정을 보았을 때 화를 내는 아이도 있었고, 표정이 우습다며 낄낄대는 아이도 있었다. 그리고 마지막 결론 부분이 매우 통쾌하다. 아이들은 책을 덮은 뒤로도 가끔씩 이 책 이야기를 꺼냈다.

But on the way a lion came out of the bushes
and tore his trousers.

Mom	'John Patrick Norman McHennessy hurried off along the road to learn.'
	([책을 읽어 준다.] '존은 학교에 가기 위해 서둘러 길을 걸어갔다.')
	Turn the page, please. (책장을 넘겨 주렴.)
Kid	Okay. (네.)
Mom	'But on the way a lion came out of the bushes and tore his trousers.'
	([책을 읽어 준다.] '하지만 가는 길에 사자가 덤불 속에서 나타나 그의 바지를 찢었다.')
	Look at this! What happened?
	(이것 봐! [그림을 가리킨다.] 무슨 일이 일어났니?)
Kid	The lion bites. (사자가 물었어요.)
Mom	Right. The lion was in the bush. (맞아. 사자는 덤불 속에 있었어.)
	And it came to him. (그리고 존에게 왔지.)
	Then, the lion bites the trousers.
	([손가락으로 그림을 가리킨다.] 그런 다음, 사자는 존의 바지를 물

었어.)

Kid   trousers? not pants? (trousers를요? pants가 아니고요?)

Mom   Trousers are pants. They are the same.

               (trousers가 pants야. 같은 거야.)

Kid   I see. (알겠어요.)

Mom   Look at the teacher. (선생님을 보자.)

               How does he look? (어때 보이니?)

Kid   Angry. (화가 났어요.)

Mom   Yeah. He looks very angry. (그래. 엄청 화가 나 보이는구나.)

               Let me read this page. (이 페이지를 읽어 줄게.)

               'There are no such things as lions in the bushes around here. You are to stand in the corner and say out loud 400 times.'

               ([책을 읽어 준다.] 이 근처 덤불 속에는 사자 같은 건 없어. 구석에 서서 400번 큰 소리로 말해라.)

               How many times? (몇 번이라고?)

Kid   400 times. (400번이요.)

Mom He had to say 400 times. (400번을 말해야 한대.)

Like this 'I must not tell lies about lions and I must not tear my trousers.'

(이렇게 말이야. '나는 사자에 대해 거짓말을 해서는 안 되고 내 바지를 찢어서도 안 된다.')

But was it a lie? (그런데 그게 거짓말이었니?)

Kid No. He is a bad teacher. (아니요. 나쁜 선생님이에요.)

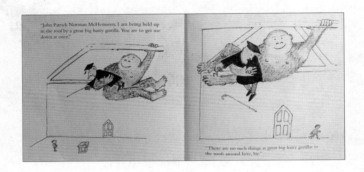

Mom Oh! Look at this! What is going on?

(오! 이것 봐! 무슨 일이 일어나고 있지?)

Kid The gorilla has the teacher. (고릴라가 선생님을 붙잡고 있어요.)

Mom Where are they? (그들은 어디에 있니?)

Kid Roof? (지붕이요?)

Mom Yeah. They are in the roof. (맞아. 지붕에 있어.)

Let's read what happened. (무슨 일인지 읽어 보자.)

'John Patrick Norman McHennessy, I am being held up in the roof by a great big hairy gorilla. You are to get me down at once.'

엄마표 영어에 유용한 자료들

([책을 읽어 준다.] 존! 난 지붕에서 크고 털이 많은 고릴라에게 잡혀 있단다. 당장 나 좀 내려 주렴.)

So the teacher needs help! (그래서 선생님이 도움이 필요하구나!)

Do you think John will help the teacher?

(존이 선생님을 도울 것 같니?)

Kid	I don't know. Maybe? (모르겠어요. 아마도요?)
Mom	Okay. Let's read the next page. (그래. 다음 페이지를 읽어 보자.)

'There are no such things as great big hairy gorillas in the roofs around here, Sir.'

([책을 읽어 준다.] 이 주변에 있는 지붕에는 털이 많은 고릴라 같은 건 없어요.)

John helped him? (존이 도와주었니?)

Kid	No! (아니요!)
Mom	What did he do? (그는 뭘 했지?)
Kid	Going home (집에 갔어요.)
Mom	Why? (왜?)
Kid	Because John doesn't want to help the teacher.

(존이 선생님을 돕고 싶지 않아서요.)

◆ 면지 읽기

이 책 면지에는 존이 쓴 문장들이 빽빽하게 적혀 있다. 학교에 늦은 벌로 쓴 문장들이다. 아이와 함께 읽어 보자. 이 두 페이지에 한가득 채웠지만 50번 정도밖에 쓰지 못했다. 선생님이 이 문장을 300번 쓰라고 했으니 양이 어마어마했을 것 같다.

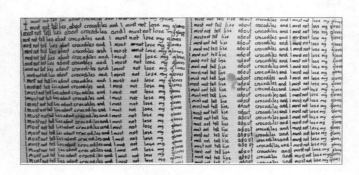

Mom	Wow! He wrote the sentence so many times.
	(와! 존은 정말 문장을 여러 번 썼구나.)
	What do you think? (어떻게 생각하니?)
Kid	His arm must be hurt. (팔이 아팠을 거예요.)
Mom	Yeah. It must be hurt. (응. 팔이 아팠겠다.)
Kid	Bad. (나빠요.)
Mom	But what could teacher do?
	(그럼 선생님이 무엇을 할 수 있었을까?)
Kid	Talk? (이야기?)
Mom	You are right. (그래, 맞아.)

엄마표 영어에 유용한 자료들

이 책은 유치원이든 학교든 정해진 시간에 수업을 들으러 가는 아이가 읽으면 좋다. 등교를 해 본 경험 때문에 자신의 이야기처럼 읽는다. 책을 읽는 동안 아이는 책의 주인공 편에 서고 싶어 한다. 어떻게 주인공을 도울지, 혹은 책 속의 선생님에게 어떻게 설명할지 아이디어를 물어보자. 여러 가지 의견이 나올 것이다. 이 책은 아이의 생각 속에서 벌어질 만한 일들을 아이의 관점에서 썼다. 덕분에 아이가 이야기 속에서 일어나는 일들에 적극적으로 반응하기 쉽다. 책을 다 읽고 난 뒤 아이가 무슨 생각을 했는지 대화를 통해 이야기해 보자. 아이가 하고 싶은 이야기가 많을 것이다.

책 읽을 때 쓸 수 있는
영어 표현 4
『It Looked Like Spilt Milk』

13

아이와 여유를 가지고 이런저런 이야기를 나눌 수 있다면 『It Looked Like Spilt Milk』라는 책을 권하고 싶다. 이 책은 무엇을 말하고 싶은 걸까? 결론은 이렇다. '그것은 우유가 쏟아진 것처럼 보이지만 사실은 구름이었다.' 실제로 그것이 구름이었다는 것을 알아내기 위한 책은 아니다. 평소에 아이들은 우유를 먹다가 자주 흘린다. 어린 시절 탁자 위에 쏟아진 우유를 보고 토끼 모양, 새 모양을 생각해본 적이 다들 한 번씩은 있을 것이다. 쏟아진 우유를 보고 아이들이 상상력을 발휘하는 것에서 아이디어를 착안한 책이라 할 수 있다. 노래와 원어민의 녹음이 담긴 CD도 함께 구할 수 있다. 특히 이 책의 노래 스타일을 좋아하는 아이들도 있으니 참고하자. 어떻게 이 책을 읽으면 아이가 쉽게 이해할까? 이해를 돕고 재미있게 읽어 줄 간단한 방법을 소개하겠다. 이번에는 책을 읽기 전 활동, 표지 읽기, 본문 읽기 순서로 정

엄마표 영어에 유용한 자료들

리했다.

◆ **책을 읽기 전 활동**

　눈치 챘는지 모르겠지만, 이 책은 처음부터 끝까지 문장이 '가끔은 ~ 인 것 같았다' '하지만 ~ 이 아니었다' 패턴으로 쓰여 있다. 이런 표현과 그림을 연결 지어 설명하기 쉽지 않게 느껴질 수 있다. '책을 펼치면 나무처럼 보이는 그림이 있는데 이건 나무처럼 보이지만 나무가 아니야.' '새처럼 보이는 그림이 있는데 이건 새처럼 보이지만 새가 아니야.' 이렇게 쓰여 있다. 이건 대체 어떻게 설명해야 할까? 물론 쉽게 이해하는 아이도 있다. 하지만 엄마가 조금 고민하며 읽어 주어야 하는 아이도 있다.

　그래서 아주 간단한 활동을 하면 유용하다. 엄마가 책을 읽어 주기 전에 조금만 수고하면 된다. 일단 직접 우유를 탁자 위에 살짝 쏟자. 그리고 쏟아진 우유가 무슨 모양으로 보이는지 이야기를 나눠 보자. 그런 다음 이 책을 읽어 주자. 아이는 이야기와 그림을 더 쉽게 이해할 것이다.

Mom　　Look at this! I will spill the milk on the table.

　　　　　(이거 봐! 엄마가 우유를 탁자 위에 쏟아 볼게.)

Kid　　You will spill the milk? (우유를 쏟는다고요?)

Mom　　Yeah! Look at this. What does it look like?

　　　　　(응! 이거 봐. 무엇처럼 보이니?)

Kid　　I don't know. Circle? (잘 모르겠어요. 동그라미요?)

Mom	Yeah! It looks like a circle. (그래! 동그라미처럼 보인다.)
	What about this?
	([흘린 우유를 나비 모양으로 만들며] 이건 어때?)
Kid	Butterfly? (나비요?)
Mom	Right. It looks like a butterfly. (그래. 나비처럼 보여.)
	But is it really a butterfly? (그런데 이게 진짜 나비일까?)
Kid	No. It's milk. (아니요. 우유예요.)
Mom	True. It looks like a butterfly. (맞아. 나비처럼 보이는 거지.)
	But it is not a butterfly, right? (하지만 나비는 아니야, 그렇지?)
Kid	Yes. (네.)
Mom	So I will wipe up the table. (그럼 엄마가 탁자를 닦을게.)
	Then I will read this book for you.
	(그런 다음 이 책을 읽도록 하자.)

◆ 표지 읽기

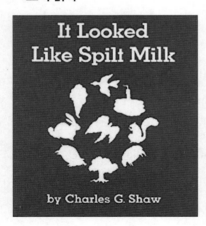

이 책은 표지에 다른 모양의 그림이 아홉 개가 나온다. 그림들은 실루엣만 보인다. 아이와 이 그림들을 보고 무엇인지 알아맞혀 보자. 책을 본격적으로 읽기 전에 내용을 짐작해 보는 활동은 책을 이해하는 데 큰 도움이 된다.

Mom	Look at this picture. (이 그림을 보자.)
	How many different shape are there?
	(다른 모양이 몇 개가 있지?)
Kids	There are nine different shapes. (아홉 개의 다른 모양이 있어요.)
Mom	What shapes are there? (어떤 모양이 있니?)
Kids	A bird, a tree, a rabbit, an ice cream corn······
	(새, 나무, 토끼, 아이스크림 콘······)
Mom	What's the title of this book? (이 책 제목이 뭐지?)
Kids	It Like······
	[아이가 읽을 수 있는 부분만 읽도록 놔둔다. 나머지는 엄마가 돕는다.]
Mom	Very good. *It Looked Like Spilt Milk*.
	(아주 잘했어. 『It Looked Like Spilt Milk』. [엄마가 전체 제목을 다시 읽어 준다.])
	Who is the author? (저자는 누구지?)
	Author wrote this book. (저자는 이 책을 쓴 사람이야.)
Kids	This?
	(이 사람이요? [아이가 작가 이름을 아직 읽지 못하면 이름이 어디에 있는지 손가락으로 짚으면 된다.])
Mom	Right. Charles G. Shaw wrote this book.
	(맞아. 찰스 G. 쇼가 이 책을 썼어.)
	Also he drew pictures. (또 이 사람이 그림도 그렸어.)

Mom	'Sometimes it looked like spilt milk. But it wasn't spilt milk.'
	([책을 읽어 준다.] '가끔은 엎질러진 우유 같아 보여요. 하지만 그것은 엎질러진 우유가 아니에요.')
	Then what can it be? (그렇다면 무엇일까?)
Kid	물감이요?
Mom	Right. It can be paint. (맞아. 물감일 수 있겠다.)
Kid	Or gum? (아니면 껌?)
Mom	Yeah. It can be gum sticking on the floor.
	(그래. 바닥에 붙어 있는 껌일 수도 있어.)
Kid	But it looks like spilt milk. (하지만 엎질러진 우유 같아 보여요)
Mom	Hmm. Let's read next page. Maybe we can figure out what
	it is. (음. 다음 페이지를 읽어보자. 무엇인지 알아낼 수 있을 거야.)

Mom	Look at this! What is it? (이것 좀 봐! 무엇이니?)
Kid	A rabbit! (토끼요!)
Mom	I think it's a rabbit, too. Let me read what it says.
	(엄마 생각에도 이건 토끼 같아. 뭐라고 쓰여 있는지 읽어 보자.)
	'Sometimes it looked like a rabbit. But it wasn't a rabbit.
	([책을 읽어 준다.] '토끼처럼 보이기도 해요. 하지만 토끼는 아니에요.')
	It wasn't a rabbit. (토끼가 아니래.)
Kid	But it is a rabbit. (하지만 토끼잖아요.)
Mom	Yeah! But it says it wasn't a rabbit.
	(맞아! 하지만 그것이 토끼가 아니라고 말하는구나.)
	It is strange, isn't it? (이상하다, 그치?)

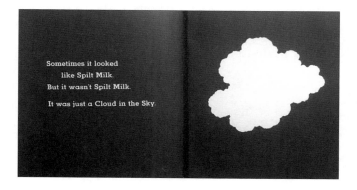

Mom	Could you turn the page, please? (책장을 넘겨 주겠니?)
	This is the last page. (마지막 페이지야.)
	I will read it for you. (읽어 줄게.)
	'Sometimes it looked like spilt milk. But it wasn't spilt milk. It was just a cloud in the sky.'
	([책을 읽어 준다.] '때로는 엎질러진 우유처럼 보였어요. 하지만 그건 엎질러진 우유가 아니었어요. 하늘에 떠 있는 구름이었어요.')
Kid	Cloud? (구름이요?)
Mom	Look at this! It looked like spilt milk, but it was just a cloud.
	(이것을 보렴! 엎질러진 우유처럼 보였지만, 그냥 구름이었대.)
	Now we have got the answer. (이제 우린 정답을 알았어.)
Kid	So was everything clouds? (그럼 모두 구름이었어요?)
Mom	I think so. They were different shapes of clouds.
	(그런 거 같아. 모두 다른 모양의 구름이었어.)

『It Looked Like Spit Milk』는 단순한 그림들을 모은 그림책이다. 내용이나 글의 패턴도 단순하게 반복되고 있다. 그렇지만 엄마는 아이와 많은 이야기를 나눠 볼 수 있다. 가끔 그렇게 보이지만 실제로는 그렇지 않은 것에 대한 이야기 말이다. 구름이 여러 모양으로 보였다는 것이 이 책 마지막에 나오는 설명이다. 그렇게 보이지만 사실은 그렇지 않은 것이 아이들의 상상 속에서는 더 많이 일어난다. 그럴 때 여기서 배운 표현을 아이의 놀이에서 쓸 수 있다. 예컨대, 이불을 돌돌 말아 놓고 동굴이라 상상하며 아이가 놀이를 한다면? It looks like a cave. But it is not a cave. It is a comforter. (이것은 동굴처럼 보여. 하지만 동굴은 아니야. 이불이야.) 이렇게 문장을 만들어 볼 수 있다. 책에 나오는 문장을 실생활에서 한 번씩 써 보자. 그림책에 있는 표현이 일상과도 연결될 것이다.

책 읽을 때 쓸 수 있는 영어 표현 5
『Willy the Wimp』

14

처음부터 겁쟁이로 태어난 아이가 있을까? 누구에게나 두려움도 있고 용기도 있다. 사실 겁쟁이로만 세상을 사는 사람은 없다. 『Willy the Wimp』는 자신을 겁쟁이라고 생각해 주눅 들어 살던 윌리의 이야기다. 마음이 곱고 소심한 윌리는 파리 한 마리도 함부로 하지 않는다. 심지어 자신의 잘못이 아닌데도 "죄송합니다."라는 말을 입에 달고 산다. 이렇게 착한 아이에게 불량배들은 '겁쟁이 윌리 (Willy the Wimp)'라고 이름을 붙여 준다. 윌리는 이 별명이 너무나 싫다. 그러던 어느 날 만화를 보다가 우연히 한 광고를 발견한다.

앤서니 브라운이 글을 쓰고 그림을 그린 이 책은 칠드런 로리어트 수상작이기도 하다. 이 상은 영국에서 아동 책의 저자나 일러스트레이터에게 2년에 한 번씩 수여한다. 수상작을 고르는 과정에 도서관 사서와 책 판매자, 스위스의 비영리 단체인 국제아동서위원회의 의견이 반

엄마표 영어에 유용한 자료들

영된다. 한 가지 흥미로운 점은 수상작 후보를 정할 때 어린이들의 온라인 투표를 반영한다는 것이다. 『Willy the Wimp』는 앤서니 브라운의 유머와 재치가 가득한 그림책이다. 읽어 보면 아이들이 이 책을 왜 좋아하는지 알게 될 것이다.

♦ **표지 읽기**

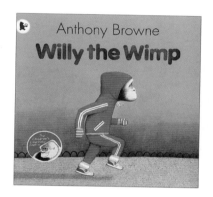

윌리가 주인공으로 등장하는 책은 모두 그렇듯이 이 책도 처음부터 끝까지 그림이 좋다. 그림이 이해하기 쉬울 뿐만 아니라 재미도 있다. 그림을 특별히 좋아하지 않는 아이들도 표지 그림부터 쉽게 반한다.

Mom	Who is this? (이게 누구지?)
Kid	Gorilla! (고릴라요!)
Mom	Yes. He is Gorilla. (응. 고릴라야.)
	His name is Willy. (이름은 윌리야.)
	What is he wearing? (무엇을 입고 있니?)
Kid	운동복이요.
Mom	You are right. He is wearing a sweat suit.
	(맞아. 운동복을 입고 있어.)
Kid	Red one. (빨강색이에요.)

Mom	It is red. (빨강색이지.)
	Does he look very brave? (윌리가 용감해 보이니?)
Kid	No. He doesn't look brave. (아니요. 용감해 보이지는 않아요.)
Mom	I see. Let me read the title. *Willy the Wimp*.
	(그렇구나. 제목을 읽어 줄게. 『Willy the Wimp』야.)
Kid	Wimp? What is it? (Wimp요? 그게 뭐예요?)
Mom	If someone is wimp, he or she is often afraid of things.
	(누군가 wimp하다고 하면, 무언가를 자주 두려워한다는 거야.)
Kid	겁쟁이?
Mom	You are right. But we will see if Willy is really a wimp.
	(맞아. 그런데 윌리가 정말 겁쟁이인지 보자꾸나.)
	Anthony Brown wrote this book and drew pictures in this
	book. (앤서니 브라운이 이 책을 쓰고 그림도 그렸네.)

◆ **본문 읽기**

이 책의 몇몇 페이지는 서너 문장으로 되어 있다. 전반적으로는 한두 문장으로 이루어져 있다. 그림과 내용이 잘 연결되어 이해하기 매우 쉬운 그림책이다. 한 문장만 있는 페이지는 따로 설명할 필요가 없을 만큼 그림이 내용을 잘 설명하고 있다. 영어 책 읽기를 시작한 지 얼마 되지 않았더라도 아이가 윌리 캐릭터를 좋아한다면 시도해 볼 만한 책이다. 'Wimp'라고 불리는 게 싫어 운동을 시작하는 윌리. 과연 용감한 윌리로 변신할 수 있을까?

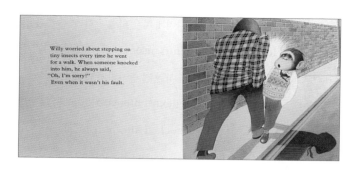

Willy worried about stepping on tiny insects every time he went for a walk. When someone knocked into him, he always said, "Oh, I'm sorry!" Even when it wasn't his fault.

Mom	Where is Willy? (Willy는 어디 있니?)
Kid	Here. (여기요.)
Mom	What happened? (무슨 일이 일어나지?)
Kid	부딪히려고 해요.
Mom	Right. So let me read here. (맞아. 엄마가 읽어 볼게.)
	'Willy worried about stepping on tiny insects every time he went for a walk.'
	([책을 읽는다.] '윌리는 산책을 할 때마다 작은 곤충을 밟지 않을까 걱정했다.')
	So does Willy like to hurt insects?
	(윌리가 곤충을 다치게 하는 걸 좋아하니?)
Kid	Insect? (곤충이요?)
Mom	An ant is an insect. A fly is an insect.
	(개미도 곤충이고, 파리도 곤충이야.)
Kid	How about butterfly? (나비는요?)
Mom	Yes. A butterfly is an insect. (맞아. 나비도 곤충이야.)
	So Willy likes to hurt insects? Does he step on insects?

(그럼 윌리가 곤충을 다치게 하는 걸 좋아하니? 곤충을 밟니?)

Kid   He doesn't like to hurt insects.

(윌리는 곤충을 다치게 하는 걸 좋아하지 않아요.)

Mom   Right. Let me read next sentence. (맞아. 다음 문장을 읽어 볼게.)

'When someone knocked into him, he always said, "Oh! I'm

sorry!" Even when it wasn't his fault.'

([책을 읽는다.] '누군가와 부딪히면 항상 "죄송해요"하고 말했다. 자기

잘못이 아닐 때도 말이다.')

Kid   Why? (왜요?)

Mom   I don't know. What do you think?

(모르겠네. 넌 어떻게 생각하니?)

Kid   I don't know. (저도 모르겠어요.)

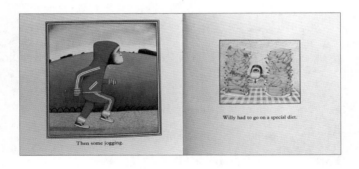

Then some jogging.

Willy had to go on a special diet.

Mom   Look at this pictures! What is he doing?

(이 그림을 보자! 뭘 하고 있니?)

Kid   Jogging. (조깅이요.)

Mom   Yes, he is jogging. (맞아. 조깅을 하고 있어.)

It says 'Then some jogging.' ('조깅을 한다.'고 이야기하네.)

Why is he doing that? (왜 그는 조깅을 하지?)

Kid   He hates the name 'Willy the Wimp.'

('겁쟁이 윌리'라는 말을 싫어해서요.)

Mom   You are right. Look at the next picture.

(맞아. 다음 그림을 보자.)

What is he doing? (그는 무엇을 하고 있니?)

Kid   He is eating bananas? (바나나를 먹고 있어요.)

Mom   Let me read this page for you. (이 페이지를 읽어 줄게.)

'Willy had to go on a special diet.'

([책을 읽는다.] '윌리는 특별한 다이어트를 해야 했다.')

Mom   Now, He looks so happy. (이제는 행복해 보이네.)

Kid   Yes. He is so happy. (네. 그는 행복하네요.)

Mom   'Willy was proud.' ([책을 읽는다.] '윌리는 자랑스러웠다.')

Can you read the next sentences for me?

(다음 문장을 읽어 주겠니?)

Kid   'I'm not a wimp. A hero. BANG!'

([아이가 책을 읽는다.] '나는 겁쟁이가 아니야. 영웅이야. 쾅!')

Mom	Great! Well done. (좋아! 잘했어.)
	So is he a wimp now? (그래서 그는 지금 겁쟁이니?)
Kid	No, he is not a wimp. (아니요. 겁쟁이가 아니에요.)

◆ 면지 읽기

이 책 면지에는 윌리를 주인공으로 하는 다른 책들이 소개되어 있다. 출판사마다 면지에 넣는 내용이 다르다. 혹시 윌리가 주인공인 다른 책이 소개되어 있다면 이렇게 대화를 이어가 보자.

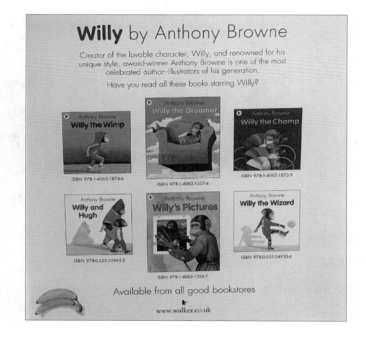

Mom	Do you like this book? (이 책이 좋니?)
Kid	Yes! (네!)
Mom	What do you think about Willy? (윌리에 대해 어떻게 생각해?)
Kid	He was a wimp. But now he is brave.
	(그는 겁쟁이였어요. 하지만 지금은 용감해요.)
Mom	You are right. (맞아.)
	Look at these books. (이 책들을 보자.)
	Do you know any books starring Willy?
	(윌리가 주인공인 책 중에 아는 것 있니?)
Kid	This one. (이거요.)
Mom	Right. *Willy the Wimp*. (맞아. 『Willy the Wimp』.)
	Anything else? (또 다른 건?)
Kid	No. But I want to read this book.
	(없어요. 그런데 이 책을 읽고 싶어요.)
Mom	*Willy the Wizard?* Okay. Let's read next time.
	(『Willy the Wizard』? 알았어. 다음에 읽어 보자.)

앤서니 브라운의 책은 내용도 그림도 유머러스하다. 그러면서 항상 생각해 볼 점이 있다. 이 책을 읽으며 아이와 엄마가 함께 웃을 수 있다는 것이 큰 장점이다. 동시에 여러 가지 이야기를 해 볼 수도 있다. 책을 덮은 뒤에 아이와 대화를 시도해 보자. 윌리가 정말 겁쟁이인지 아닌지 이야기하자. 문제를 해결하려는 윌리를 보면서 무엇을 느끼는지도 대화해 볼 수 있다. 또 자신이 윌리라면 어떻게 문제를 해결했을지 의견을 나누는 것도 좋다.

또 하나의 꿀팁,
페어 북 활용하기

15

영어 책을 재미있게 읽는 방법은 여러 가지가 있다. 그중 하나는 한글로 재미있게 읽은 책을 원서로 찾아 읽는 것이다. 처음에는 아무것도 모르고 우리말로 된 책을 읽다가 나중에 원서를 알게 되는 경우가 있다. 대표적인 책으로 『리틀 프린세스(Little Princess)』, 『맥스랑 루비랑(Max and Ruby)』, 『무민(Moomin)』 등이 있다. 앞서 이야기했듯이, 영어 원서로 나와 있는 책을 한글 책으로 다시 펴내 영어본과 한국어 번역본이 함께 있는 것을 쌍둥이 책, 즉 '페어 북'이라 한다. 페어 북은 정확한 영어식 표현은 아니지만 '엄마표 영어'에서 자주 등장하는 용어이니 알아 두도록 하자. 이 책에서도 페어 북이라는 표현을 그대로 쓰려 한다. 페어 북을 어떻게 활용하면 도움이 될까? 또 페어 북에는 어떤 종류가 있을까?

과연 페어 북은 영어 책 읽기에 도움이 될까? 페어 북에 관한 의견은 제각각이다. 페어 북이 영어 실력 향상에 도움이 안 된다고 주장하는

엄마표 영어에 유용한 자료들

사람도 있다. 영어 책을 읽을 때는 영어로 생각해야 한다. 영어 어순으로 생각하며 읽을 때 영어가 익숙해진다. 하지만 우리말 번역본을 미리 읽으면 같은 책을 영어 원서로 다시 읽을 때도 우리말로 생각하게 된다는 것이다. 이 때문에 영어 실력 향상에 도움이 되지 않는다고 주장한다. 반면 우리말로 내용을 모두 알고 있어서 좋다는 의견도 있다. 영어 책으로 읽을 때 전체적인 흐름에 신경을 쓰며 읽을 수 있다는 것이다. 모르는 단어 하나하나에 집착하는 아이에게는 도움이 된다는 의견도 있다.

어느 쪽의 의견도 참고할 만하다. 여러분은 아이에게 도움이 되는 쪽으로 활용하면 된다. 그럼 지금부터 페어 북의 활용법을 자세히 알아보자.

첫째, 처음 영어 책을 접할 때 활용하자. 이미 아이가 재미있게 읽은 한글 책의 원서를 읽히자. 한글로 재미있게 읽은 기억 때문에 아주 반가워할 것이다. 아이에게는 적절한 동기를 부여해 주는 것이 매우 중요하다. 영어 그림책에 흥미를 불러일으키기 위해 페어 북을 활용하는 것은 좋은 방법이 된다. 아이는 이미 한글로 내용을 알고 있어 영어로 읽을 때 부담을 덜 느낀다. 모르는 영어 문장이 나와도 자연스럽게 넘어가면서 읽을 여유를 보인다.

둘째, 순서는 큰 상관이 없다. 혹시 영어로 먼저 읽고 한글로 읽으면 재미가 떨어질까 우려하는 사람이 있다. 반대로 한글로 읽은 다음 영어로 읽으면 영어로 생각하지 못할까 봐 걱정하는 사람도 있다. 물론 전혀 영향이 없다고 말할 수는 없다. 그렇다고 절대적으로 영향을 미친다고도 볼 수 없다. 중요한 점은 아이는 한글 번역본이든 영어 원서든 좋아하는 책은 즐겁게 읽는다는 것이다. 순서가 바뀌어도 책만 좋아한다면 사실상 결과는 크게 달라지지 않는다.

셋째, 한글 번역본을 읽어 줄 때 앞에 읽은 영어 원서의 해석처럼 연결 지으면 안 된다. "앞에 영어로 'He went to school'이라고 했지? 여기 보면 그건 '그는 학교에 간다'라는 뜻이야." 이런 방식으로 읽는 건 금물이다. 전체 이야기의 흐름과 등장인물이 같다는 점에서 서로 짝꿍을 맞춰 읽는 것이 도움이 될 뿐이다. 한글로 읽을 때와 영어로 읽을 때는 느낌이 전혀 다를 수도 있다. 페어 북을 억지로 해석본처럼 끼워 맞춰 설명하지 말자.

넷째, 엄마를 위해 페어 북을 활용하자. 초창기에는 아이를 위해 페어 북을 활용한다. 그런데 시간이 지나면 엄마를 위해 페어 북이 필요한 시기가 온다. 아이가 영어 책을 혼자 읽고 실력이 늘어 영어 소설을 읽는 때를 생각해 보자. 이 시기에 엄마는 아이가 읽은 영어 소설을 가지고 대화하는 것이 필요하다. 대화를 통해 책을 좀 더 깊이 있게 이해하기 때문이다. 이때 아이들이 읽은 원서를 엄마가 함께 읽는 것이 좋다. 원서가 부담스러우면 한글판으로 읽으면 된다. 한글판을 읽어도 아이와 함께 책 이야기를 충분히 나눌 수 있다.

그럼 이제 어떤 종류의 페어 북이 있는지 살펴보자. 다음에 소개하는 페어 북은 많은 어린이의 사랑을 받고 있는 책이다. 영어 책과 한글 책뿐 아니라 DVD까지도 나와 있으니 참고하자. 한두 권을 제외하고는 미국 초등학교 저학년 레벨을 중심으로 정리했다.

Berenstain Bears

영어 책

❶ 『Step into Reading: Berenstain Bears』
시리즈 전 11권 (미국 초등 1학년 레벨)

❷ 『I Can Read Book: Berenstain Bears』
시리즈 전 23권 (미국 초등 1학년 레벨)

❸ 『Living Light: Berenstain Bears』
시리즈 전 25권 (미국 초등 2학년 레벨)

한글 책

❶ 『베렌스타인 곰 가족』 시리즈 전 5권 (도토리창고)

Charlie and Lola

영어 책

❶ 『Charlie and Lola』 보드북 시리즈 전 7권 (미국 초등 입학 전 레벨)

❷ 『Charlie and Lola』 그림책 시리즈 전 7권 (미국 초등 2학년 레벨)

❸ 『Charlie and Lola』 시리즈 전 33권 (미국 초등 2학년 레벨)

한글 책

❶ 『찰리와 롤라』 시리즈 전 18권 (국민서관)

Charlotte's Web

엄마표 영어에 유용한 자료들

영어 책

❶ 『I Can Read Book: Charlotte's Web』 시리즈 전 2권 (미국 초등 2, 3학년 레벨)

❷ 『Charlotte's Web』 (미국 초등 4학년 레벨)

한글 책

❶ 『샬롯의 거미줄』 (시공주니어)

❷ 『우정의 거미줄』 (창비)

Curious George

영어 책

❶ 『Curious George』 시리즈 전 45권 (미국 초등 2학년 레벨)

❷ 『Curious George』 그림책 시리즈 전 9권 (미국 초등 2학년 레벨)

한글 책

❶ 『호기심 많은 조지』 시리즈 전 13권 (지양어린이)

❷ 『개구쟁이 꼬마 원숭이 조지』 시리즈 전 4권 (시공주니어)

Dr. Seuss

영어 책

❶ 『Step into Reading: Dr. Seuss』 시리즈 전 4권 (미국 초등 1학년 레벨)

❷ 『The Cat in the Hat Knows a Lot About That!』

시리즈 전 5권 (미국 초등 1학년 레벨)

❸ 『Dr. Seuss』 시리즈 전 44권 (미국 초등 2학년 레벨)

한글 책

❶ 『호튼』 (대교출판)

Little Princess

영어 책

❶ 『Little Princess』 시리즈 전 21권 (미국 초등 1학년 레벨)

❷ 『Little Princess』 TV 시리즈 전 14권 (미국 초등 2학년 레벨)

한글 책

❶ 『엄마, 엄마, 엄마』 (베틀북)

❷ 『난 잠자기 싫어』 (삐아제어린이)

Max & Ruby

영어 책

❶ 『Max & Ruby』 보드북 시리즈 전 14권 (미국 초등 2학년 레벨)

❷ 『Max & Ruby』 그림책 시리즈 전 16권 (미국 초등 2학년 레벨)

❸ 『Max & Ruby』 TV 시리즈 전 19권 (미국 초등 2학년 레벨)

한글 책

❶ 『맥스랑 루비랑』 시리즈 전 8권 (달리)

Moomin

영어 책

❶ 『Moomin』 그림책 시리즈 전 4권 (미국 초등 2학년 레벨)

❷ 『Moomin』 시리즈 전 8권 (미국 초등 4학년 레벨)

한글 책

❶ 『무민 그림 동화』 시리즈 전 12권 (어린이작가정신)

❷ 『즐거운 무민 가족』 시리즈 전 8권 (소년한길)

Mr. Men and Little Miss

영어 책

❶ 『Mr. Men』 시리즈 전 76권 (미국 초등 2학년 레벨)

❷ 『Little Miss』 시리즈 전 57권 (미국 초등 2학년 레벨)

한글 책

❶ 『New EQ의 천재들』 시리즈 전 81권 (나비북스)

Olivia

영어 책

❶ 『Ready to Read: Olivia』 시리즈 전 12권 (미국 초등 입학 전 레벨)

❷ 『Olivia』 시리즈 전 8권 (미국 초등 2학년 레벨)

한글 책

❶ 『올리비아』 그림책 시리즈 전 5권 (중앙출판사)

가끔 미국 드라마 가운데 인기를 얻은 작품이 한국판으로 다시 만들어지기도 한다. 미국판 드라마를 재미있게 시청한 사람들은 한국판 드라마도 재미있게 본다. 아이들에게 페어 북도 마찬가지다. 한글 책으로 『무민(Moomin)』을 즐겁게 읽은 아이는 영어 책으로도 즐겁게 읽을 확률이 높다. 일단 책을 반기는 마음이 있기 때문이다. 한글 책으로 먼저 읽든 영어 책으로 먼저 읽든 아이가 흥미를 보인다면 그 책은 꼭 기억해 두자. 같은 책의 시리즈를 구해서 읽어 줄 수도 있다. DVD도 있다면 함께 보면 좋다. 아이가 영어 소설을 읽게 되었을 때 엄마는 페어 북을 요긴하게 활용할 수도 있다.

참고 문헌

국내 서적

김민식, 『영어 책 한 권 외워봤니?』, 위즈덤하우스, 2017.

김희아, 『엄마의 영어 공부』, 카시오페아, 2018.

눈사람, 『아이 책 고르는 엄마, 영어 책 먹는 아이』, 북커스베르겐, 2013.

박소윤, 『가성비 영어』, 팬덤북스, 2017.

새벽달, 『엄마표 영어 17년 보고서』, 청림라이프, 2016.

새벽달, 『엄마표 영어 17년 실전노트』, 청림라이프, 2017.

서명은, 『우리 아이 영어 공부 어떻게 시킬까요?』, 글로세움, 2018.

서용훈, 『부엉이 아빠의 엄마표 아빠표 영어 공부법 매뉴얼』, 다락원, 2015.

송후정, 『영어 못하는 서율맘은 어떻게 영어 영재를 키웠나』, 한빛라이프, 2016.

오지민, 『엄마표 영어 학습법』, 북씽크, 2017.

이명신, 『엄마와 함께 하루 20분 영어 그림책의 힘』, 조선일보생활미디어, 2008.

이신애, 『잠수네 아이들의 소문난 영어 공부법: 입문 로드맵』, 랜덤하우스코리아, 2010.

이신애,『잠수네 아이들의 소문난 영어 공부법: 통합 로드맵』, 알에이
　　치코리아, 2013.

이신애,『잠수네 프리스쿨 영어 공부법』, 알에이치코리아, 2014.

이지영,『야무지고 따뜻한 영어 공부법』, 오리진하우스, 2017.

전은주,『영어 그림책의 기적』, 북하우스, 2017.

정인아,『10살 영어 자립! 그 비밀의 30분』, 매일경제신문사, 2016.

정인아,『욱하지 않고 아들 영어 자립』, 매일경제신문사, 2018.

정효경,『하버드 박사의 초등 영어 학습법』, 마리북스, 2009.

한진희,『엄마표 영어 이제 시작합니다』, 청림라이프, 2018.

홍현주,『세상에서 제일 쉬운 엄마표 생활 영어』, 동양북스, 2017.

번역 서적

바바라 A. 바우어, 박찬규 옮김,『이중 언어 아이들의 도전』, 구름서재,
　　2016.

스티븐 크라센, 조경숙 옮김,『크라센의 읽기 혁명』, 르네상스, 2013.

짐 트렐리즈, 눈사람 옮김,『하루 15분 책 읽어 주기의 힘』, 북라인,
　　2012.

캐시 콜린즈 블록·수잔 이스라엘, 이준용·서경희 옮김,『우리 아이 영
　　어 독서 지도법』, 뉴로사이언스러닝, 2018.

인터넷 자료

Alberto Alchieri, "How Does Listening to Music Help You Learn English" (2017. 6. 21.)

Alice Kuipers, "15 Creative Ways to Get Kids Reading" (2017. 1. 27.)

Atam Sharma, "Improve Your English Listening Skills with Music" (2018. 10. 25.)

Beth Sagar-Fenton & Lizzy McNeill, "How Many Words Do You Need to Speak a Language?" (2018. 6. 24.)

Eowyn, "I'm Not a Native Speaker-Is That Okay?" (2013. 6. 24.)

Heather Turgeon, "Read It Again Mom" (2012)

J. R. Firth, "Context of Situation" (1995. 3.)

Jessica Sanders, "The Importance of Picture Books for Learning" (2014. 11. 12.)

Joshua A. Fishman, "Bilingual Education in Sociolinguistic Perspective" (1970. 3.)

Justin, "7 Tips Drastically Improve Your English Pronunciation in English" (2012. 6. 25.)

Keli Garcia Allen, "Not a Native Speaker? You Can Still Raise Your Child to Be Bilingual" (2017. 9. 16.)

Kenneth Beare, "Strategies for How to Improve English Listening Skill" (2017. 12. 23.)

Laura VenderKam, "How to Gain Control of Your Free Time" (Ted Talks, 2016)

참고문헌

Opal Dunn, "Learning English Through Picture Books"

Pamela Paul & Maria Rosso, "How to Raise the Reader" (New York Times)

The Telegraph, "Pointing to Words Help Children Read in Later Years" (2012. 4. 17.)